Hilde Weiss (Hrsg.)

Leben in zwei Welten

Hilde Weiss (Hrsg.)

Leben in zwei Welten

Zur sozialen Integration
ausländischer Jugendlicher
der zweiten Generation

VS VERLAG FÜR SOZIALWISSENSCHAFTEN

Bibliografische Information Der Deutschen Nationalbibliothek
Die Deutsche Nationalbibliothek verzeichnet diese Publikation in der
Deutschen Nationalbibliografie; detaillierte bibliografische Daten sind im Internet über
<http://dnb.d-nb.de> abrufbar.

Gedruckt mit Förderung des Bundesministeriums für Bildung, Wissenschaft und Kultur in Wien und der Magistratsabteilung 17 der Stadt Wien, Integrations- und Diversitätsangelegenheiten.

Die Forschung wurde mit den Mitteln des Fonds zur Förderung der wissenschaftlichen Forschung, Wien (FWF-Projekt P16476-G04) gefördert und am Institut für Soziologie der Universität Wien durchgeführt.

1. Auflage März 2007

Alle Rechte vorbehalten
© VS Verlag für Sozialwissenschaften | GWV Fachverlage GmbH, Wiesbaden 2007

Lektorat: Monika Mülhausen / Tanja Köhler

Der VS Verlag für Sozialwissenschaften ist ein Unternehmen von Springer Science+Business Media.
www.vs-verlag.de

Das Werk einschließlich aller seiner Teile ist urheberrechtlich geschützt. Jede Verwertung außerhalb der engen Grenzen des Urheberrechtsgesetzes ist ohne Zustimmung des Verlags unzulässig und strafbar. Das gilt insbesondere für Vervielfältigungen, Übersetzungen, Mikroverfilmungen und die Einspeicherung und Verarbeitung in elektronischen Systemen.

Die Wiedergabe von Gebrauchsnamen, Handelsnamen, Warenbezeichnungen usw. in diesem Werk berechtigt auch ohne besondere Kennzeichnung nicht zu der Annahme, dass solche Namen im Sinne der Warenzeichen- und Markenschutz-Gesetzgebung als frei zu betrachten wären und daher von jedermann benutzt werden dürften.

Umschlaggestaltung: KünkelLopka Medienentwicklung, Heidelberg
Druck und buchbinderische Verarbeitung: Krips b.v., Meppel
Gedruckt auf säurefreiem und chlorfrei gebleichtem Papier
Printed in the Netherlands

ISBN 978-3-531-15438-1

Inhalt

Vorwort 9

Hilde Weiss
1 **Wege zur Integration? Theoretischer Rahmen und Konzepte der empirischen Untersuchung** 13

1.1 Gibt es Kriterien der „gelungenen" Integration? Zum theoretischen Rahmen 13
1.2 Die Dimensionen: Forschungsansätze und Indikatoren 16
1.3 Identifikation und emotionale Zugehörigkeit – die „Endstation" des Integrationsverlaufs? 22
1.4 Stichprobe und Methode 25
1.5 Literatur 30

Hilde Weiss
2 **Sozialstrukturelle Integration der zweiten Generation** 33

2.1 Platzierung in Bildung und Beruf – Schlüssel zur Integration 33
2.2 Die sozialen Startbedingungen 35
2.3 Bildungs- und Berufsmobilität: Statusvererbung oder Aufstieg? 39
2.4 Übergänge und Risken: Berufsindikatoren 47
2.5 Blockierte Bildungschancen: die Rolle struktureller, ethnischer und sozialer Faktoren 53
2.6 Zusammenfassung und Diskussion 61
2.7 Literatur 63
2.8 Anhang 65

Anne Unterwurzacher
3 **„Ohne Schule bist du niemand!" – Bildungsbiographien von Jugendlichen mit Migrationshintergrund** 71

3.1 Problemaufriss und Fragestellungen 71

3.2 Theoretischer Hintergrund und Forschungsergebnisse ... 73
3.3 Rekonstruktion der Bildungsbiographien ... 78
3.4 Zusammenfassung ... 92
3.5 Literatur ... 94

Hilde Weiss und Robert Strodl
4 Soziale Kontakte und Milieus – ethnische Abschottung oder Öffnung? Zur Sozialintegration der zweiten Generation ... 97

4.1 Einleitung: Theoretische Relevanz des Netzwerks ... 97
4.2 Hintergründe und Determinanten der Freundschaftswahlen ... 99
4.3 Kontaktwahl – eine Folge von Tradition, Diskriminierung oder der sozialen Position? ... 105
4.4 Sozial-kulturelle Milieus ... 113
4.5 Sozialisation und Re-Ethnisierung? ... 116
4.6 Milieufolgen – Isolation oder Wunsch nach Separation? Zur Integrations- und Assimilationsbereitschaft ... 120
4.7 Zusammenfassung ... 125
4.8 Literatur ... 126
4.9 Anhang ... 128

Patrizia Gapp
5 Konflikte zwischen den Generationen? Familiäre Beziehungen in Migrantenfamilien ... 131

5.1 Einleitung: Auswirkungen der Migration auf die Identität der Jugendlichen? ... 131
5.2 Erziehung und Konflikt: Eltern-Kind Beziehungen ... 135
5.3 Elterliche Verbote und Wahrung kultureller Traditionen ... 140
5.4 Kulturkonflikt in der Familie – auch ein Konflikt der kollektiven Zugehörigkeit? ... 142
5.5 Ursachen der subjektiven Marginalität – zur Rolle innerfamiliärer Spannungen, kultureller Orientierungen und Aufstiegserwartungen . 147
5.6 Zusammenfassung ... 149
5.7 Literatur ... 150
5.8 Anhang ... 151

Hilde Weiss und Moujan Wittmann-Roumi Rassouli
6 Ethnische Traditionen, religiöse Bindungen und „civic identity".... 155

6.1 Tradition und Religion im Integrationsdiskurs 155
6.2 Traditionalismus: Geschlechtsrolle, Moral und Autorität 157
6.3 Religiosität im Kontext traditioneller Orientierungen 161
6.4 Islam – ein Grund für Zwiespalt der Werte? 164
6.5 Civic Identity: Fundamentalismus, Antisemitismus und
    Demokratieorientierung 171
6.6 Zusammenfassung 183
6.7 Literatur 184
6.8 Anhang 187

Hilde Weiss
7 Die Identifikation mit dem Einwanderungsland – das Ende des Integrationsweges? 189

7.1 Zugehörigkeit, Identität und Akkulturation 189
7.2 Ethnische Zugehörigkeit – Österreich als Heimat? 190
7.3 Zugehörigkeitsgefühle im Kontext von Wertorientierung und
    Elternhaus 195
7.4 Die Wege zur Integration 199
7.5 Zusammenfassung 211
7.6 Literatur 213
7.7 Anhang 215

Mouhanad Khorchide
8 Die Bedeutung des Islam für Muslime der zweiten Generation 217

8.1 Einleitung 217
8.2 Islam in Österreich 219
8.3 Exkurs: Fundamentalismus, Islamismus, Extremismus 221
8.4 Muslimische Jugendliche der zweiten Generation: Stichprobe und
    Methode 222
8.5 Typen religiöser Bindungen 223
8.6 Muslime der zweiten Generation und Geschlechtsrollen 235
8.7 Muslimische Jugendliche und Gewalt 239
8.8 Resümee 242

8.9 Literatur 243
8.10 Anhang 244

Kurzbiografien der AutorInnen..**245**

Vorwort

Das Thema der Zuwanderung zieht sich seit den 80er Jahren wie ein roter Faden durch Politik und Medienberichte, den rechtspopulistischen Parteien in Europa hat es zu einem enormen Aufschwung verholfen. Gewalttaten, Mord- und Brandanschläge gegen Angehörige ausländischer Minderheiten treten in den verschiedenen europäischen Ländern immer wieder auf. Seit den Terroranschlägen in New York, vor allem aber seit den Anschlägen und Unruhen in europäischen Städten – Madrid, London, Amsterdam und Paris – hat sich der Gewaltdiskurs in der Öffentlichkeit jedoch umgekehrt: die „gescheiterte Integration" der ZuwanderInnen[1], aber auch der zweiten und dritten Generation, ist zu einem beherrschenden Thema geworden. Begriffe wie Parallelgesellschaft und Ausländer-Ghettos prägen zunehmend die Vorstellungen, vor allem wenn von muslimischen Jugendlichen die Rede ist.

Die Probleme von heute gründen aber großteils in den Problemen von gestern: Die Länder Westeuropas nahmen nach dem zweiten Weltkrieg aufgrund des Arbeitskräftemangels ausländische Arbeitskräfte auf, entsprechend dem historischen Hintergrund der jeweiligen Länder stammten sie aus den verschiedensten Herkunftsgebieten. Trotz nationaler und kultureller Heterogenität waren es aber überwiegend gering qualifizierte Arbeitskräfte, die im Niedriglohnsektor arbeiteten, in den billigen Vierteln wohnten und bald überall als Problemgruppen angesehen wurden. Ausländerpolitik war in vielen europäischen Ländern lange Zeit hindurch „Gastarbeiterpolitik", besonders in Deutschland, der Schweiz und Österreich bezog sie sich vornehmlich auf Fragen der Regulierung des Zuzugs und auf den Schutz der Arbeitsmärkte, nicht aber auf langfristige Strategien der Integration der MigrantInnen und ihrer Kinder in die Gesellschaft. So sah man sich in Österreich in den 90er Jahren mit relativ großen Zahlen an Zuzug und Einbürgerungen konfrontiert, während parallel dazu keine Modelle im Sinne von geplanten Schritten zur Eingliederung entwickelt wurden, etwa für die schulische Ausbildung der Kinder, für angemessene Regeln des Zugangs der Migrantenjugendlichen zum Arbeitsmarkt (diese wurden in Öster-

---

[1] Wir bitten um Verständnis dafür, wenn die geschlechtsneutrale Schreibweise aus technischen Gründen fallweise nicht aufscheint, z.B. in Tabellen, Originalwiedergaben oder bei Funktionsbegriffen.

reich erst 2002 gelockert) und für gesellschaftliche Teilhabe. Integrationspolitik im Sinne eines Modells der schrittweisen Eingliederung, d.h. als ein Bündel aufeinanderbezogener Strategien mit dem Ziel einer möglichst reibungslosen und raschen Integration, die sich auf die Familie und ihre Zukunft, also auch auf die nachziehenden und schon im Aufnahmeland geborenen Kinder bezieht, war kein ernsthaftes Thema.

Seit den Unruhen der Jugendlichen in den Pariser Vorstädten, seit dem Auftreten einzelner terroristischer Gewaltakte, gerät die zweite Generation der Eingewanderten plötzlich ins Blickfeld der „Integrationsproblematik". Unter dieser neu erwachten Aufmerksamkeit erscheinen die national sehr unterschiedlichen Wege zur Integration von MigrantInnen nicht nur in einzelnen Ländern, sondern selbst auf europäischer Ebene als gescheitert. Zu Recht wird seitens der Forschung darauf hingewiesen, dass solche Diagnosen vorschnell sind und zu Pauschalierungen führen, die tendenziell bestehende Vorurteile verstärken.

Die empirische Migrationsforschung hat Integration seit langem aus verschiedenen Perspektiven beleuchtet und das Augenmerk auf wichtige Indikatoren der gesellschaftlichen Teilhabe, z.B. Chancen und Risken am Arbeitsmarkt und am Wohnungsmarkt, gerichtet. Darstellungen der Defizite in diesen verschiedenen Lebensbereichen gibt es in großer Fülle. Daneben gibt es aber auch zahlreiche Hinweise auf Entwicklungen, die weniger beachtet wurden und Klischees und Verallgemeinerungen widerlegen: etwa der Rollenwandel in der Familie von ImmigrantInnen durch die Erwerbstätigkeit der Frau; oder die besonders von den Mädchen und jungen Frauen genutzten Chancen des Bildungszugangs. Während die ältere Migrationsforschung vorwiegend die Defizite der ersten Generation beschreibt, zeigt die neuere internationale Forschung nun auch positive Folgen auf und belegt, dass die zweite Generation durchaus in der Lage war und ist, Migration als Chance wahrzunehmen und die vorgefundenen Möglichkeiten in der Aufnahmegesellschaft zu nützen.

So zeigt sich heute insgesamt ein zwiespältiges Bild – auf der einen Seite die „Verlierer" der Migration, Jugendliche im Abseits der Gesellschaft, bildhaft präsent in den Aufständen in den Pariser Vororten. Auf der anderen Seite die „Migrationsgewinner", die z.B. eine akademische Ausbildung absolviert haben und in Bereichen der Kultur, Wirtschaft oder Politik erfolgreich tätig sind. Daneben gibt es aber auch das Bild einer nur äußerlich angepassten Jugend, die zwar weniger materiell, aber psychisch frustriert ist; die „zwischen den Kulturen" lebt und sich nirgendwo zugehörig fühlt (wie dies im Bild des „marginal man" schon in der frühen Migrationsforschung als Scheitern der Assimilation beschrieben wurde). Auch die „unauffällige" zweite Generation gerät heute unter Loyalitätsverdacht; es wird bezweifelt, dass sie sich die demokratischen Werte und die Normen moderner Gesellschaften zu Eigen gemacht hat.

Im vorliegenden Band sollen Ergebnisse einer repräsentativen empirischen Forschung über die Lebensverhältnisse, Wertorientierungen und sozialen Identitäten der zweiten Generation in Österreich geschildert werden. Während es eine Vielzahl von Einzelstudien über die verschiedenen Aspekte der Integration gibt, soll hier anhand detaillierter Analysen zentraler Lebensbereiche ein umfassendes Bild zur Integration der Jugendlichen gewonnen werden. Integration wird hier weder allein an objektiven Faktoren, wie Platzierung in Bildung und Beruf, bestimmt, noch lediglich an subjektiven Faktoren, wie nationale Identifikation oder kulturelle Gewohnheiten. Auch im internationalen Vergleich sind umfassende Analysen, in denen die verschiedenen Dimensionen von Integration auf Basis einer verlässlichen Stichprobe untersucht werden und, wie hier angestrebt wird, auch hinsichtlich ihrer komplexen Zusammenhänge analysiert werden, nicht sehr zahlreich.

Im Folgenden soll ein kurzer Hinweis zum Aufbau des Buchs und zu den Inhalten der einzelnen Kapitel gegeben werden.

Kapitel 1 diskutiert die Dimensionen von Integration sowie die zentralen Fragestellungen und zeigt den theoretischen Rahmen auf, an den sich die empirischen Analysen ausrichten.

Kapitel 2 setzt den Schwerpunkt auf die strukturelle Integration: auf die soziale Platzierung, Bildungs- und Berufsmobilität: Ist der zweiten Generation ein sozialer Aufstieg gelungen? Bei wie vielen hat sich ein niedriger Status der Eltern „vererbt"? Welche Probleme findet die zweite Generation im Vergleich zu den Einheimischen beim Übergang in den Beruf vor?

Kapitel 3 befasst sich vor allem mit dem Bildungszugang. Bildungsbiografien werden in der Spannung zwischen sozialer Benachteiligung und ethnischer Subkultur untersucht.

Kapitel 4 befasst sich mit sozialer Integration; es werden Analysen zur Struktur von Kontaktkreisen und Milieus durchgeführt: Welche Einflüsse hat das elterliche Milieu auf Freundschaftswahlen und Lebensstile der Jugendlichen? Wie viele Jugendliche leben tatsächlich in einem ethnisch abgeschotteten Lebensraum?

Kapitel 5 setzt den Schwerpunkt auf Generationenbeziehungen, Konflikte und Identitätsprobleme der Jugendlichen.

Kapitel 6 befasst sich mit kultureller Integration und untersucht die Bedeutung religiöser Bindungen und traditioneller Werte im Kontrast zu den „modernen" Werten der civic identity.

Kapitel 7 thematisiert kollektive Identität(en) im Spannungsfeld zwischen ethnischer (Herkunfts-)Zugehörigkeit und emotionaler Identifikation mit dem Einwanderungsland Österreich.

Kapitel 8 analysiert auf Basis einer speziellen Untersuchung an muslimischen Jugendlichen Wiens die religiösen Einstellungen und präsentiert eine differenzierte Typologie zwischen den Polen säkular offener und fundamentalistischer bzw. extremistischer Haltungen.

Eine besondere Problematik, der sich jede empirische Forschung über die so genannte zweite Generation gegenüber sieht, liegt in der mangelnden statistischen Datenlage und im nicht allzu leichten Zugang zu dieser Gruppe. Da in Österreich sowohl Eltern als auch Jugendliche in den Registern nicht mehr als AusländerInnen aufscheinen, sobald sie eingebürgert sind, gestaltet sich die Erstellung einer Stichprobe schwierig; auch die absoluten Zahlen können daher nur geschätzt werden (über Definition und das hier gewählte Vorgehen zur Stichprobenauswahl wird in Kapitel 1.4 genauer berichtet).

Besonderer Dank gilt daher Dr. Gert Feistritzer (Institut für empirische Sozialforschung in Wien), der mit viel Engagement und Geduld für die Erstellung einer qualitätsvollen Stichprobe gesorgt hat und die Feldarbeit der quantitativen Untersuchung geleitet hat; unter seiner Mitwirkung wurde der Fragebogen in Pretests wiederholt auf Verständlichkeit hin geprüft und in mehreren Phasen überarbeitet.

Schließlich dankt das WissenschaftlerInnen-Team – es besteht aus den AutorInnen der Kapitel dieses Bandes – auch Frau Aida Ugljanin für die Assistenz bei der Buchproduktion und allen studentischen MitarbeiterInnen, die bereit waren, im Rahmen von Lehrveranstaltungen oder allein aufgrund ihres Interesses sich an der Forschung zu beteiligen. Dank soll nicht zuletzt auch allen Jugendlichen ausgesprochen werden, die Interesse an dem Thema hatten und bereit waren, in den Interviews Einblick in ihr Leben zu geben.

Die Studie wurde vom Österreichischen Fonds zur Förderung der Wissenschaften (FWF) finanziell gefördert und am Institut für Soziologie der Universität Wien durchgeführt.

Hilde Weiss

1 Wege zur Integration? Theoretischer Rahmen und Konzepte der empirischen Untersuchung

Hilde Weiss

1.1 Gibt es Kriterien der „gelungenen" Integration? Zum theoretischen Rahmen

Was unter Integration von MigrantInnen zu verstehen sei, darüber finden nicht nur in der Öffentlichkeit, sondern auch in den Sozialwissenschaften Auseinandersetzungen statt. Was ist eine gelungene Integration? Können überhaupt Maßstäbe entwickelt werden, an denen dies abgelesen werden kann? Die Anpassung an eine fremde Umwelt wird – wie die Fülle von Forschungen zeigt – aus einer Vielzahl von Perspektiven betrachtet. In den Untersuchungen werden jeweils spezifische Problemlagen herausgegriffen, z.b. kognitive Neuorientierung und psychische Prozesse, die materielle Lage, die Hindernisse auf dem Weg zu sozialer Anerkennung und Aufstieg. In den früheren Ansätzen der amerikanischen Migrationsforschung wurde besonders der kulturellen Umorientierung ein großer Raum gegeben (vgl. Park 1928; Gordon 1964, 1975); erst in den späteren Forschungen, die sich mit den neueren Formen der Arbeitsmigration und ihren Folgen befassen, wird die Frage des Integrationsverlaufs auch von anderer Seite gestellt: Wie sind die Teilhabechancen, die die Aufnahmegesellschaft bietet, beschaffen, um im beruflichen und sozialen Leben zu bestehen und sich behaupten zu können? Die strukturellen Determinanten des Handlungsrahmens, wie Zugang zum Arbeitsplatz, zu den sozialen Systemen, zu den Bildungsinstitutionen, werden in enger Beziehung zu den Intentionen und individuellen Anpassungsleistungen gesehen (vgl. Esser 2001; Nauck 1999).

Da die Auswirkungen der Migration auch die nachfolgenden Generationen erfassen, wurde der Akkulturationsprozess seit jeher in eine langfristige, die Generationen umspannende Perspektive gestellt. Die typischen Probleme der zweiten Generation werden in der kulturellen Spaltung, im „Leben zwischen den Kulturen" gesehen. Die Vorstellungen über die Bewältigung dieses Konflikts bewegten sich lange Zeit in einer Dichotomie: Entweder gelingt es der zweiten bzw. dritten Generation, in der Mehrheitsgesellschaft sozial und kulturell aufzugehen („Assimilation"), oder sie kann sich nicht aus dem Herkunftsmilieu lösen und bleibt den ethnischen Traditionen verhaftet („Segmentation").

Obwohl man sich vom Bild einer innerlich gespaltenen, ambivalenten Generation und ihrer problematischen Identität („Identitätsdiffusion", „Identitätsverlust") weitgehend gelöst hat, nimmt die These des Aufwachsens und Lebens im Zwiespalt der Kulturen nach wie vor in den Forschungen einen großen Stellenwert ein.

Die „gescheiterte" Integration ist offenbar leicht an einigen auffälligen Symptomen zu erkennen. Wenn die Jugendlichen in den Einwanderer-Vierteln verbleiben, wenn sie aufgrund ihrer geringen Qualifikationen häufig arbeitslos sind und Frustrationen in den für Jugendliche typischen Aggressionen – Vandalismus, kriminelle Delikte – ausleben, dann wird die ethnische Gruppe meist zum negativen Symbol von Zuwanderung schlechthin. Nachdem Forschungen aber auch auf Tendenzen einer bewussten ethnischen Rückorientierung der zweiten Generation und auf verbreitete ethnische Schließungsprozesse hingewiesen haben (z.b. Heitmeyer, Müller und Schröder 1997), rückt die Thematik des Zwiespalts der Kulturen wieder stärker ins Zentrum. Auch wenn man sich darüber einig ist, dass Bildungs- und Berufserfolge eine entscheidende Rolle spielen, spitzt sich die Diskussion darauf zu, ob Integration als „normative Assimilation", d.h. als Anpassung an Werte und Normen der Aufnahmegesellschaft, zu begreifen sei, oder als sozioökonomische Anpassung (vgl. Kecskes 2000; Esser 2004; Berry 1990).

Ist das Festhalten an ethnisch geprägten kulturellen Gewohnheiten eine Barriere für Integration? Wo liegt die Grenze zwischen notwendiger kultureller Anpassung („Kulturation"), um im Berufs- und Alltagsleben bestehen zu können), und „Assimilation"? Daran knüpfen sich allerdings auch grundlegende Fragen, wie: Gibt es überhaupt eine homogene Kultur in der modernen pluralen Gesellschaft? Integrieren sich moderne Gesellschaften überhaupt noch durch Werte und welche Rolle spielen sie überhaupt (noch) in der Moderne? Unterschiedliche Diagnosen der globalisierten Gesellschaft führen dementsprechend zu divergierenden Einschätzungen der Migration und ihrer kulturellen Folgen.

Solche Fragen sind in einer empirischen Forschung sicherlich nicht zu klären. Betrachtet man die Fülle von Literatur zu den geschilderten Themen, so kann nur eine Auswahl aus diesen Aspekten getroffen werden. Welche Dimensionen in der vorliegenden Forschung als zentral betrachtet werden und welche konkreten Indikatoren ausgewählt werden, soll im folgenden Überblick dargestellt und begründet werden.

Zur Begriffsverwendung ist festzuhalten, dass Integration hier nicht in einem umfassenden Sinn, als Gesamtdiagnose, verstanden wird. Integration ist ein multidimensionales Konzept, Erfolge und Misserfolge können von verschiedenen Blickpunkten her betrachtet werden. In dieser Untersuchung standen die folgenden Dimensionen bzw. Lebensbereiche im Mittelpunkt: Positionen in

Bildung und Beruf, sozialer Auf- oder Abstieg im Generationenvergleich (strukturelle Dimension), Freundschaftsbeziehungen und Milieus (soziale Dimension), Werte und ethnische Orientierungen (normative Dimension) und schließlich Zugehörigkeitsgefühle und soziale Identität (Identifikation).

Jede der geschilderten Dimensionen ist somit ein Aspekt eines überaus komplexen Musters. Auf jeder können unterschiedliche Positionen eingenommen werden, z.B. guter oder schlechter Bildungserfolg, mehr oder weniger berufliche Gratifikationen, ausschließlich eigenethnische Kontakte oder gemischte Lebenswelten. Keine dieser Positionen muss aber eine andere zwingend ausschließen. Die Dimensionen können – je nach theoretischer Auffassung – auf unterschiedliche Weise miteinander verknüpft werden: Die Frage kann etwa lauten: Auf welche Weise beeinflussen das soziale Verhalten (Kontakte, Netzwerke) oder normative Orientierungen die sozioökonomische Platzierung? Oder umgekehrt, trägt die strukturelle Position zur sozialen und normativen Integration bei?

Integrationstheorien, die kausale Beziehungen postulieren, sind dann auch gezwungen, Annahmen über Beginn und Endpunkt, also über Prozessverläufe und somit über die Priorität einer dieser Dimensionen der Akkulturation zu treffen. Ist die Endstation des Prozesses die kulturelle Anpassung, die Identifikation mit dem Aufnahmeland, die soziale Öffnung in den Kontakten oder die Angleichung an die Schichtstruktur der Gesellschaft, also der Bildungserfolg und sozialer Aufstieg? Die Annahme eines kausalen Prozessverlaufs schließt zumeist eine Debatte über die Begriffe Integration und Assimilation, also über die Frage „Wieviel kulturelle Anpassung ist notwendig?" ein; diese Debatte soll hier aber nicht geführt werden. Kulturelle Anpassung zeigt sich schließlich in vielen Formen, etwa in der Einstellung zu demokratischen Regeln oder daran, wie die verschiedenen Elemente der Herkunftskultur im eigenen Lebensstil Platz finden, welche Lebensmuster entwickelt werden. Sie wäre nur an einer Vielzahl von Merkmalen abzulesen, wenn nicht ein verzerrtes oder simplifiziertes Bild gegeben werden soll.

Die Integration der zweiten Generation, über die hier in den einzelnen Kapiteln berichtet wird, wird daher aus verschiedenen Perspektiven dargestellt. Die heterogenen Realitäten Jugendlicher verschiedener Herkunftsländer und Kulturen werden in den Analysen ihrer Lebensverhältnisse, soziokulturellen Milieus und sozialen Identitäten beschrieben. Jeder dieser Bereiche stellt für sich eine komplexe Thematik dar; daher werden innerhalb der einzelnen Problemfelder auch die kontroversen Thesen diskutiert und geprüft. Schließlich sollen auch spezielle Annahmen über das Zusammenwirken der Integrationsdimensionen auf empirischer Basis geprüft werden. Während Anpassungsprozesse in der Literatur häufig in Form von Typologien rekonstruiert werden, soll hier versucht werden, anhand multivariater Analysen (z.b. Pfadmodelle) ein Licht auf Stationen und Wege der Integration zu werfen.

Der folgende Überblick stellt dar, auf welche Dimensionen sich die Untersuchungen beziehen und durch welche Indikatoren sie repräsentiert sind; zugleich wird kurz geschildert, welche Fragestellungen aufgeworfen werden.

1.2 Die Dimensionen: Forschungsansätze und Indikatoren

Strukturelle Integration: sozialer Aufstieg der zweiten Generation?

Untersuchungen, die sich mit der sozioökonomischen Dimension von Integration befassen, stellen die Probleme der Arbeitsmarktintegration in unterschiedliche Kontexte: in den Rahmen der Arbeitsmarkt- und Integrationspolitik eines Landes, in die Perspektive der Einstellung der Bevölkerung (Diskriminierung, ethnische Stereotype) oder in den Kontext der Nachfrage am Arbeitsmarkt. Welche Fähigkeiten und Qualifikationen („Humankapital") die MigrantInnen vorweisen, wie sich z.b. Bildungs- und Aufstiegsmotivation auf die Chancen der zweiten Generation am Arbeitsmarkt auswirken, ist Gegenstand vieler Forschungen. Dieser Ansatz bezieht die strukturelle Angebotsseite der Aufnahmegesellschaft ebenso ein wie die Voraussetzungen, Intentionen und Handlungen seitens der MigrantInnen. So ist es durchaus entscheidend, über welche Ressourcen MigrantInnen verfügen, sei es in Form beruflicher Qualifikation (Bildung, Berufsstatus im Herkunftsland) oder sozialer Netzwerke (Kontakte in der ethnischen Gemeinschaft, im Familienverband), aber auch, welche Akkulturationsstrategien – „assimilative" oder „separatistische" – sie verfolgen.

Die Inklusion in die zentralen Bereiche (Teilsysteme) der Gesellschaft liefert nach Esser (1980, 2001) generell das Kriterium zur Einschätzung von Integration schlechthin; die Inklusion am Arbeitsmarkt – die nur über erfolgreiche Bildungspartizipation möglich ist – ist jedoch der Kernbereich. An die berufliche Position, die entscheidende Ressourcen wie Einkommen und soziales Ansehen determiniert, sind die Entwicklungsmöglichkeiten in anderen Lebensbereichen gekoppelt. Bildungs- und Berufspositionen sind aus dieser Warte die zentralen Ausgangspunkte, die weitere Integrationswege in Gang setzen oder abbrechen lassen.

Die „Gastarbeiter-Migration" hat nicht nur die strukturelle Lage der ersten Generation geprägt – in Österreich war die Mehrzahl im sekundären, niedrig qualifizierten Arbeitssektor beschäftigt (vgl. Biffl 2003) –, sondern auch die Lebenslage der Heranwachsenden nachhaltig beeinflusst, sei es aufgrund unklarer Zukunftsperspektiven, mit der Folge normativer Unsicherheit und Ferne zum heimischen Bildungssystem, sei es aufgrund materieller Einschränkungen, wie schlechte Wohn- und Lernbedingungen. Trotz der nachteiligen Startchancen gilt der soziale Aufstieg als normativer Maßstab, an dem der Integrationserfolg der zweiten Generation gemessen wird, die Verfestigung der niedrigen sozialen Position im Generationsverlauf gilt dagegen als Scheitern. Dies gilt aus der Sicht der Betroffenen selbst, weil das Migrationsziel, die soziale und materielle Besserstellung zumindest der Nachkommen, nicht erreicht wurde (vgl. Wilpert 1980); aus gesellschaftlicher Sicht, weil aus dem blockierten Aufstieg der Jugendlichen ein Potential für Aggression und soziale Spannungen entsteht (wie in den Pariser Jugendrevolten 2005 manifest wurde). Eine dauerhafte ethnische Unterschichtung – „neo-feudale" Segmentation – würde aus soziologischer Sicht auch die gesamte Struktur der Gesellschaft nachteilig verändern, z.b. durch segmentierte Arbeits- und Wohnungsmärkte (Hoffmann-Nowotny 1973; Esser 2001).

Empirische Untersuchungen gehen daher der Frage nach, welche Voraussetzungen notwendig sind, um eine „ethnische Unterschicht" zu verhindern. Die Zugangs- und Erfolgschancen der zweiten Generation im Bildungssystem und am Arbeitsmarkt werden von verschiedenen Seiten her beleuchtet: Studien befassen sich mit den Selektionsmechanismen des Bildungssystems und verfolgen die Auswirkungen der sozialen und rechtlichen Rahmenbedingungen der Integration der ersten Generation auf die Bildungs- und Berufserfolge der Kinder (z.b. Reitz 1998; zur Bildungssituation in Österreich vgl. Herzog-Punzenberger 2003). Ebenso werden Bildungserfolge bzw. Misserfolge aus sozialisationstheoretischer Sicht untersucht: Erklären Erziehungsstile und Sozialisation den unterschiedlichen Bildungserfolg zwischen Mehrheit und Minderheit, aber auch zwischen den Minderheiten (vgl. Hagendoorn, Veenman und Vollenbergh 2003)? Gibt es herkunftsspezifische Problemlagen, wie die soziale Situation oder die Diskriminierung bestimmter ethnischer Gruppen?

Die strukturelle Integration in Bildung und Beruf nimmt daher auch in der vorliegenden Studie einen wesentlichen Platz ein und ist Ausgangspunkt weiterführender Analysen. Es werden die sozialen Platzierungen der zweiten Generation in Relation zu den einheimischen Jugendlichen sowie in Relation zur Lage der Eltern beschrieben. Der Vergleich mit der österreichischen Kontrollgruppe ist nicht nur ein wichtiger Maßstab für die Einschätzung der Situation, sondern ermöglicht es auch, die Ursachen von Bildungserfolg und Misserfolg zu untersuchen. Das schlechtere Abschneiden der zweiten Generation im Vergleich zu autochthonen Jugendlichen wird häufig auf eine defizitäre Sozialisation im Elternhaus zurückgeführt, unklar ist allerdings, ob Defizite durch kulturelle Differenzen – also durch die spezifischen Sozialisationsmuster und normativen Orientierungen der ethnischen Subkultur – hervorgerufen werden oder durch die

Schichtzugehörigkeit der Eltern, die in der vorliegenden Untersuchung nahezu ausschließlich im Zuge der Arbeitsmigration zugewandert sind. Die soziokulturelle Umwelt der Jugendlichen nimmt daher einen wichtigen Raum in den Analysen ein; sie wird durch Merkmale wie Bildungs- und Berufsstatus der Eltern, die ethnische oder assimilative Orientierung des Elternhauses (z.b. Sprachkenntnisse der Eltern, Sprache zu Hause, Traditionsbindung) und das ethnische Umfeld (AusländerInnenanteil in Wohnumgebung und Schule) beschrieben.

Ein weiterer Schwerpunkt im Bereich der strukturellen Integration ist der Übergang vom Bildungssystem in den Arbeitsmarkt: Welche Rolle spielen die Bildungsqualifikationen für die berufliche Positionierung? Wie gestaltet sich der Eintritt in den Arbeitsmarkt im Vergleich zu den einheimischen Jugendlichen, gibt es gravierende Unterschiede in entscheidenden beruflichen Indikatoren, wie Arbeitslosigkeit oder Arbeitsverträge? Sind spezifische Risiken und Benachteiligungen auf die ethnische Herkunft zurückzuführen?

Soziale Integration: Kontakte und Milieus

Während Bilder wie das Leben „in der Parallelgesellschaft" die Jugendlichen (und ihre Eltern) in räumlich und sozial ausgegrenzten Räumen sehen, liegt die Realität, wie empirische Studien zeigen, bei der Mehrzahl der Jugendlichen zwischen den beiden Polen: Weder gänzlich „assimiliert", noch gänzlich dem Milieu der Eltern verhaftet, entwickeln sie eigenständige Lebens- und Freizeitstile, die zu einer starken innerethnischen Ausdifferenzierung der Milieus geführt haben (vgl. Auernheimer 1998; Schwann 2002); auch die ethnischen Grenzen nivellieren sich im Freizeitverhalten (vgl. Münchmeier 2000; Boos-Nünning und Karakasoglu 2004). Die Lebensstile gestalten sich im Rahmen sozialer Kontakte und Netzwerke, daher ist die ethnische Struktur von Freundschaftsbeziehungen und Partnerschaften in vielen empirischen Untersuchungen der Fokus, in dem die Lebensstile und Milieus der Jugendlichen der zweiten Generation beschrieben werden.

Die Konzentration von Freundschaften in der eigenen Herkunftsgruppe gilt in den dominierenden Theorien als Indiz eines (freiwilligen oder unfreiwilligen) ethnischen Rückzugs, mit der Gefahr einer starken Entfremdung von der Einwanderungsgesellschaft. In Theorien und Typologien nehmen Freundschaftskontakte daher seit jeher einen zentralen Stellenwert ein. Die Bereitschaft, Kontakte zu „anderen" aufzunehmen, wird als wichtiger Aspekt subjektiver Anpassungsstrategien gesehen und mit der Bereitschaft zur Integration gleichgesetzt; auch wenn jemand seine kulturellen Gewohnheiten, wie Kleidung oder Bräuche, nicht aufgeben möchte, sind doch die interethnischen Beziehungen für die Integration entscheidend (vgl. Berry 1990). Die Studien zeigen allerdings, dass die Realisierung der Kontakte keineswegs nur von ethnischen Präferenzen abhängt, sondern auch von Opportunitäten und sozialen Barrieren. Die Kontaktmöglichkeiten im sozialen Umfeld (ethnische Struktur des Wohngebiets und der Schulen) spielen ebenso eine Rolle wie Diskriminierung oder Zurückweisung seitens der einheimischen Jugendlichen. Aus dieser Perspektive rücken Fragen freiwilliger oder unfreiwilliger Segregation, empfundener Anerkennung oder Ablehnung in den Vordergrund.

Die empirischen Untersuchungen decken eine Vielzahl von Faktoren für das Zustandekommen eigenethnischer oder gemischter Kontaktkreise auf, eine wesentlich Rolle spielen kulturspezifische Normen: Viele türkischstämmige Jugendliche konsumieren keinen Alkohol und meiden daher Geselligkeiten mit einheimischen Gleichaltrigen; Mädchen, die sich an traditionelle Geschlechtsrollen gebunden fühlen, verbringen großteils ihre Freizeit zu Hause. Da Freundschaftsbeziehungen aber vor allem auf emotionalem Austausch beruhen, gründen sie in den Ähnlichkeiten von Erfahrungen und Empfindungen – die Migrationsgeschichte ist ein solcher gemeinsamer Hintergrund –, so dass trotz Bereitschaft zu interethnischen Kontakten letztlich häufiger eigenethnische Freundschaften eingegangen werden.

Aus realistischer Sicht sprechen also gute Gründe für das Eingehen eigenethnischer Freundschaftskontakte. Dennoch gilt in der Literatur ein interethnisches Beziehungsnetz als der eigentliche Schritt zur Herstellung eines „normalen" Lebens in der Einwanderungsgesellschaft. An den sozialen Kontakten, besonders an Freundschaften und Partnerschaft, werde mehr oder minder erst objektiv ersichtlich, ob es gelungen ist, Beziehungen zur sozialen Umwelt herzustellen. Die Kontaktstrukturen stellen praktisch in allen Integrationstheorien den zentralen Maßstab gelungener Sozialintegration dar; in manchen bedeuten sie noch mehr, indem sie als Verbindungsglied zur kulturellen Anpassung gesehen werden (vgl. Esser 2001, 2004).

Auch in dieser Studie gilt die ethnische Struktur von Freundschaftswahlen als wichtiger Indikator sozialer Integration, ihre Bedeutung wird aber im Kontext anderer Verhaltensweisen – z.B. Besuch eigenethnischer Vereine, muttersprachiger Medienkonsum, religiöse Praktiken etc. – aufgezeigt. Ob Jugendliche im „ethnischen Ghetto" leben oder „integriert" sind, wird daher vor dem Hintergrund soziokultureller Milieus beschrieben.

Die Erklärung der Kontaktstrukturen ist aber auch hier ein wichtiger Aspekt der Integrationsanalysen: Bringt ein höherer Bildungsweg offenere Kontakte mit sich? Welche Rolle spielen andere Einflüsse, wie strukturelle Opportunitäten oder das Milieu des Elternhauses?

Wertintegration vor dem Hintergrund von Tradition und Religion

In den älteren amerikanischen Migrationstheorien wurde ein tiefer Kulturkonflikt zwischen den „modernen" Einwanderungsgesellschaften und den „traditionellen" (feudalen oder in Clans organisierten) Herkunftsgesellschaften gesehen, der die Ursache vielfältiger Spannungen sei. Der Fremde, der nur die minimalen kulturellen Standards übernimmt, ohne sich gänzlich anzupassen, ist jemand, der „zwischen den Welten" und am Rande beider Gesellschaften lebt (Park 1928; ähnlich aber auch in der aktuellen Literatur). Aus dieser Sicht ist die gänzliche Absorption, also Assimilation auch im Sinne emotionaler Identifikation, für den Betroffenen ein notwendiger Schritt, um die inneren Dissonanzen zu bewältigen. Eine solche scharfe Grenzziehung zwischen den Kulturen, zwischen Traditionsbindung und moderner Lebensführung, steht heute aber zur Debatte.

Die kulturellen Folgen der Globalisierung – Informations- und kultureller Austausch – werden unterschiedlich bis widersprüchlich gesehen. So ist einerseits Hybridität zu einem Paradigma geworden, um den permanenten kulturellen Austausch in der globalen Gesellschaft zu verdeutlichen („Melange" als grundlegendes Kulturmuster; vgl. Faist 2000); nationale Kulturen verändern sich und werden ebenso hybrid wie die Persönlichkeitsstrukturen (vgl. Werbner und Modood 1997), denen auch nicht zwingend pathologische Züge zugeschrieben werden können. Die Modernisierung macht die Grenzen zwischen den national geprägten Kulturen fließend und setzt auch in den früher noch als traditional beschriebenen Teilen der Welt die Funktionsweisen einer modernen (industrialisierten und kapitalistischen) Gesellschaft durch. Diese bedürfe keiner ideologischen Programmatik oder Wertebindung mehr, da das Spiel der anonymen Systeme bzw. Märkte herrscht, in dem die Einzelnen nur als Träger ihrer individuellen Leistungen zur Kenntnis genommen werden – mit dem Bild des Schmelztiegels beschreibt dies bereits Park, mit dem Begriff der Individualisierung umreißt es Beck; am radikalsten bringt es sicherlich Luhmanns Systemtheorie auf den Punkt, wonach Werte unter der Dominanz der spezifischen „Codes" der Systeme (wie Geld, Profit und Konkurrenz auf den ökonomischen Märkten) belanglos werden.

Das Bild einer gänzlich individualisierten Moderne, die alle starken Gruppenbindungen auflöst – seien es ethnische, familiäre bis hin zu nationalen Bindungen – prägte bereits das Gesellschaftsbild der frühen amerikanischen Migrationsforschung. Nationale Symbole, Vorstellungen typischer nationaler Lebensstile und Mentalitäten, sind aus den Köpfen der meisten Menschen in den fortgeschrittenen Industriegesellschaften aber nicht verschwunden. Die Rückkehr der Kategorien Nation und Ethnizität in Politik, Öffentlichkeit und Wissenschaft wird als Zeichen oder Folge von Globalisierung betrachtet; Ethnizität werde auch künftig, entgegen den modernisierungstheoretischen Prognosen, ihren Stellenwert behalten und ihn sogar verstärken (vgl. Nassehi 1990; Dörre 1997). Auch Parks empathische Beschreibung der amerikanischen Gesellschaft als anonym funktionierendes, komplexes arbeitsteiliges Gefüge, das keine Rücksicht auf partikulare Bindungen nimmt, kam nicht ohne die Idee eines solidaritätsstiftenden Gemeinschaftsgefühls aus; der amerikanische Patriotismus, die Identifikation mit dem „American way of life", erfüllt nach Park die Funktion, die multikulturelle Gesellschaft zusammenzuhalten (vgl. Park 1950: 311).

Das Leben in der modernen Welt ist von einer universalen Kultur charakterisiert, die sich nur noch an abstrakten Prinzipien wie Liberalität, Individualismus und Demokratie orientiert. Auf der anderen Seite aber sind die Nationalstaaten, trotz territorialer Entgrenzung und Kontrollverluste, die dominierende Organisationsstruktur geblieben, so dass auch die spezifischen Traditionen und kulturellen Eigenheiten der Nationen lebendig bleiben; man begegnet ihnen in den Alltagskulturen ebenso wie in den Bildungsinstitutionen. Woraus sich nach Esser (2001, 2004) für MigrantInnen eben doch die Notwendigkeit einer Anpassung an die nationalen kulturellen Standards ergibt.

Welche Werte sind nun letztlich entscheidend, wo liegt die Grenze zwischen der für Integration erforderlichen normativen Anpassung und Assimilationsdruck im negativen Sinn? Die Forderung „Ihr müsst so werden wie wir!" seitens der Mehrheit und die Verteidigung der Herkunftsidentität seitens der Minderheit, stellen sich oft als unüberbrückbare kulturelle Differenzen dar.

Trotz divergierender gesamtgesellschaftlicher Diagnosen in den Sozialwissenschaften wird aber den Werten Toleranz, Individualismus und Demokratie übereinstimmend der höchste Rang zugesprochen. Die Frage des Kulturkonflikts kann sich sinnvollerweise nur auf diese Prinzipien richten; sie betrifft MigrantInnen aus nicht-demokratischen Ländern, mit feudalen und patriarchalischen Herrschaftsstrukturen, und wird heute vor allem mit den muslimischen MigrantInnen in Verbindung gebracht. Die Gewohnheiten einer säkularen Gesellschaft, wie die Einschränkung der Religion auf die private Sphäre, Individualisierung der religiösen Praxis bis hin zur Gleichstellung der Geschlechter, definieren eine Zone von Wertedifferenzen.

Fasst man also Werte doch enger, nicht nur als abstrakte, das Funktionieren der Märkte sichernde Prinzipien, so stößt man auf Vorstellungen des Erlaubten und Wünschenswerten, die den Basiskonsens einer Gesellschaft repräsentieren. Damit rücken nicht nur die Grundlagen des säkularen Rechtsstaats in den Mittelpunkt, sondern auch Normen, die in die private Lebenswelt Eingang finden, wie Vorstellungen über die Autoritätsverhältnisse in der Familie, über Geschlechtsrollen, über das Ausmaß individueller Freiräume und religiöser Differenzen. Diese Normen werden hier als „civic identity" zusammengefasst, die in dieser Untersuchung die Dimension der Wertintegration repräsentiert. Welche Auswirkungen ethnische Traditionsbindung und Religion auf die civic identity haben, steht daher im Mittelpunkt der Analysen zur Wertintegration.

1.3 Identifikation und emotionale Zugehörigkeit – die „Endstation" des Integrationsverlaufs?

Die Migrationsforschung zeichnete seit jeher unterschiedliche Bilder der Generationen im Anpassungsprozess; sie haben unterschiedliche Probleme zu bewältigen, die ihre psychische Situation und Identität prägen. Während die erste Generation von der geforderten Neuanpassung des Lebens stark belastet ist, ihre kulturellen Gewohnheiten aber in der neuen Umwelt meist beibehält – weil die verinnerlichten Normen und Verhaltensweisen nur schwer abgelegt werden können, aber auch Sicherheit in belastenden Situationen geben –, ist die psychische Situation der zweiten Generation von Zwiespalt gekennzeichnet: Sie erfährt eine doppelte Sozialisation, einerseits durch die normativen Orientierungen der Eltern, andererseits durch die Einflüsse der neuen Umwelt, durch Schule, Massenmedien, Kontakte etc. (vgl. Schrader, Nikles und Griese 1979; Nauck 1985). Stehen diese Einflüsse in starkem Widerspruch zueinander, dann erzeugen sie Ambivalenz oder Distanz gegenüber beiden Kulturen. Wird dieser Konflikt widerstreitender Orientierungen nicht durch die Präferenz für eine der beiden Kulturen gelöst, entsteht daraus ein dauerhafter Zustand innerer Orientierungs- und Heimatlosigkeit. Park beschrieb ihn im Extrem als Marginalisierung (nach Stonequist's marginal man) und gab dieser „kulturellen Randständigkeit" ausschließlich negative Attribute (Park 1928; 1950: 27). Erst die dritte Generation wäre dem Kulturkonflikt in dieser Form nicht mehr ausgesetzt; ihr sei es daher möglich, die ethnischen und nationalen Besonderheiten der Herkunft hinter sich zu lassen – sie könne sich „assimilieren".

Trotz der vielen kritischen Stellungnahmen, etwa zur Annahme eines unilinearen Assimilationsprozesses, zur Notwendigkeit kultureller Homogenität im Nationalstaat und eindeutiger kultureller Präferenzen aller seiner Mitglieder, blieb aber interessanterweise das Konzept der Marginalisierung bis heute in Theorien, Typologien und Forschungen lebendig. Die These, dass die Migration eine lang andauernde psychische Desorientierung hervorruft, wird zwar inzwischen abgeschwächt, indem z.B. auf transnationale Erfahrungen, auf doppelte Identität und Mehrfachintegration, oder überhaupt auf die zunehmend hybrid werdenden nationalen Kulturen verwiesen wird, dennoch gilt die in der Theorie aufgeworfene Thematik des Aufwachsens im Spannungsfeld kultureller Einflüsse als zentraler Aspekt der Identitätsformung der zweiten Generation. Das Bild eines Lebens „zwischen den Kulturen" ist nach wie vor ein zentraler Blickpunkt, um Identität(en) erklären und Probleme der kollektiven Zugehörigkeit nachvollziehen zu können. Während Marginalität ursprünglich als Gegenpol zur Assimilation, nämlich als nicht vollendete, nur oberflächliche Anpassung erscheint, wird sie in späteren Darstellungen neben andere mögliche Integrationspfade gestellt; der Rückzug in die eigene Herkunftsgruppe (Separation bzw. Segmentation) ergänzt das Spektrum der problematischen, zumindest nicht gelungenen Integration. Die Art der empfundenen Zugehörigkeit – zur Aufnahmegesellschaft, zur Herkunftsgesellschaft oder zu keiner der beiden – wird aber auch stärker im Kontext anderer Faktoren gesehen, etwa in Kombination mit den gesellschaftlichen Bedingungen der sozioökonomischen Eingliederung oder mit der Struktur der sozialen Netzwerke (vgl. Berry 1990; Esser 2001). Gemeinsam ist den verschiedenen Erklärungsansätzen, dass Zugehörigkeit bzw. Identität als logischer Endpunkt von Integrationspfaden aufgefasst wird. Mit verschiedenen Mustern und möglichen Erklärungen von Identitätsformen befassen sich schließlich auch die Analysen in diesem Band.

Formen der Identifikation werden hier anhand verschiedener Indikatoren, wie Zukunftsperspektiven, Zufriedenheit oder Zugehörigkeitsgefühle untersucht. Im Mittelpunkt stehen die emotionalen Reaktionen: die Identifikation mit dem Einwanderungsland als Zuhause oder als fremdes Land, Zwiespalt und Unentschiedenheit – sowohl Österreich als auch dem Herkunftsland der Eltern gegenüber – und schließlich das Gefühl, in beiden Ländern gleichermaßen zu Hause zu sein. Es wird untersucht, in welchen Kontexten des Lebensumfelds die verschiedenen Identifikationen stehen und mit welchen normativen Orientierungen (z.B. Geschlechtsrollen, demokratische Normen) sie verknüpft sind.

Das Gefühl, im Aufnahmeland zu Hause zu sein, kann sicherlich als „identifikative" Integration (im Sinne Essers) betrachtet werden. Ob dies aber auch ein logischer Endpunkt eines spezifischen Integrationspfades ist, wie dies Esser (2001, 2004) in seinen Annahmen über das Zusammenwirken der strukturellen und sozialen Integration darlegt, soll anhand eines Pfadmodells untersucht werden.

Ausgangspunkt der Überlegungen Essers ist eine Typologie von Integrationspfaden: sie trennt deutlich zwischen ethnischem Rückzug (Separation, Ghetto) und Marginalität auf der problematischen Seite, und der assimilativen Integration, also weitgehender kultureller Anpassung, und der Doppelidentität auf der positiven Seite. Der Typologie liegt eine Vorstellung über kausale Verläufe zugrunde (sie kann auf den Generationsverlauf ebenso angewandt werden wie auf den individuellen Verlauf). Der Anpassungsprozess vollzieht sich stufenweise und folgt einer gewissen Eigendynamik: Aus der sozialstrukturellen Eingliederung durch die Bildungs- und Berufslaufbahn ergeben sich die Gelegenheiten für interethnische Kontakte (Freundschaften, Heirat); beide Sphären, Beruf und soziale Kontakte, verändern aber auch den Lebensalltag in der Weise, dass die Dominanz der eigenethnischen Kultur in den Hintergrund tritt. Aus der gelungenen strukturellen und sozialen Integration würde sich daher die emotionale Zugehörigkeit zur Gesellschaft und ihrer Kultur „von selbst" einstellen. Die Identifikation mit dem Aufnahmeland ist somit nicht nur letzter, sondern auch logischer Schritt eines sich selbst verstärkenden Prozesses (Esser 2001: 21). Dennoch kann auf jeder dieser Stufen der Prozess auch zu einem Ende kommen, doch wird dies nur unter spezifischen Bedingungen der Fall sein. Da der Erfolg auf den Märkten der Gesellschaft, besonders am Arbeitsmarkt, ohne ein bestimmtes Maß an Kulturation, d.h. Anpassung an kulturelle Standards, nicht möglich ist, führt der „normale" Verlauf von selbst zur sozialen und assimilativen Anpassung.

Von den Voraussetzungen des Modells weicht allerdings die Realität der damaligen „Gastarbeiter-Migration" ab: Es wurden überwiegend Arbeitskräfte mit geringen beruflichen Qualifikationen ins Land geholt und der Zugang zum primären Arbeitsmarkt durch gesetzliche Regelungen zum Schutz der heimischen Arbeitskräfte erschwert. Zu dieser Festlegung auf den sekundären Arbeitsmarkt traten räumliche und soziale Barrieren, so dass in der ersten Generation der ethnische Rückzug das häufig zu beobachtende Ende des Pfades war. In den hier vorgenommenen Analysen ist die soziale Lage der Eltern der Jugendlichen daher der Ausgangspunkt des Weges und die Akkulturation der Eltern selbst ein wichtiger Teil in der kausalen Wirkungskette. Können die verschiedenen Identifikationen, vor allem „assimilative" Identifikation und „Marginalität", die in der Diskussion über die zweite Generation eine so dominierende Rolle spielen, aus den zentralen Elementen der Theorie Essers erklärt werden?

Überblickt man auch nur annäherungsweise das Feld der empirischen Untersuchungen, so tritt natürlich eine Vielzahl von intervenierenden Einflüssen zutage. Faktoren wie die nationale Herkunft selbst, soziale und ökonomische Barrieren, objektive Diskriminierung und Diskriminierungswahrnehmungen, die Ressourcen der Familie und schließlich die Generationenbeziehungen selbst führen in der Realität zu unterschiedlichen Integrationsverläufen in der zweiten Generation (vgl. Nauck 2004; Portes und Rumbaut 2001). Soweit dies möglich ist, werden hier einige solche wichtige intervenierende Einflussfaktoren in den Kausalanalysen berücksichtigt, wie Diskriminierungserfahrungen oder auch strukturelle Bedingungen (Opportunitäten). In erster Linie sollen jedoch die theoretischen Kernannahmen des Sequenzmodells (nach Esser) an den Daten geprüft werden.

Gegen dieses Modell, in dem der Integrationsweg erst in der Identifikation mit dem Einwanderungsland sein „gutes" Ende findet, werden viele Einwände vorgebracht. Sie richten sich gegen die sozialen wie auch kulturellen Kriterien, denen eine Schlüsselrolle zugeschrieben wird: Genügt nicht der soziale Aufstieg, oder dass die Betroffenen eine für sie subjektiv zufrieden stellende Position erreicht haben, um von positiver Integration zu sprechen? Ist die nationale Identifikation mit dem Einwanderungsland noch wichtig, wenn jemand die Werte von Demokratie und Toleranz teilt? Vor allem Fragen über die Bedeutung subjektiver Bindungen an die Herkunftskultur sind in den Mittelpunkt der Debatten gerückt: Ist Bikulturalität nicht längst schon die „normale" Reaktion? Ist das Gefühl des Lebens zwischen den Kulturen heute noch als problematisch interpretierbar? Die vorliegenden Analysen sollen auf diese Debatte ein Licht werfen, indem untersucht wird, mit welchen Wert- und Lebensmustern die verschiedenen kollektiven Identitäten verknüpft sind.

1.4 Stichprobe und Methode

Definition der „zweiten Generation" und Stichprobe

Als zweite Generation werden generell die Nachkommen von EinwanderInnen bezeichnet; sie sind entweder bereits im Land geboren oder, meist im Zuge der Familienzusammenführung, nachgekommen. Sind die Kinder vor dem schulpflichtigen Alter eingewandert, dann werden sie, so wie die schon hier geborenen, zur zweiten Generation gezählt. Nur auf diese Gruppe bezieht sich die vorliegende Stichprobe. Kinder, die während der Schul- bzw. Ausbildungszeit einwandern, sind dagegen in dieser Untersuchung nicht einbezogen. Sie werden in der Forschungsliteratur als eigene Gruppe, mit spezifischen Problemen einer unterbrochenen Sozialisation (Schule, Bezugspersonen, sprachliche Sozialisation) betrachtet, was in Bezeichnungen wie „1,5" Generation oder „in-between" auch recht bildhaft ausgedrückt wird.

In der vorliegenden Untersuchung werden Jugendliche somit als zweite Generation definiert, wenn sie als Kinder ausländischer Eltern entweder bereits in Österreich geboren sind oder bis zum Alter von vier Jahren nach Österreich kamen. Sie haben daher von Beginn an die österreichischen Bildungsinstitutionen durchlaufen. Eine Bedingung ist, dass die Eltern selbst im Ausland geboren sind, unabhängig davon, ob sie inzwischen die österreichische Staatsbürgerschaft besitzen oder nicht. Die Jugendlichen dieser Stichprobe sind zwischen 16 und 26 Jahre alt.

Für die statistische Erfassung dieser Gruppe ist die Definition allerdings wenig hilfreich. Konkrete Zahlenangaben über die zweite Generation in Österreich sind nicht möglich, da über die Herkunftsländer der Kinder eingebürgerter MigrantInnen keine amtlichen Statistiken geführt werden. Da die Staatsbürgerschaft das zentrale Erfassungskriterium ist, treten folgende Probleme auf: die Eltern können in Österreich bereits eingebürgert worden sein; auch die Jugendlichen können österreichische StaatsbürgerInnen sein; sie können aber auch – und nur dann sind sie statistisch erfasst – eine nicht-österreichische Staatsbürgerschaft haben. Aus diesem Grunde liegen nur Schätzungen über die Zahlen der Jugendlichen „mit Migrationshintergrund" vor: Zieht man auf Basis der Volkszählung 2001 die Merkmale „in Österreich geboren", die Staatsbürgerschaft (österreichische vs. nicht-österreichische) und die gesprochene Sprache (Deutsch und Herkunftssprache vs. ausschließlich Herkunftssprache) heran, ergeben sich nach Herzog-Punzenberger (2006) folgende Zahlen: 86.823 Angehörige der zweiten Generation sind ex-jugoslawischer Herkunft und 64.368 türkischer Herkunft. Da unter die Kategorie „andere Herkunft" auch Personen aus der EU, z.B. Deutschland, subsumiert werden, kann diese Gruppe nicht geschätzt werden.

Da also kein amtliches Adressenmaterial vorhanden ist, lag der Stichprobenziehung ein aufwändiges Procedere zugrunde. Das damit beauftrage Institut (Institut für empirische Sozialforschung) erstellte die Stichprobe, indem rund sechs Monate vor der Erhebung bei großen repräsentativen Befragungen die entsprechenden Fragen zur Herkunft bzw. Eingrenzung der zweiten Generation gestellt wurden. All jene Personen, auf die der Zielstatus zutraf, wurden um die Einwilligung für ein mündliches Interview gebeten. Eine Bedingung war, dass keine/r der beiden Elternteile gebürtige/r Österreicher/in ist; binationale Eltern in der Stichprobe bedeuten daher, dass die Elternteile aus unterschiedlichen Ländern stammen, keine/r jedoch aus Österreich. Auch Eltern bzw. Elternteile aus den alten EU-Ländern (z.B. Deutsche, die einen großen AusländerInnenanteil in Österreich darstellen) galten nicht als „AusländerInnen", wohl aber Personen aus den neuen EU-Mitgliedstaaten.

Über dieses Screening wurde der Großteil der angestrebten Stichprobe erstellt, die Ausschöpfung betrug rund 60 %; dies ist als durchaus hoch zu bewerten, wohl deshalb, weil es sich um ein Thema handelte, das die Betroffenen interessierte. Aus Zeitgründen musste der Rest der Stichprobe im Anschluss daran mittels Quotenvorgaben rekrutiert werden (die Daten sind nicht gewichtet, da ja kein Zugang zu amtlichen Gewichtungsgrundlagen für diese Zielgruppe besteht).

Die Untersuchung beruht auf insgesamt 1000 mündlichen face to face Interviews mit Angehörigen der zweiten Generation. Rund die Hälfte der Jugendlichen stammt aus Wien, die andere Hälfte aus den westlichen Bundesländern Salzburg, Tirol und Vorarlberg; diese Regionen wurden gewählt, weil sie den Schwerpunkten des Ausländeranteils bzw. der Niederlassung der ersten Generation in Österreich entsprechen.

Überdies wurde eine repräsentative Stichprobe gleichaltriger einheimischer Jugendlicher gezogen, deren Eltern also in Österreich geboren sind (auch hier waren binationale Elternpaare ausgeschlossen); mit ihnen wurden 400 face to face Interviews durchgeführt. Auch hier stammt – aus Vergleichsgründen – die Hälfte aus Wien, die andere Hälfte aus den drei westlichen Bundesländern.

Die Feldarbeit wurde Ende des Jahres 2004 und Anfang 2005 vom Institut für empirische Sozialforschung (Wien) unter der Projektleitung von Dr. Gert Feistritzer durchgeführt.

Forschungsdesign und Methode

Der Vergleich mit einer autochthonen österreichischen Kontrollgruppe ist ein wichtiger Vergleichsanker zur Einschätzung der Lebenssituation der Migrantenjugendlichen. Darüber hinaus ist die Kontrollgruppe ein zentrales Element der Forschungsmethodik, um die spezifischen Integrationsprobleme der zweiten Generation aufzuzeigen: Welche Problemlagen teilen die Jugendlichen, welche sind auf den Herkunftsstatus zurückzuführen? Systematische Kontrollen werden außerdem nach den Herkunftsländern vorgenommen und ziehen sich daher durch alle Kapitel des Buchs.

Es wurde ein vollstandardisierter Fragebogen entwickelt, dem eine intensive qualitative Forschungsphase voranging; es waren 20 qualitative Leitfadengespräche mit Jugendlichen der zweiten Generation geführt worden. Der Fragebogen wurde in mehreren Pretest-Phasen immer wieder auf Verständlichkeit hin geprüft und überarbeitet. Da bei der zweiten Generation, wie sie hier definiert ist, keine gravierenden sprachlichen Probleme zu erwarten waren, ließen sich Verständlichkeitsprobleme klären (es wurde auch eine Interviewer-Einstufung im Fragebogen hinsichtlich der sprachlichen Kompetenz der Befragten aufgenommen, um problematische Fälle ausschließen zu können).

In der Stichprobe sind 46 % der Jugendlichen der zweiten Generation türkischer Herkunft, 36 % haben Eltern aus dem ehemaligen Jugoslawien, 3 % stammen aus Polen, die übrigen 15 % aus einem anderen osteuropäischen, asiatischen oder afrikanischen Land.

Einen Überblick zur Struktur der Stichprobe gibt Tabelle 1.1. Auf diese Stichprobe beziehen sich die Kapitel 2 bis 7.

In Kapitel 8, das sich speziell mit der Bedeutung des Islam für Muslime der zweiten Generation auseinandersetzt, wird über eine Befragung muslimischer Jugendlicher in Wien berichtet; zur Struktur dieser Stichprobe s. Tabelle 1.2.

Tabelle 1.1: Struktur der Stichprobe: zweite Generation (n = 1000) und österreichische Kontrollgruppe (n = 403); Prozentangaben

	zweite Generation	österreichische Kontrollgruppe
Geschlecht		
männlich	50	48
weiblich	50	52
Alter		
16 bis 17	26	22
18 bis 20	32	25
21 bis 23	20	30
24 bis 26	22	23
Region		
Wien	53	50
Salzburg	8	12
Tirol	14	19
Vorarlberg	24	19
Erwerbsstatus		
Ausbildung (auch Lehre), nicht berufstätig	30	25
Berufstätigkeit (voll: 38 Stunden u.m.)	41	52
Ausbildung und Teilzeitbeschäftigung	15	12
Karenz	4	3
arbeitslos gemeldet (davor berufstätig)	4	3
auf Arbeitssuche (davor nicht berufstätig)	3	2
Bundesheer/Zivildienst	1	2
Hausfrau/mann	2	1
Staatsbürgerschaft		
nicht österreichisch	32	
österreichisch	68	
… davon bereits bei Geburt österreichisch	22	

Fortsetzung Tabelle 1.1:
Herkunftsland (Geburtsland des Vaters)

Türkei	46
Serbien	16
Kroatien	7
Slowenien	1
Bosnien-Herzegowina	9
anderes ehem. Jugoslawisches Land	3
Polen	3
anderes osteuropäisches Land	3
asiatisches Land	7
afrikanisches Land	2
anderes Land	2

Tabelle 1.2: Struktur der Stichprobe Wiener MuslimInnen (n = 282); Prozentangaben

	zweite Generation
Geschlecht	
männlich	48
weiblich	52
Alter	
16 bis 17	39
18 bis 20	31
21 bis 23	23
24 bis 26	7
Erwerbsstatus	
Schüler	55
Student	12
Lehrling	19
berufstätig	11
sonstiges	3
Staatsbürgerschaft	
nicht österreichisch	14
österreichisch	86
… davon bereits bei Geburt österreichisch	31

Fortsetzung Tabelle 1.2:

Herkunftsland (Geburtsland des Vaters)	
Türkei	70
ehem. Jugoslawien	15
arabisches Land	12
anderes Land	3

1.5 Literatur

Auernheimer, Georg (1998): Der sogenannte Kulturkonflikt. Orientierungsprobleme ausländischer Jugendlicher. Frankfurt/New York: Campus.

Bade, Klaus J./ Bommes, Michael (Hrsg.) (2004): Migration – Integration - Bildung. Grundfragen und Problembereiche (23). Osnabrück: Universität Osnabrück.

Berry, John W. (1990): Psychology of Acculturation. Understanding Individuals Moving Between Cultures. In: Brislin, Richard W. (1990): 232-253.

Biffl, Gudrun (2003): Mobilitäts- und Verdrängungsprozesse auf dem österreichischen Arbeitsmarkt. Die Situation der unselbständig beschäftigten AusländerInnen. In: Fassmann, Heinz/ Stacher, Irene (2003): 62-77.

Boos-Nünning, Ursula/ Karakasoglu, Yasemin (2004): Viele Welten leben. Zur Lebenssituation von Mädchen und jungen Frauen mit Migrationshintergrund. Herausgegeben vom BM für Familien, Senioren, Frauen und Jugendliche. Berlin: www.bmfsfj.de (März 2005).

Brislin, Richard W. (Hrsg.) (1990): Applied Crosscultural Psychology. London: Sage.

Deutsche Shell (Hrsg.) (2000): 13. Shell Jugendstudie. Jugend 2000. Opladen: Leske + Budrich.

Dörre, Klaus (1997): Modernisierung der Ökonomie – Ethnisierung der Arbeit. Ein Versuch über Arbeitsteilung, Anomie und deren Bedeutung für interkulturelle Konflikte. In: Heitmeyer, Wilhelm (1997): 69-117.

Esser, Hartmut (1980): Aspekte der Wanderungssoziologie. Assimilation und Integration von Wanderern, ethnischen Gruppen und Minderheiten. Darmstadt: Luchterhand.

Esser, Hartmut (2001): Integration und ethnische Schichtung. Mannheimer Zentrum für Europäische Sozialforschung, Arbeitspapiere 40. Mannheim.

Esser, Hartmut (2004): Welche Alternativen zur ‚Assimilation' gibt es eigentlich? In: IMIS-Beiträge, herausgegeben vom Vorstand des Instituts für Migrationsforschung und Interkulturelle Studien (IMIS) der Universität Osnabrück, Heft 23, 41-59.

Faist, Thomas (Hrsg.) (2000): Transstaatliche Räume. Politik, Wirtschaft und Kultur in und zwischen Deutschland und der Türkei. Bielefeld: Transcript.

Fassmann, Heinz/ Stacher, Irene (Hrsg.) (2003): Österreichischer Migrations- und Integrationsbericht. Klagenfurt: Drava.

Glazer, Nathan/ Moynihan, Daniel (Hrsg.) (1975): Ethnicity. Theory and Experience. Cambridge, Mass: Harvard University Press.

Gordon, Milton (1964): Assimilation in American Life. The Role of Race, Religion, and National Origin. New York: Oxford University Press.
Gordon, Milton (1975): Toward a General Theory of Racial and Ethnic Group Relations. In: Glazer, Nathan/ Moynihan, Daniel (1975): 84-110.
Hagendoorn, Louk/ Veenman, Justus/ Vollenbergh, Wilma (Hrsg.) (2003): Integrating Immigrants in the Netherlands. Cultural versus Socio-Economic Integration. Aldershot u.a.: Ashgate.
Heitmeyer, Wilhelm (Hrsg.) (1997): Was treibt die Gesellschaft auseinander? Band 1, Frankfurt/Main: Suhrkamp.
Heitmeyer, Wilhelm/ Müller, Joachim/ Schröder, Helmut (1997): Verlockender Fundamentalismus. Türkische Jugendliche in Deutschland. Frankfurt/Main: Suhrkamp.
Herzog-Punzenberger, Barbara (2003): Die ‚2. Generation' an zweiter Stelle? Soziale Mobilität und ethnische Segmentation in Österreich. Forschungsbericht, Wien; www.interface.or.at/Studie_2Generation.doc (April 2006).
Herzog-Punzenberger, Barbara (2006): Angeworben, hiergeblieben, aufgestiegen? Unveröff. Forschungsbericht, Wien: Österreichische Nationalbank.
Hoffmann-Nowotny, Hans-Joachim (1973): Soziologie des Fremdarbeiterproblems. Eine theoretische und empirische Analyse am Beispiel der Schweiz. Stuttgart: Enke.
Kecskes, Robert (2000): Soziale und identifikative Assimilation türkischer Jugendlicher. In: Berliner Journal für Soziologie, 1, 66-78.
Münchmeier, Richard (2000): Miteinander – nebeneinander – gegeneinander? Zum Verhältnis zwischen deutschen und ausländischen Jugendlichen. In: Deutsche Shell (2000): 221-260.
Nassehi, Armin (1990): Zum Funktionswandel von Ethnizität im Prozess gesellschaftlicher Differenzierung. In: Soziale Welt, 41, 261-282.
Nauck, Bernhard (1985): Arbeitsmigration und Familienstruktur. Eine Analyse der mikrosozialen Folgen von Migrationsprozessen. Frankfurt/New York: Campus.
Nauck, Bernhard (1999): Migration, Globalisierung und der Sozialstaat. In: Berliner Journal, 4, 479-493.
Nauck, Bernhard (2004): Familienbeziehungen und Sozialintegration von Migranten. In: Bade, Klaus J./ Bommes, Michael (2004): 83-105.
Park, Robert E. (1928): Human Migration and the Marginal Man. In: American Journal of Sociology, 33, 881-893.
Park, Robert E. (1950): Race and Culture. The Collected Papers of Robert Ezra Park. Vol.1, Glencoe, Illinois: The Free Press.
Portes, Alexjandro/ Rumbaut, Ruben G. (2001): Legacies. The Story of the Immigrant Second Generation. Berkeley, Calif. u.a.: University of California Press.
Reitz, Jeffrey G. (1998): Warmth of the Welcome. The Social Causes of Economic Success for Immigrants in Different Nations and Cities. Boulder/Oxford: Westview Press.
Schrader, Achim/ Nikles, Bruno W./ Griese, Hartmut M. (1979): Die Zweite Generation. Sozialisation und Akkulturation ausländischer Kinder in der Bundesrepublik. Kronberg: Athenäum.
Schwann, Karina (Hrsg.) (2002): Breakdance, Beats und Bodrum. Türkische Jugendkultur. Wien: Böhlau.

Werbner, Pnina/ Modood, Tariq (Hrsg.) (1997): Debating Cultural Hybridity: Multi-Cultural Identities and the Politics of Anti-Racism. London: Zed Books.

Wilpert, Czarina (1980): Die Zukunft der zweiten Generation. Erwartungen und Verhaltensmöglichkeiten ausländischer Kinder. Königsstein: Hain.

2 Sozialstrukturelle Integration der zweiten Generation

Hilde Weiss

2.1 Platzierung in Bildung und Beruf – Schlüssel zur Integration

Die Integration von MigrantInnen wird häufig aus der Sicht der kulturellen Distanz und normativen Anpassung diskutiert, nur zu leicht gerät aus dem Blick, dass Integration ein Problem ist, das jedes Gesellschaftsmitglied betrifft. Soziale Integration ist, wie Esser (2001: 27) betont, nicht mit Anpassung an einen bestimmten, homogen gedachten Wertkonsens gleichzusetzen, sondern findet in den zentralen Teilsystemen der Gesellschaft statt. Jeder ist gezwungen, sich seine soziale Position zu verschaffen, die Positionierung am Arbeitsmarkt, an die weitere wichtige Ressourcen, wie Einkommen, aber auch Risken und Chancen der Lebensplanung gekoppelt sind, ist der zentrale Integrationsmechanismus schlechthin. Der Kampf um eine möglichst gute Positionierung ist an den Erwerb von Ausbildungsqualifikationen gebunden; den Bildungsinstitutionen kommt daher eine Schlüsselrolle für soziale Integration zu.

Die Chancen für eine erfolgreiche Bildungskarriere erweisen sich allerdings von Fähigkeiten abhängig, die in der frühen familiären Sozialisation erworben werden, da die in der Schule geforderten Leistungen an die Entwicklung sprachlicher, kognitiver und sozialer Kompetenzen anknüpfen bzw. diese schon voraussetzen. Diese vorschulischen Erziehungs- und Lernprozesse sind in unterschiedliche „Schichtkulturen" eingebettet, je nach Schichtzugehörigkeit werden Kinder früh mit unterschiedlichen Ressourcen für den Bildungsprozess ausgestattet. Kommen Kinder aus so genannten bildungsfernen sozialen Milieus (z.B. Arbeitermilieu oder bäuerliches Milieu), vermindern sich die Chancen für die höheren Bildungsabschlüsse beträchtlich. Im Falle der Migration verschärft sich diese Problematik; Lernprozesse müssen nachgeholt werden, die dafür erforderlichen Gelegenheitsstrukturen sind jedoch oft unzureichend.

Welche Barrieren Kinder der MigrantInnen hinsichtlich der Bildungs- und Berufschancen vorfinden, worin also die Probleme der strukturellen Integration liegen, ist der Gegenstand der folgenden Analysen. Welche Rolle spielen ethnisch-kulturelle Merkmale des Elternhauses und des Umfelds, aber auch die „normalen" Barrieren einer benachteiligten sozialen Lage für die soziale Positionierung? Damit sind nur einige Fragen beispielhaft angesprochen, um aufzuzeigen, dass strukturelle Integration bereits in den frühen Lebensphasen beginnt, und dass dieser Prozess von den Gelegenheitsstrukturen, die die Gesellschaft zur Verfügung stellt und gestaltet, mindestens ebenso abhängig ist wie von den individuellen Motivationen, Zielvorstellungen und Strategien der Akteure.

Das so genannte Gastarbeiter-Modell, das in Österreich bis in die 80er Jahre vorherrschend war, prägte die Lebensbebedingungen der Eltern und das Aufwachsen der Kinder. Für den „Gastarbeiter" hatte der Aufenthalt in der Fremde nicht nur aufgrund der rechtlichen Lage den Charakter des Vorläufigen; die angestrebte baldige Rückkehr wurde vom möglichst rasch erzielten Geldverdienst abhängig gemacht, ein Ziel, das in der Realität oft hinausgeschoben werden musste und in eine länger andauernde Unentschiedenheit mündete. Die Familien lebten in Phasen der Trennung und Zerrissenheit, bis sich schließlich viele dazu entschlossen, auf Dauer in Österreich zu bleiben (vgl. Reinprecht 2006). GastarbeiterInnen waren nicht nur einer Vielzahl rechtlicher Restriktionen ausgesetzt, in den Augen der Mehrheitsbevölkerung waren sie doppelt Stigmatisierte: Fremde und ArbeiterInnen, die Tätigkeiten mit geringer Bezahlung und geringem Prestige verrichteten. Da sie in den billigeren und daher ärmeren Stadtvierteln wohnten, verstärkte die räumliche Segregation die Abgrenzung zur Mehrheitsbevölkerung. Für die Kinder bedeutete dies nicht nur ein Leben in sozial benachteiligten Lebensverhältnissen, sondern oft auch ein Aufwachsen mit Improvisation und kulturellem Zwiespalt, da sie weder in der Kultur des Herkunftslands, noch in der des Aufnahmelands erzogen wurden.

Welche Bildungswege haben die Kinder, deren Väter in dieser Stichprobe nahezu gänzlich durch Arbeitsmigration nach Österreich gekommen sind, durchlaufen? Welche beruflichen Qualifikationen haben sie erworben? An der zweiten Generation wird sichtbar, ob es zu einer Verfestigung der sozialen Ausgangslage, also zu einer Weitergabe des niedrigen sozialen Status an die nächste Generation gekommen ist. Eine solche „ethnische Unterschichtung" (Hoffmann-Nowotny 1973) wird heute in den ethnisch segregierten Wohnbezirken großer Städte als Folge der Kumulierung sozialer und ethnischer Deklassierung gesehen und als explosiver sozialer Sprengstoff bewertet.

Für die Migrantenjugendlichen stellt sich die erfolgreiche Platzierung im Bildungssystem als ein doppelt schwieriger Prozess dar, weil bestimmte sprachliche und kulturelle Kompetenzen einerseits vorausgesetzt, andererseits erst in Lernprozessen erworben werden können. Barrieren können sich aus den spezifischen ethnischen Orientierungen des elterlichen Milieus – etwa im Falle einer Abschottung der soziokulturellen Lebenswelt – ebenso aufbauen wie aus objektiven Benachteiligungen (mangelnde finanzielle und kulturelle Ressourcen); es können aber auch institutionelle Diskriminierung und schulische Selektionsmechanismen die Bildungsintegration erschweren (vgl. Gomolla und Radtke 2002). Im folgenden Abschnitt werden zuerst die Ausgangsbedingungen der zweiten Generation und ihre Lage im Bildungs- und Berufssystem dargestellt, danach werden die komplexen Beziehungen zwischen kognitiven und strukturellen Voraussetzungen für Bildungs- und Berufserfolg aufgezeigt.

2.2 Die sozialen Startbedingungen

Aufgrund der frühen Gabelung im österreichischen Bildungswesen[1] haben die Jugendlichen ab 16 Jahren ihren Ausbildungsweg weitgehend festgelegt. Dennoch sind Angaben über den zurückgelegten Bildungsweg in dieser Stichprobe nicht exakt zu treffen, da in den verschiedenen Altersstufen (zwischen 16 und 26 Jahren) noch Übergänge oder Abbrüche in den mittleren und höheren Schulen möglich sind. Zieht man daher die Kategorien „höchste abgeschlossene Bildung" und „zurzeit besuchte Schule bzw. Bildungsstufe" zusammen, so sind diese Angaben unscharf. Dieser Indikator zeigt aber an, bis zu welchen Stufen des Bildungssystems sich die Jugendlichen der zweite Generation auf dem Hintergrund ihrer sozialen Herkunft Zugang verschaffen konnten (genaue Analysen zu den Bildungsübergängen und Abbrüchen werden in Kapitel 3 vorgenommen).

An der Gruppe der 20- bis 26-Jährigen zeigt sich aber bereits, wie erfolgreich die Bildungswege waren; sie haben entweder Bildungsabschlüsse des höheren Bildungswegs (AHS, BHS, manche vielleicht auch schon Hochschule) erreicht oder ihren Bildungsweg auf einer früheren Stufe abgeschlossen. Im Folgenden werden daher die Daten auf Basis beider Indikatoren gezeigt, um Schwerpunkte und Relationen zwischen Migrantenjugendlichen und der österreichischen Kontrollgruppe deutlich zu machen.

Betrachtet man den höchsten und/oder laufenden Bildungsstatus der Jugendlichen aller Altersstufen, so haben Jugendliche mit Migrationshintergrund deutlich häufiger als einheimische die niedrigen Abschlüsse Hauptschule oder

---

1 Das österreichische Schulsystem ist strukturell ähnlich wie das deutsche aufgebaut; nach vier Jahren Volksschule (Grundschule) gibt es folgende Wahlmöglichkeiten: vier Jahre Hauptschule und ein Jahr Polytechnikum, im Anschluss ist eine Lehrlingsausbildung möglich (Abschluss: Lehrabschlussprüfung); oder Allgemeinbildende Höhere Schulen (AHS-Unterstufe: 10 bis 14 Jahre, AHS-Oberstufe: 15 bis 18 Jahre, Abschluss: Matura bzw. Abitur); oder Berufsbildende Höhere Schulen (BHS: 15 bis 19 Jahre, Abschluss: Matura bzw. Abitur). Im Tertiärbereich gibt es neben Universitäten noch Fachhochschulen, Kollegs und Akademien.

Polytechnikum (24 % zu 14 %), während sie sich in den mittleren Stufen den österreichischen Jugendlichen angleichen (s. Tabelle 2.1).

Tabelle 2.1: Bildungsstatus – höchste abgeschlossene oder laufende Bildung; Prozentangaben

	österreichische Kontrollgruppe	2. Generation, Eltern aus		
		zweite Generation	Türkei	Ex-Jugoslawien	andere Länder
Sonder-, Hauptschule, Polytechnikum, AHS-Unterstufe	14	24	31	22	24
Berufsschule	29	24	26	30	24
Fachschule	17	17	17	18	17
AHS, BHS	23	22	18	20	22
Hochschule, Pädag. Ak.	17	13	8	10	13
gesamt	100	100	100	100	100
N	403	1000	458	356	186

In der Gruppe der über 20-Jährigen verschiebt sich das Bild jedoch stark.

Tabelle 2.2: Bildungsstatus – höchste abgeschlossene Bildung der über 20-Jährigen; Prozentangaben

	österreichische Kontrollgruppe	2. Generation, Eltern aus		
		zweite Generation	Türkei	Ex-Jugoslawien	andere Länder
Sonder-, Hauptschule, Polytechnikum, AHS-Unterstufe	15	30	39	24	20
Berufsschule	35	26	23	35	14
Fachschule	11	17	17	18	13
AHS, BHS	33	24	18	21	45
Hochschule, Pädag. Ak.	6	3	3	2	8
gesamt	100	100	100	100	100
N	216	414	179	160	75

Bei den über 20-Jährigen zeigt sich, dass 30 % der Jugendlichen mit Migrationshintergrund ihre Ausbildung mit Hauptschule oder Polytechnikum, ohne weiterführende Schule, beendet haben, das sind doppelt so viele wie die einheimischen Jugendlichen (15 %). Und während 33 % der österreichischen Kontrollgruppe eine höher bildende Schule (AHS, BHS) erfolgreich abgeschlossen haben, sind es nur 24 % bei den Jugendlichen ausländischer Herkunft; auch ein erfolgreiches Studium kommt bei ihnen halb so häufig vor (s. Tabelle 2.2). Am Vergleich der beiden Bildungsindikatoren zeigt sich bereits, dass Bildungsabbrüche unter Migrantenjugendlichen auf allen Stufen häufig sind.

Die Unterschiede innerhalb der zweiten Generation sind beträchtlich: Jugendliche türkischer Herkunft weisen in beiden Darstellungen wesentlich häufiger niedrige Bildungsqualifikationen auf. Während Jugendliche mit Eltern aus Ex-Jugoslawien eine Zwischenstellung einnehmen, ist interessanterweise die Gruppe aus „anderen Ländern", die zwar sehr heterogen ist (und daher zusammengefasst werden musste), im höheren Bildungssektor stark vertreten (laut Schulstatistiken sind vor allem Jugendliche aus osteuropäischen Ländern an den höheren Schulen überproportional ausgewiesen, während die türkische Herkunftsgruppe schlechter abschneidet; vgl. Kapitel 3).

Da sich die amtlichen Schulstatistiken an der Staatsbürgerschaft orientieren (so dass es keinen Einblick in die schulischen Karrieren von eingebürgerten Kindern gibt), sind unmittelbare Vergleiche nicht möglich. Eine Analyse der Schulbesuchsquoten für 17-jährige in- und ausländische Jugendliche (Schuljahr 1998/99) weist die deutlich niedrigere Bildungsbeteiligung der AusländerInnen nach (vgl. Biffl und Bock-Schappelwein 2003); diesen Berechnungen zufolge besuchten nur rund 60 % der 17-jährigen TürkInnen und ExjugoslawInnen eine weiterführende Schule, gegenüber 93 % der österreichischen Jugendlichen. Daraus folgt, dass gut 40 % aller Jugendlichen aus den traditionellen Zuwanderungsregionen im Alter von 17 Jahren als HilfsarbeiterInnen auf dem österreichischen Arbeitsmarkt tätig sind (ebd.: 127). Doch geben Analysen über Veränderungen des Bildungsmusters ausländischer SchülerInnen gemäß den Schulstatistiken der letzten 20 Jahre auch Anhaltspunkte für einen Wandel: Im Vergleich zu den frühen 80er Jahren besuchen heute mehr ausländische Jugendliche weiterführende Schulen, was sich teils aus der veränderten Zusammensetzung der Zuwandernden (bzw. den höheren Bildungsniveaus der Eltern) erklärt, aber auch aus dem veränderten Verhalten der Eingewanderten aus dem ehemaligen Jugoslawien und der Türkei, ihre Kinder nach der Pflichtschule länger im Schulsystem zu belassen. Dies kann als Indikator einer verbesserten Lebenslage angesehen werden, da der frühe Eintritt der Jugendlichen ins Erwerbsleben zur finanziellen Unterstützung der Eltern nicht mehr im selben Maße notwendig ist (ebd.: 122).

Die geringeren Erfolge der aus den klassischen Anwerbeländern stammenden zweiten Generation im Bildungssystem, wie sie sich hier im Vergleich zur österreichischen Kontrollgruppe gezeigt haben, wurden auch in Untersuchungen anderer österreichischer Datenquellen festgestellt (vgl. Herzog-Punzenberger 2003, 2005). Die Frage nach den Ursachen ist aber weitgehend umstritten und wird in den folgenden Analysen noch ausführlich diskutiert werden.

Die spätere soziale Positionierung ist von diesen Bildungswegen geprägt: von den berufstätigen Jugendlichen der zweiten Generation finden sich hier 25 % in der Position des an- oder ungelernten Arbeiters, bei den einheimischen Jugendlichen sind es 10 %; in Berufen etwa mittlerer Qualifikation (Facharbeiter, einfache Angestellte) beträgt die Relation 56 % zu 76 % (s. Tabelle 2.3).

Tabelle 2.3: Berufsstatus (berufstätige Jugendliche, inkl. Lehrlinge); Prozentangaben

	österreichische Kontrollgruppe	zweite Generation	2. Generation, Eltern aus		
			Türkei	Ex-Jugoslawien	andere Länder
an-, ungelernter Arbeiter	10	25	31	21	11
Facharbeiter	16	14	13	16	11
einfache Angestellte	60	42	40	44	40
mittlere und höhere Angestellte	10	9	5	12	13
freie Berufe u. Gewerbe	4	11	11	7	24
gesamt	100	100	100	100	100
N	222	481	224	195	62

Dementsprechend sind unqualifizierte Arbeitskräfte in den jüngeren Altersgruppen der Migrantenjugendlichen konzentriert: unter den 16- bis 20-Jährigen finden sich 30 % in der Position eines un- oder angelernten Arbeiters, jedoch nur 17 % in der österreichischen Kontrollgruppe. Die nationale Herkunft der Eltern differenziert deutlich: von den berufstätigen Jugendlichen türkischer Herkunft haben 31 % keine berufliche Qualifikation, deutlich seltener ist dies mit 21 % bei Jugendlichen mit ex-jugoslawischer Herkunft der Fall, und nur zu 11 % bei jenen mit Eltern aus anderen Herkunftsländern.

Neben der Bildung ist die abgeschlossene – oder abgebrochene – Berufsausbildung für die berufliche Positionierung entscheidend; eine abgebrochene Berufsausbildung zusammen mit einem niedrigen Bildungsabschluss verweist auf entsprechend niedrige bzw. meist unqualifizierte Tätigkeiten und erschwert die berufliche Eingliederung (wie weiter unten gezeigt wird). Betrachtet man die schon Berufstätigen danach, ob sie eine Berufsausbildung abgeschlossen haben, zeigen sich auch hier starke Asymmetrien: Den rund 20 % österreichischen Jugendlichen mit abgebrochener Ausbildung stehen doppelt so viele, nämlich 40 % der zweiten Generation gegenüber; die größte Zahl der Ausbildungsabbrüche zeigt auch hier die türkische Gruppe (s. Abbildung 2.1).

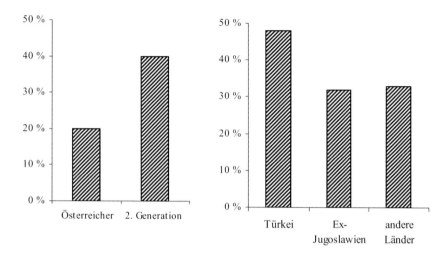

Abbildung 2.1: Berufstätige Jugendliche – Berufsausbildung „nicht abgeschlossen"

Eine abgebrochene berufliche Ausbildung haben dann auch fast ausschließlich Jugendliche, die nur die Hauptschule bzw. das Polytechnikum besucht haben, unabhängig von der nationalen Herkunft.

2.3 Bildungs- und Berufsmobilität: Statusvererbung oder Aufstieg?

In welchem Ausmaß wird die soziale Position der Eltern „vererbt"? Neben ökonomischen Faktoren zählt das „kulturelle Kapital" – die kulturelle Ausstattung des Elternhauses, besonders aber die Bildung der Eltern selbst – zu den Hauptbedingungen erfolgreicher sozialer Platzierung. Es wirken sich die kulturellen Anreize, Erziehungsstile und -ziele der Eltern auf die schulischen Leistungen aus, so dass durch solche indirekte Mechanismen eine soziale Selektivität des Bildungssystems, und somit die Reproduktion von Ungleichheit durch die Bildungsinstitutionen, zustande kommt (vgl. Bourdieu 1983). Aufgrund der massiven Konzentration der Väter der Migrantenjugendlichen in den niedrigeren sozialen Schichten wird in der Literatur diskutiert, ob die oben gezeigten ethnischen Bildungsungleichheiten sich tatsächlich durch spezifische ethnischkulturelle Einflüsse, also durch die „ethnische Subkultur", erklären oder aber durch das soziale Milieu, d.h. durch Effekte schichtspezifischer Sozialisation; diese würden sich bei in- wie ausländischen Jugendlichen gleichermaßen auswirken.

Um diese Frage zu diskutieren, soll zuerst die Bildungs- und Berufsmobilität beleuchtet werden: Wie groß sind die Unterschiede einheimischer und ausländischer Herkunftsgruppen in der sozialen Ausgangslage, in welchem Ausmaß hat sich in der zweiten Generation ein niedriger sozialer Status verfestigt?

Mehr als die Hälfte (58 %) der ausländischen Väter hat höchstens eine Haupt- bzw. Grundschule abgeschlossen (davon haben 7 % keinen Abschluss), gegenüber 16 % der österreichischen Väter. Der Schwerpunkt der österreichischen Väter liegt mit rund 60 % auf mittlerem Bildungsniveau, ein Hochschulabschluss ist aber auch bei ihnen (9 %) vergleichsweise selten (s. Abbildung 2.2).

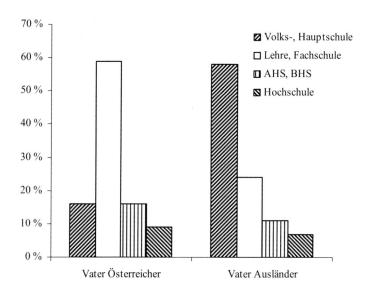

Abbildung 2.2: Bildung der Väter

Bei den ausländischen Müttern liegt das Bildungsniveau deutlich unterhalb dem der Väter (so haben 19 % der Mütter gar keinen Schulabschluss, 53 % eine abgeschlossene Grundschule).
Die Bildungsmobilität der zweiten Generation ist in Tabelle 2.4 dargestellt; für die Berechnung wurde die abgeschlossene oder zurzeit besuchte Schule der Jugendlichen herangezogen, was allerdings, wie bereits diskutiert, eine Verzerrung aufgrund der noch möglichen Abbrüche beinhaltet. Doch scheint es in diesem Zusammenhang durchaus sinnvoll, zu zeigen, welche Bildungsstufe sie auf dem Hintergrund ihrer sozialen Herkunft überhaupt erreicht haben, auch wenn ein Abbruch in den mittleren oder höheren Schulen natürlich noch möglich ist.

Tabelle 2.4: Generationenmobilität – Bildung (zweite Generation, abgeschlossene oder laufende Bildung)

		Generationenmobilität, 2. Generation				
	Vater	↘	=	↗	gesamt	N
Volks-, Hauptschule	58		33	67	100	577
Lehre, Fachschule	24	16	48	36	100	235
Höhere Schule	11	36	37	27	100	112
Hochschule[1]	7	61	39		100	70
gesamt	100					
N	994					

↘ abgestiegen, = gleich geblieben, ↗ aufgestiegen (im Vergleich zur Bildung des Vaters)
1) die Angaben in dieser Zeile sind aufgrund geringer Basiszahlen nur mit Vorbehalten interpretierbar

Ein Drittel der Migrantenjugendlichen mit der niedrigsten Bildungsherkunft hat diese niedrige Bildung auch beibehalten, zwei Drittel konnten sich diesem Niveau gegenüber verbessern. Hatte der Vater eine mittlere Bildung (Lehre/Fachschule), so haben 48 % diese Bildungsstufe beibehalten, 36 % haben sich verbessert, aber 16 % sind abgestiegen; hatte der Vater eine höhere Schulbildung, konnten immerhin 36 % diesen Status bzw. den Besuch einer solchen Schule nicht mehr erreichen, ca. ebenso viele konnten diesen Status beibehalten, und 27 % konnten einen höheren Bildungsweg als der des Vaters, d.h. den Zugang zur Hochschule, realisieren. Die Angaben zur Mobilität von Kindern, deren Väter Hochschulabschluss haben, beruhen nur auf einer sehr geringen Basiszahl und sollten daher nicht weiter interpretiert werden; auch die Altersstruktur der Stichprobe wirkt sich hier aus.

Entsprechend den niedrigen Bildungsqualifikationen konzentrierte sich die erste Generation im niedrigen, gering qualifizierten Beschäftigungssegment. Mehr als die Hälfte der ausländischen Väter dieser Stichprobe sind in Österreich als an- oder ungelernte Arbeiter (inkl. Landwirtschaft) tätig, aber nur 12 % als Facharbeiter; weitere 12 % sind einfache Angestellte und 11 % sind Selbständige oder Gewerbetreibende; mittlere und höhere Positionen – als Angestellte oder Beamte – nehmen nur 7 % ein. Hierbei bestehen starke Unterschiede nach dem Herkunftsland: Väter aus der Türkei sind zu 68 % un- oder angelernte Arbeitskräfte, nur 6 % sind Facharbeiter; Väter aus Ex-Jugoslawien sind zu 47 % un- oder angelernte Arbeiter und zu 21 % Facharbeiter; wesentlich bessere Berufspositionen weisen jedoch die aus anderen Ländern kommenden Väter auf, nur 17 % sind unqualifiziert, 9 % sind Facharbeiter.

Nur ein sehr kleiner Teil konnte sich aber in der Migration auch beruflich verbessern; im Vergleich zu ihrer Position im Herkunftsland haben die Väter mehrheitlich, zu 72 %, dieselbe Position beibehalten, nur 14 % konnten in Österreich eine bessere Position erwerben, aber rund ebenso viele, 15 %, haben einen beruflichen Abstieg erlebt. Das Herkunftsland spielte hierbei interessanterweise keine signifikante Rolle. Diese starke Immobilität der ersten Einwanderergeneration, ihre Konzentration im Niedriglohnbereich bzw. in wenigen, bestimmten Wirtschaftsbranchen wird in vielen Studien belegt (so arbeiteten 1993 48 % der Beschäftigten mit türkischem Pass als ungelernte, 28 % als angelernte Hilfsarbeiter, nur 3 % schafften es in den Angestelltenstatus. Bei den Staatsbürgern aus dem ehemaligen Jugoslawien unterschied sich das Verhältnis nur geringfügig; vgl. Volf 2001: 49; Fassmann, Münz und Seifert 1999). Diese geringe Aufstiegsmobilität der ersten Generation ist aber nicht nur für Österreich charakteristisch; in biografischen Lebenslaufanalysen, die in sechs europäischen Ländern an verschiedenen Herkunftsgruppen vorgenommen wurden, zeigten sich ähnliche Muster der (geringen) strukturellen Integration, die wohl typisch für die „Gastarbeiter-Generation" ist (vgl. Latcheva et al. 2006).

An den bereits berufstätigen Jugendlichen kann nun untersucht werden, ob und in welchem Ausmaß dieselbe niedrige Berufsposition an die zweite Generation weitergegeben wurde. Vergleicht man die Position der Kinder mit der ihrer Väter, so haben die im Berufsleben stehenden Jugendlichen insgesamt deutlich mehr Aufstiege erlebt als die Väter in der Migration. Bei wie vielen wurde aber der berufliche Status dennoch „vererbt"?

Kinder, deren Väter Hilfsarbeiter sind, sind dies auch selbst zu 34 % geblieben, 66 % konnten sich verbessern. Haben die Väter etwa mittlere Qualifikation (Facharbeiter, einfache Angestellte), so haben 73 % diesen Status beibehalten, 16 % haben eine bessere Position errungen, aber auch 12 % sind in das unqualifizierte Beschäftigungssegment abgestiegen. Die Angaben zur Berufsmobilität in den höheren Rängen beruhen nur auf einer sehr geringen Basiszahl; da höhere Berufspositionen normalerweise erst mit höherem Alter erreicht werden, sind die Zahlen auch aus diesem Grund wenig aussagekräftig (s. Tabelle 2.5). Es bestehen kaum Unterschiede zwischen Jugendlichen türkischer oder exjugoslawischer Herkunft, während Jugendliche anderer Herkunftsländer im Generationenvergleich beruflich häufiger absteigen.

Tabelle 2.5: Generationenmobilität – Berufsstatus (berufstätige Jugendliche)

	Vater	↘	=	↗	gesamt	N
Hilfsarbeiter, Landwirte	57		34	66	100	255
Facharbeiter, einfache Angestellte	30	12	73	16	100	135
Beamte, Angestellte, Selbstständige[1)]	13	77	23		100	56
gesamt	100					
N	446					

↘ abgestiegen, = gleich geblieben, ↗ aufgestiegen (im Vergleich zum Berufsstatus des Vaters)
1) die Angaben in dieser Zeile sind aufgrund geringer Basiszahlen nur mit Vorbehalten interpretierbar

Ein Vergleich mit der österreichischen Kontrollgruppe ist aufgrund der immensen Statusunterschiede in den väterlichen Berufen wenig aussagekräftig; aufgrund der starken Asymmetrien in den Ausgangslagen haben österreichische Jugendliche insgesamt mehr Abstiege zu verzeichnen. Aber nur 12 % der österreichischen Väter sind un- oder angelernte Arbeitskräfte, und nur 16 % der österreichischen Jugendlichen, deren Väter in diesen unqualifizierten Positionen tätig sind, sind dies auch selbst geblieben.

Studien zur Struktur des österreichischen Arbeitsmarkts verweisen auf den Sachverhalt, dass die ausländischen Jugendlichen, ebenso wie die ausländischen Erwachsenen im mittleren und höheren Alter, auf dieselben Branchen konzentriert sind, die als „Ausländerbranchen" gelten (Biffl 2003: 67). Sie finden hier zwar Chancen auf eine Lehre, üben in diesen Branchen (Bauwesen, Textil/Bekleidung, Gastgewerbe, Körperpflege, Reinigung) aber auch am häufigsten nur angelernte oder Hilfsarbeitertätigkeiten aus. Dieser dauerhafte Schwerpunkt auf bestimmte Branchen bzw. auf niedrige bis maximal mittlere Qualifikationen gilt nicht nur als Zeichen eines ethnisch segmentierten Arbeitsmarkts, sondern wird besonders angesichts des rapiden technologischen Wandels und der steigenden Nachfrage nach höheren Bildungsgraden für die Zukunft als problematisch eingestuft. Wie sehr die erworbenen Bildungsqualifikationen die beruflichen Chancen bestimmen, geht aus Tabelle 2.6 hervor. Daran zeigt sich, dass die Beziehung zwischen Ausbildung und Arbeitsmarkt sehr eng ist, geringe Bildungsqualifikationen setzen sich in entsprechend niedrigen Jobs, un- oder angelernten Hilfsarbeitertätigkeiten, fort. Dieser Sachverhalt gilt für Jugendliche der zweiten Generation ebenso wie für die einheimischen; es finden sich keine signifikanten Unterschiede. Überqualifizierte, die also eine bessere Bildung haben als es die berufliche Tätigkeit erfordert, finden sich unter den AbsolventInnen von Fachschulen – sie arbeiten zu rund der Hälfte als einfache Angestellte – und selbst unter den AbsolventInnen höherer Schulen (hier ist die Dequalifizierung bei den österreichischen Jugendlichen sogar etwas höher, doch ist diese Tendenz aufgrund niedriger Basiszahlen nur schwach signifikant). An diesen Platzierungen der besser ausgebildeten Jugendlichen zeigen sich aber sehr deutlich die zunehmend problematischen Chancen der Jugendlichen auf eine adäquate Berufstätigkeit, auch unabhängig vom Herkunftsstatus.

Tabelle 2.6: Auswirkung der Ausbildung auf die Berufsposition; zweite Generation und österreichische Kontrollgruppe; Prozentangaben (Basis: Berufstätige)

Berufsposition	Hauptschule, Polyt., AHS-Unterstufe		Berufsschule		Fachschule		AHS, BHS, Hochschule	
	2.G	Ö	2.G	Ö	2.G	Ö	2.G	Ö
an-, ungelernter Arbeiter	60	57	6	3	13	5	3	0
einfacher Angestellter	26	36	40	57	50	55	53	76
Facharbeiter	1	0	41	29	9	25	0	5
mittlerer und höherer Angestellter	3	4	7	9	21	15	28	19
freiberuflich und Gewerbe	10	3	6	2	7	0	16	0
gesamt	100	100	100	100	100	100	100	100
N	132	28	122	86	54	20	32	42

2.G = zweite Generation, Ö = österreichische Kontrollgruppe

Insgesamt betrachtet sind die Zahlen ein Indiz dafür, dass das Ausbildungssystem als ein weitgehend neutraler Zuweisungsschlüssel fungiert: Jugendliche mit Migrationshintergrund haben generell den gleichen Zugang zu den Positionen am Arbeitsmarkt (wie sich auch in deutschen Studien zeigt; vgl. Seibert 2005). Haben sie es geschafft, das österreichische Schul- und Ausbildungssystem erfolgreich zu absolvieren, verfügen sie über vergleichbare Zugangschancen zu Berufen, die (mehr oder weniger) den Qualifikationsniveaus entsprechen, wie die österreichische Kontrollgruppe. Die Problematik einer sich verfestigenden ethnisch-sozialen Segmentation setzt daher bereits im Bildungssektor ein; auch wenn latente Diskriminierungen am Lehrstellenmarkt, wie Verdrängung und Selektion aufgrund der Lehrstellenknappheit, die Situation erschweren, so ist doch die drastisch geringere Ausbildungsbeteiligung der Migrantenjugendlichen (früher Ausstieg oder Ausbildungsabbruch) ein Schlüsselfaktor für die spätere Platzierung.

Eine andere Thematik ist es aber, wie sich die Übergangsphase zwischen Schulabgang und Berufseintritt gestaltet und wie sich Risiken, z.B. Arbeitslosigkeit oder prekäre Beschäftigung, verteilen. Bevor die Übergänge und Risiken dargestellt werden, sollen zuvor noch einige strukturelle Rahmenbedingungen aufgezeigt werden: Welche Bildungs- und Berufschancen haben Jugendliche in der Großstadt, welche in den Bundesländern? Gibt es schließlich geschlechtsspezifische Differenzen?

Strukturelle Hintergründe der Bildungs- und Berufschancen

Entgegen der häufig anzutreffenden Meinung, dass Mädchen aus Migrantenfamilien, besonders türkischer Herkunft, in ihren Bildungsmöglichkeiten aufgrund traditioneller Rollenauffassungen stark eingeschränkt sind, zeigen sich hier keine geschlechtsspezifischen Benachteiligungen – auch nicht innerhalb der Herkunftsländer. Die Mädchen aus der zweiten Generation besuchen sogar eher die höheren Bildungsinstitutionen als die Burschen, während sich in der österreichischen Stichprobe keine signifikanten Unterschiede zeigen (s. Anhang, Tabelle A 2.1 und A 2.2). Dieser Befund steht im Gegensatz zu älteren Forschungen, doch widersprechen neuere Studien ebenfalls der geläufigen These, dass Mädchen die „Migrationsverliererinnen" seien. Vielmehr belegen die aktuellen Forschungen, dass Mädchen und junge Frauen die Migration als Chance wahrnehmen, die sie bewusst ergreifen. Da allerdings der familiäre Hintergrund meist wenig Unterstützung bietet, ist der Bildungserfolg nur durch hohe Eigenmotivation möglich und wird daher als „Selbstplatzierungsleistung" charakterisiert (vgl. Boos-Nünning und Karakasoglu 2004: 217).

Ziemlich deutliche Unterschiede zeigen sich nach den Regionen: höhere Bildungswege werden von beiden Gruppen, österreichischer und ausländischer Herkunft, in Wien häufiger eingeschlagen, was darauf schließen lässt, dass die Zugänglichkeit zu höheren Schulen durch die bessere Infrastruktur in der Hauptstadt erleichtert ist. Entsprechend sind die Jugendlichen dann auch beruflich unterschiedlich positioniert: in den Bundesländern sind sie häufiger in den geringer qualifizierten Tätigkeiten zu finden. Im Ausländeranteil an den Schultypen unterscheiden sich die Regionen stark: an den Hauptschulen ist dieser in Wien, sowohl nach Angaben der zweiten Generation als auch der österreichischen Jugendlichen, sehr groß (64 % bzw. 52 %), nimmt aber mit steigendem Schulniveau ab. In den Bundesländern geben nur 24 % der Jugendlichen der zweiten Generation einen hohen Ausländeranteil in der Hauptschule an, und schließlich nur 8 % der österreichischen Jugendlichen. Auffallend sind aber in Wien die Unterschiede der Angaben zwischen der zweiten Generation und den einheimischen Jugendlichen hinsichtlich der Zusammensetzung an den höheren Schulen (AHS, BHS); die zweite Generation gibt viel höhere Ausländeranteile an (28 %) als die österreichischen Jugendlichen mit 14 % (s. Tabelle 2.7).

Tabelle 2.7: Ausländeranteil der zuletzt besuchten Schule; Prozentangaben

	Hauptschule, Polytechnikum	Berufsschule	Fachschule	AHS, BHS, Hochschule
zweite Generation				
Wien, hoher Ausländeranteil[1]	64	59	40	28
Bundesland, hoher Ausländeranteil	24	17	8	14
österreichische Jugendliche				
Wien, hoher Ausländeranteil	52	41	14	14
Bundesland, hoher Ausländeranteil	8	10	10	0

1) Frage:„Wie viele Ihrer Mitschüler sind/waren in der Schulklasse, die Sie gegenwärtig/zuletzt besucht haben, geborene Österreicher/innen?" Hoher Ausländeranteil = „etwa die Hälfte Österreicher", „etwa ein Viertel Österreicher", „weniger" oder „so gut niemand".

Aber auch die Ausländeranteile im jeweiligen Wohnumfeld unterscheiden sich zwischen der Großstadt und den Bundesländern: die in Wien lebenden Jugendlichen der zweiten Generation geben zu 52 % an, dass viele Ausländer in ihrer Wohnumgebung sind, in den westlichen Bundesländern sind dies bedeutend weniger, aber immerhin auch 41 %. Stärker sind die Unterschiede in der österreichischen Kontrollgruppe: in Wien geben 46 % an, in einem Viertel mit hohem Ausländeranteil zu leben, in den Bundesländern sind es aber nur 16 %.

2.4 Übergänge und Risken: Berufsindikatoren

Im ersten Schritt soll untersucht werden, ob es in den spezifischen Berufs- und Arbeitsindikatoren generell Unterschiede zwischen autochthonen österreichischen Jugendlichen und der zweiten Generation bzw. bestimmten Herkunftsgruppen gibt, im zweiten Schritt sollen diese dann auch innerhalb der verschiedenen Berufsniveaus geprüft werden (es werden nur Berufstätige analysiert; Lehrlinge und Jugendliche, die neben dem Studium erwerbstätig sind, wurden ausgeklammert).

In der Übergangsdauer zwischen Ausbildung und erstem Arbeitsplatz bestehen signifikante Unterschiede zugunsten der einheimischen Jugendlichen: sie bekommen eher gleich nach der Ausbildung eine Arbeitsstelle, die Relation beträgt 64 % zu 50 %; auch die Wartezeit ist kürzer, bis zu einem halben Jahr warten 9 % der österreichischen und 18 % der Jugendlichen ausländischer Herkunft. Innerhalb der zweiten Generation finden sich keine weiteren Unterschiede nach nationaler Herkunft (s. Tabelle 2.8).

Keine signifikanten Unterschiede finden sich dagegen im Ausmaß der Beschäftigung, Voll- oder Teilzeit; 88 % bzw. 85 % der Jugendlichen beider Stichproben sind zurzeit vollzeitlich berufstätig, jedoch treten Unterschiede der Herkunftsgruppen hervor: Jugendliche der heterogenen Gruppe „andere Länder" finden sich häufiger unter Teilzeit-Beschäftigten. Die Einschätzung der Sicherheit des Arbeitsplatzes geht auseinander: nur ca. die Hälfte (47 %) der zweiten Generation hält ihn für „sehr sicher" gegenüber 59 % der österreichischen Jugendlichen.

In der Art des Arbeitsvertrags unterscheidet sich die zweite Generation von den Einheimischen kaum: eine ständige Anstellung haben 87 % der österreichischen und 80 % der Jugendlichen mit Migrationshintergrund, wobei allerdings die aus Ex-Jugoslawien stammenden Jugendlichen deutlich bessere Arbeitsverhältnisse haben als die anderen beiden Gruppen. Erfahrungen mit prekären Arbeitsformen haben aber alle Jugendliche bereits einmal oder öfters gemacht (was sich jedoch auch auf die Zeit vor den Berufseintritt beziehen kann). In der Häufigkeit des Arbeitsplatzwechsels finden sich dagegen keine markanten Unterschiede, besonders häufige Veränderungen sind bei sämtlichen Gruppen eher selten; die meisten möchten die derzeitige Stelle auch behalten.

Im Ausmaß bisher erfahrener Arbeitslosigkeit zeigen sich dagegen signifikante Unterschiede: die zweite Generation ist davon häufiger betroffen als einheimische Jugendliche. Auch in einem weiteren wichtigen Punkt finden sich bedeutende Differenzen: die heute immer wichtiger werdenden Fort- und Weiterbildungsprogramme werden überaus unterschiedlich in Anspruch genommen.

Tabelle 2.8: Jugendliche im Beruf: Berufsindikatoren (österreichische Kontrollgruppe: n = 188, zweite Generation: n = 360)

	österr. Kontrollgruppe	zweite Generation	2. Generation, Eltern aus[1]		
			Türkei	Ex-Jugoslawien	andere Länder
zwischen Ausbildung und Arbeitsplatz**					
sofort Arbeit	64	50			
1-2 Monate	19	22			
bis ein halbes Jahr	9	18			
bis ein Jahr	5	6			
länger	3	4			
Ausmaß					
Vollzeit	88	85	88	87	67
Teilzeit	12	15	12	13	33
vermutete Arbeitsplatzsicherheit**					
sehr sicher	59	47			
ziemlich sicher	34	41			
eher unsicher	7	12			
Arbeitsvertrag					
ständige Anstellung	87	80	75	88	71
befristet	7	8	11	6	5
Werkvertrag	1	3	2	3	11
kein Vertrag (Gelegenheitsarbeit)	1	1	2	0	0
sonst. Vereinbarung	4	8	10	3	13
schon einmal/mehrmals gemacht					
Gelegenheitsarbeiten	22	17	17	13	30
Leiharbeit	6	8			
geringfügig b./freier Dienstnehmer	20	16	11	14	41
im jetzigen Beruf bleiben					
ja	80	76			

Fortsetzung Tabelle 2.8:

Arbeitsplatzwechsel					
nie	40	34	34	32	42
einmal	23	20	22	21	8
zweimal	17	21	20	20	26
dreimal	7	10	10	11	11
vier- bis fünfmal	8	9	5	13	13
öfters	5	6	9	3	0
wie oft insgesamt arbeitslos**					
noch nie	65	53			
einmal	21	31			
zweimal	8	10			
dreimal oder öfter	6	6			
schon einmal/mehrmals gemacht					
betriebliche Fortbildung**	57	29	28	35	38
Kurs für Weiterbildung (Wifi, bfi)**	39	28			
AMS-Programm teilgenommen	17	15			

1) hinsichtlich der Herkunftsländer werden in der Tabelle nur die Zahlen bei signifikanten Gruppenunterschieden eingetragen
** in diesem Merkmal besteht ein signifikanter Unterschied zw. österreichischen und Migrantenjugendlichen

Während 57 % der einheimischen Jugendlichen an betrieblichen Fortbildungsprogrammen teilgenommen haben, sind es nur etwa halb so viele (29 %) bei den Jugendlichen mit Migrationshintergrund. Da dies (wie sich hier auch bestätigt) die besser qualifizierten Berufe betrifft, ist anzunehmen, dass sich diese ungleiche innerbetriebliche Integration auf die Karrieren auswirken wird und bei Rationalisierungsdruck eine Weiterbeschäftigung eher zugunsten der Einheimischen ausfällt. Angesichts des starken Unterschieds liegt die Interpretation nahe, dass einheimische Jugendliche eher als Teil einer dauerhaften Belegschaft (Kernbelegschaft) angesehen werden als Migrantenjugendliche.

Die allgemeine Arbeitszufriedenheit ist bei allen Jugendlichen ziemlich hoch. In einzelnen Indikatoren, wie Bezahlung, Beziehung zu KollegInnen und Vorgesetzten, zeigen sich keine signifikanten Unterschiede nach den Herkunftsgruppen, auch nicht im Vergleich der zweiten Generation zur österreichischen

Gruppe. Die Zufriedenheit mit der Bezahlung ist allerdings bei allen Jugendlichen wesentlich niedriger als in den übrigen Bereichen (s. Anhang, Tabelle A 2.3).

Fasst man das bisherige Bild zusammen, so zeigen sich die wichtigsten Unterschiede in Richtung einer Benachteiligung der Migrantenjugendlichen an drei Merkmalen: an der längeren Übergangszeit zwischen Ausbildung und erster Arbeitsstelle, an der häufigeren Betroffenheit von Arbeitslosigkeit und an der Selektion durch die innerbetriebliche Weiterbildung. Kaum Unterschiede gibt es dagegen in den so genannten prekären oder atypischen Arbeitsformen: Sie betreffen in beträchtlichem Ausmaß die gesamte Jugend, auch wenn hier die Gruppe aus den heterogenen Herkunftsländern häufiger betroffen ist.

Wie gestalten sich nun diese Unterschiede, wenn man sie auf den verschiedenen Qualifikationsniveaus betrachtet?

Die Übergangsphase zwischen Ausbildung und erster Arbeitsstelle ist bei den einheimischen Jugendlichen auf allen Qualifikationsniveaus tendenziell kürzer (s. Anhang, Tabelle A 2.4; da die Absolutzahlen in manchen Feldern aber gering sind, sollen die Angaben mit Vorsicht interpretiert werden); so bekam bei den Migrantenjugendlichen im mittleren Qualifikationsbereich (Facharbeit, einfache und mittlere Angestellte) die Hälfte „sofort" eine Stelle, bei den österreichischen Jugendlichen sind es 63 % (auch auf dem niedrigen Niveau des an- und ungelernten Arbeiters gelingt dies Einheimischen viel rascher; allerdings sind die absoluten Zahlen einheimischer Unqualifizierter sehr gering, so dass hier nur Trends ersichtlich werden, z.B. auch in der Betroffenheit von Arbeitslosigkeit). Die vermutete Arbeitsplatzsicherheit ist bei den mittleren qualifizierten österreichischen Jugendlichen deutlich höher. Von der innerbetrieblichen Fortbildung profitieren auf mittlerem und höherem Qualifikationsniveau eindeutig die einheimischen Jugendlichen, nämlich rund doppelt so oft.

Betrachtet man die regionalen Unterschiede, so finden sich unter den Berufstätigen der zweiten Generation in Wien zwar eher befristete und atypische Arbeitsformen, andererseits ist das Arbeitslosigkeitsrisiko in Wien niedriger (s. Anhang, Tabelle A 2.5).

Ungleichheiten im Bildungssystem und am Arbeitsmarkt werden oft auf Diskriminierung zurückgeführt, wobei weniger individuelle Akte sondern institutionalisierte Mechanismen der Ausschließung zur Diskussion stehen. Bis 2001 war der rechtliche Zugang der zweiten Generation zum Arbeitsmarkt stark erschwert; für Jugendliche, die in Österreich aufgewachsen sind, sehen die Gesetzesnovellen seit 2002 einen erleichterten Einstieg am Arbeitsmarkt vor. Verfügen die Jugendlichen über einen Niederlassungsnachweis, eine „unbeschränkte Niederlassungsbewilligung" bzw. den Aufenthaltstitel „Daueraufenthalt EG", ist der Zugang zum Arbeitsmarkt ohne weitere Arbeitsberechtigung gewährleistet.

Voraussetzung dafür ist, dass die Eltern über einen derartigen Aufenthaltstitel verfügen[2]. Auch wenn sich der Arbeitsmarkt an den Bildungsabschlüssen orientiert, so haben die zuvor geschilderten Ergebnisse dennoch erhebliche Unterschiede im Vergleich der Jugendlichen ausländischer und inländischer Herkunft, selbst bei gleicher beruflicher Qualifikationsstufe, gezeigt. Eine geläufige Erklärung wäre der rechtliche Status – wirkt sich der Besitz der österreichischen Staatsbürgerschaft auf die Berufsindikatoren aus? In der Stichprobe haben rund zwei Drittel der Jugendlichen (68 %) die österreichische Staatsbürgerschaft (von den verbleibenden hat ein Drittel bereits um diese angesucht, weitere 50 % wollen das später tun, nur 17 % der Nicht-Staatsbürger streben sie auch später nicht an).

Jugendliche im Besitz der österreichischen Staatsbürgerschaft waren seltener arbeitslos, haben häufiger eine ständige Anstellung und finden sich seltener in prekären Beschäftigungsverhältnissen (s. Anhang, Tabelle A 2.5). An- oder ungelernte ArbeiterInnen haben die Staatsbürgerschaft etwas seltener als die anderen Berufsgruppen. Der Besitz der Staatsbürgerschaft erweist sich somit als eine relativ wichtige Ressource für die Positionierung am Arbeitsmarkt.

Unabhängig von den rechtlichen Bedingungen können sich unterschiedliche informelle Mechanismen auf die Einstellungspraxis und Weiterbeschäftigung auswirken, z.B. wenn Betriebe (vor allem Kleinbetriebe) befürchten, dass die Kunden die ausländische Herkunft ihrer Beschäftigten ablehnen (vgl. Boos-Nünning 1999), oder wenn die Besetzung einer Ausbildungs- bzw. Arbeitsstelle über familiäre Netzwerke und Empfehlung erfolgt; Jugendliche ausländischer Herkunft verfügen seltener über entsprechende Ressourcen (vgl. Bommes 1996). Betriebe können aber auch selbst daran interessiert sein, sich eine homogene Stammbelegschaft heranzuziehen (wie dies auch hier hinsichtlich der starken innerbetrieblichen Bildungsförderung der einheimischen jungen ArbeitnehmerInnen vermutet werden kann).

Die Frage, welche Rolle verschiedene, oft versteckte Formen von Diskriminierung in Bildung und Beruf spielen, lassen sich auf empirischem Wege nicht einfach klären. Die Migrantenjugendlichen wurden hier gefragt, welche Erfahrungen sie bei der Arbeitssuche gemacht haben: Rund ein Fünftel hat Nachteile aufgrund ihrer Herkunft wahrgenommen, aber ebenso viele gaben an, sie hätten nicht die erforderliche Qualifikation oder zu wenig Informationen über Arbeitsmöglichkeiten gehabt. Ein weiteres Viertel meinte, dass es einfach

---

2 Jugendliche, die diese Bedingungen nicht erfüllen, können, sofern sie das letzte volle Schuljahr vor Beendigung der Schulpflicht in Österreich absolviert haben und ein niedergelassener Elternteil in den letzten fünf Jahren drei Jahre erwerbstätig war, den Befreiungsschein erhalten (vgl. Wiener Integrationsfonds 2002).

keine freien Stellen gegeben hätte; gut die Hälfte berichtet, keine negativen Erfahrungen gemacht zu haben. Diejenigen, die über keine berufliche Ausbildung verfügen oder diese abgebrochen haben, gaben zu ca. einem Drittel materielle Gründe für ihren Ausbildungsabbruch an: 21 % wollten von sich aus gleich arbeiten und Geld verdienen, bei 11 % war es notwendig, rasch Geld zu verdienen, die Mehrheit nannte aber keinen spezifischen Grund.

Trotz der Ungleichheiten in den verschiedenen beruflichen Dimensionen erwiesen sich die erzielten Bildungsabschlüsse für die berufliche Platzierung als entscheidend. Diese Allokationsfunktion der Bildungszertifikate beruht aber, wie empirische Untersuchungen zeigen konnten, nur zum Teil darauf, dass mit der schulischen Ausbildung berufsspezifische Fertigkeiten erworben werden. Die Forschungen zur Qualifikationsnachfrage weisen auf unterschiedliche Motive der Arbeitgeber hin, unter anderem, dass im Bildungszertifikat wichtige Signale für ein ganzes Bündel von Kompetenzen gesehen werden, wie Lernfähigkeit, Anpassungsfähigkeit, Zielstrebigkeit, Disziplin etc. (so dass vom „Signalwert" der Ausbildung gesprochen wird). Daneben dienen aber auch andere Informationen, wie Deutschkenntnisse und Schulnoten, oft auch die berufliche Ausbildung der Eltern, als zusätzliche Entscheidungsgrundlagen, um das Beschäftigungsrisiko, besonders bei der Beschäftigung Jugendlicher ausländischer Herkunft, niedrig zu halten (vgl. Seibert 2005: 58). Die Chancen auf strukturelle Integration hängen bei Migrantenjugendlichen in diesem Licht daher in besonderem Ausmaß von ihren Bildungserfolgen ab.

Wie oben bereits gezeigt wurde, ist der überproportional große Anteil unqualifizierter Arbeitskräfte in der zweiten Generation eine Folge der früheren selektiven Anwerbung der Väter-Generation als „Gastarbeiter". Untersuchungen in Deutschland zeigen ebenfalls, dass die sozioökonomischen Ungleichheiten in der zweiten Generation, obwohl sie die deutschen Schulen besucht hat, nicht abgebaut werden konnten. Dies wird daraus erklärt, dass Migrantenkinder viel seltener aus der Mittelschicht stammen (vgl. Alba, Handl und Müller 1994; Lehnhardt 1999); ein Sachverhalt, der daher als „strukturelle Benachteiligung" der zweiten Generation bezeichnet wird. Die starke Umstrukturierung der Arbeitsmärkte in den letzten Jahren ließ den Bedarf an niedrig qualifizierten Tätigkeiten stark sinken; die Folgen dieser Umstrukturierung gehen aber zulasten der relativ großen Zahl von SchulabgängerInnen der zweiten Generation, die heute nur mit Hauptschule, ohne anschließende Lehre oder überhaupt ohne Abschluss, ihre Ausbildung beenden.

2.5 Blockierte Bildungschancen: die Rolle struktureller, ethnischer und sozialer Faktoren

Die soziokulturelle Lebenswelt der Jugendlichen

Der schulische Erfolg hängt auch heute noch maßgeblich von der sozialen Lage der Eltern ab, wie eine Vielzahl einschlägiger Studien beweist (z.b. Goldthorpe 2003; für Österreich vgl. Bacher 2005). Dabei spielen nicht nur sozioökonomische Benachteiligungen eine Rolle, entscheidend sind vielmehr immaterielle Ressourcen, die mit dem sozialen Status der Eltern aufs Engste verknüpft sind: diese umfassen z.b. die Bildungsaspirationen, die Einstellung zum Schulsystem, direkte und indirekte Förderung des Kindes beim Lernverhalten und psychische Unterstützung, aber auch die kulturelle Ausstattung, wie Bücher und Kulturkonsum.

In der Debatte über die Ursachen der deutlich schlechteren Bildungslage der zweiten Generation wird besonders die Frage diskutiert, welchen Effekt die Schichtzugehörigkeit – die Mehrheit stammt aus der Arbeiterschicht – gegenüber der Zugehörigkeit zu einer ethnischen Subkultur hat. Ist das schlechtere Abschneiden die Folge der sozioökonomischen Benachteiligungen oder der ethnisch-kulturellen Unterschiede? Zu den ethnischen Einflüssen zählen traditionelle Familienstrukturen und religiöse Traditionen, an die sich die Eltern, besonders wenn sie aus wenig entwickelten, agrarischen Regionen stammen, gebunden fühlen. Aufgrund der kulturellen Distanz seien die Eltern kaum in der Lage, den Kindern die hier vorherrschenden Normen, besonders Leistungsorientierung und Individualismus, zu vermitteln. Als besonders erschwerend gilt die häufig nur sehr mangelhafte sprachliche Kompetenz der Eltern. Das Aufwachsen der Kinder mit zwei Sprachen, häufig auch das überwiegende Leben im ethnischen Umfeld (räumliche Segregation, soziale Isolation), würde bereits im Vorschulalter die kulturelle Anpassung behindern.

Die soziokulturelle Lebenswelt der Heranwachsenden wird in der Literatur daher vorwiegend aus der Perspektive einer doppelt defizitären Sozialisation beschrieben: Nicht nur sozioökonomische Benachteiligung, sondern auch die ethnische Traditionsbindung der Eltern und die ethnisch räumliche Segregation würden die Lebenswelt der Jugendlichen bestimmen. Daher finden sich in den Hauptschulen auch die höchsten Ausländeranteile; und selbst wenn die Jugendlichen nicht in marginalisierten sozialen Räumen leben, so stünden sie doch unter den Spannungen, die aus den Diskrepanzen „zwischen den Kulturen" entstehen (vgl. Lajios 1998). Die in der frühen familiären Sozialisation erworbenen Verhaltensweisen werden als Barrieren im Erwerb von Kompetenzen, die für die schulische Sozialisation zentral sind, beschrieben (vgl. Hamburger 1999).

In welchem Ausmaß treffen diese Beschreibungen für die zweite Generation tatsächlich zu? Nach den Angaben der Jugendlichen haben die Eltern für sie durchwegs hohe Bildungsaspirationen: So wünscht sich ein Viertel der Eltern eine Hochschulausbildung, 21 % wünschen die Matura, 27 % eine Berufslehre. Auch in anderen empirischen Studien wird eine solche starke Aufstiegsorientierung von Migranteneltern festgestellt; die hohen Bildungsansprüche der Eltern, die im Aufnahmeland meist unterste Positionen einnehmen, werden entweder als Bedürfnis nach Sicherheit interpretiert (vgl. Deimel-Engler 1997) oder als Wunsch nach Vollendung des „Projekts Migration", indem der soziale Aufstieg an die Kinder delegiert wird (vgl. Juhasz und Mey 2003; Wilpert 1980). Wie aber bereits aus den Daten über die realen Bildungswege ersichtlich ist, sind diese elterlichen Vorstellungen großteils illusionär; und dies, obwohl der Druck der Eltern auf schulische Leistungen, aus der Sicht der Jugendlichen, sehr groß ist; 22 % geben an, dass die Eltern starken Druck ausgeübt hätten, bei den einheimischen Jugendlichen ist dies nur bei 8 % der Fall.

Jugendliche der zweiten Generation stehen nicht nur unter starkem Erwartungsdruck der Eltern (vgl. Viehböck und Bratic 1994), sie stehen auch in Spannung zu deren normativen Vorstellungen – zu ihren Traditionen, zu ihren Wünschen bezüglich des Freundeskreises oder der PartnerInnen. Konflikte zu den Eltern resultieren daher nach Angabe von mehr als der Hälfte der Jugendlichen aus „anderen Lebensvorstellungen". 43 % gaben an, dass sie nach den Traditionen ihres Heimatlandes erzogen wurden, in besonders hohem Ausmaß – 58 % – die Kinder türkischer Eltern.

In der folgenden Übersicht (s. Tabelle 2.9) sind zentrale Merkmale, die den soziokulturellen Lebenshintergrund der zweiten Generation charakterisieren und für die Bildungslaufbahn relevant sind, zusammengefasst; wo dies möglich ist, werden sie mit der österreichischen Kontrollgruppe verglichen.

Starke Unterschiede zwischen den Gruppen zeigen sich in der Milieucharakteristik vor allem bei den Deutschkenntnissen der Eltern sowie bei der Bedeutung von Tradition und Religion; auch die Verwendung der Muttersprache zu Hause differenziert zwischen der türkischen Gruppe und den anderen beiden Herkunftsgruppen beträchtlich.

Bei der Anteilnahme am Lernen zeigen sich die Eltern der zweiten Generation zwar mehr engagiert, indem sie mehr Kontrolle und Druck auf ihre Kinder ausüben, doch pflegen die österreichischen Eltern deutlich häufiger Kontakte mit den LehrerInnen.

Tabelle 2.9: Milieucharakteristik nach nationaler Herkunft; zweite Generation n ~ 1000, österreichische Jugendliche n ~ 400; Prozentangaben[1]

	2. Generation, Eltern aus			österr. Kontrollgruppe
	Türkei	Ex-Jugoslawien	andere Länder	
Elterliches Milieu				
Rückkehrwunsch der Eltern stark	26	24	11	-
zu Hause nur Muttersprache	77	62	49	-
gute Deutschkenntnisse der Mutter	20	49	52	-
gute Deutschkenntnisse des Vaters	35	47	56	-
große Bedeutung der Religion	32	8	11	-
Erziehung nach der Tradition des Herkunftslandes	58	29	33	-
Anteilnahme der Eltern am Lernen				
regelmäßig Kontakt mit Lehrern	49	60	53	67
Interesse des Vaters an schulischen Leistungen groß	66	56	55	38
Interesse der Mutter an schulischen Leistungen groß	67	60	53	45
starker Druck auf Leistung	26	17	22	8
Hilfe bei Hausaufgaben	11	19	23	34
Selbsteinschätzung der Leistungen				
hohe Leistungsmotivation	54	46	47	36
guter Notendurchschnitt	40	50	46	51
mit Lernstoff gut zurechtgekommen	57	72	68	70
mit Lehrern gut zurechtgekommen	69	74	70	63
Schule und Wohnumgebung				
hoher Anteil (Hälfte u. mehr) ausländischer Schüler	33	36	32	19
hoher Anteil an Ausländern in der Wohnumgebung	49	48	40	31
überwiegend Kontakte mit österreichischen Mitschülern	58	64	74	95

1) jeweils hohe Ausprägung der dichotomisierten Antwortskala der einzelnen Fragen

Die mangelnden Kontakte zur Schule werden in der Forschungsliteratur aus der spezifischen Lage der Migranteneltern erklärt: Aufgrund mangelhafter Sprachkenntnisse fühlen sie sich für den Umgang mit LehrerInnen nicht kompetent genug oder die Kommunikation gestaltet sich aus anderen Gründen schwierig. Manche AutorInnen sehen im Verhalten der Eltern aber auch eine zwiespältige Haltung; zum einen wollen sie eine gute Schulbildung der Kinder, zum anderen stehen sie der Schule auch mit Distanz gegenüber. Durch die Schule könnten die Kinder andere Werte vermittelt bekommen, die den Individualismus betonende Erziehung könnte die Zusammengehörigkeit der Familie und die Autorität der Eltern gefährden (vgl. Viehböck und Bratic 1994: 50). Die Eltern verfügen aber auch generell über weniger Möglichkeiten einer wirksamen Unterstützung. So zeigt sich auch hier, dass Hilfen bei den Hausaufgaben oder beim Lernen seitens der Eltern deutlich seltener vorkommen: Während 16 % „oft" und 19 % „manchmal" von Hilfe der Eltern berichten, erhalten 34 % der einheimischen Jugendlichen „oft", und 32 % „manchmal" Hilfe. Häufiger helfen in den Migrantenfamilien dann auch die Geschwister beim Lernen. Keine Unterschiede zeigen sich dagegen in der Anwesenheit Erwachsener am Nachmittag bzw. beim nach Hause kommen von der Schule.

Die Jugendlichen der zweiten Generation wohnen häufiger in Wohnvierteln mit hohem Ausländeranteil und die von ihnen besuchten Schulen weisen höhere Ausländeranteile auf. Ihr Verhältnis zu den LehrerInnen beschreiben sie überwiegend als „sehr gut" oder „gut" (71 %), und auch die Beziehungen zu den MitschülerInnen werden durchwegs positiv beschrieben. Sie weichen in den Urteilen kaum von den österreichischen Jugendlichen ab, tendenziell sind ihre Einstufungen sogar etwas positiver. Im Unterschied zu den einheimischen Jugendlichen schreiben sich die Migrantenjugendlichen auch häufiger eine hohe Leistungsmotivation zu. Die türkischstämmigen Jugendlichen – die überdurchschnittlich motiviert sind – berichten jedoch häufiger, Probleme mit dem Lernstoff zu haben und geben einen weniger guten Notendurchschnitt an.

Eine ausgeprägte Bildungsmotivation der zweiten Generation wird auch in anderen Studien nachgewiesen. Diese zeigen allerdings auf, dass die Schwierigkeiten nur bei sehr starker Motiviertheit seitens Eltern und Kindern überwunden werden können und dass das Ziel oft nur über „verschlungene Bildungswege" erreicht wird (vgl. Schulze und Soja 2003; Attia und Marburger 2000).

Hintergründe der Bildungswege

Hier soll nun geklärt werden, auf welche Faktoren die niedrigere Bildungspartizipation der zweiten Generation hauptsächlich zurückzuführen ist – auf die Schichtzugehörigkeit der Eltern (geringes „kulturelles Kapital") oder auf die ethnische Orientierung. So gelten z.b. traditionelle Geschlechtsrollen und religiöse Verhaltensnormen, Dominanz der Herkunftssprache zu Hause oder der Rückkehrwunsch der Eltern als handicaps im schulischen Sozialisationsprozess. Schließlich können aber auch strukturelle Faktoren, wie die ethnische Struktur des Wohnumfelds und der Schule oder regional unterschiedliche Angebotsstrukturen für die eingeschlagenen Bildungswege entscheidend sein. In den folgenden Analysen werden die Bedingungen für den Zutritt zu den höheren Bildungsinstitutionen untersucht (eine ausführliche Analyse der Bildungskarrieren auf den verschiedenen Schwellen wird in Kapitel 3 vorgenommen).

Die Jugendlichen werden nach der höchsten abgeschlossenen oder aktuellen Bildungsposition in zwei Gruppen geteilt: Hauptschule, Lehre und AHS-Unterstufe werden zusammengefasst und den höheren Bildungsgängen, AHS-Oberstufe, BHS und Hochschule, gegenübergestellt. Demnach befinden sich 35 % der Jugendlichen im höheren Bildungssektor und 65 % im niedrigeren Sektor (bei den einheimischen Jugendlichen beträgt die Relation 40 % zu 60 %).

Da im österreichischen Bildungssystem mit 16 Jahren die Entscheidung zum Übergang in den höheren Bildungsweg bereits getroffen wurde, sind Verzerrungen aufgrund des Altersaufbaus der Stichprobe nicht anzunehmen. In Tabelle 2.10 wird gezeigt, welche der geprüften Einflüsse signifikant sind.

Vor allem der Schichthintergrund und strukturelle Faktoren erweisen sich als die wirksamsten: In Wien ist die Wahrscheinlichkeit, dass die Jugendlichen höhere Bildungswege einschlagen, signifikant höher, und es wirkt sich der soziale Status bzw. das „kulturelle Kapital", gemessen an der Bildung des Vaters und der Mutter, aus; auch die Deutschkenntnisse des Vaters zeigen einen Effekt. Hemmend wirkt sich dagegen eine größere Geschwisterzahl aus. Während die Struktur des Wohnviertels keinen Einfluss hat, wirkt sich jedoch der Ausländeranteil an der derzeit oder zuletzt besuchten Schule nachteilig aus.

Bezieht man in das Modell die nationale Herkunft der Jugendlichen ein, bleiben diese Ergebnisse bestehen und die Herkunft zeigt keinen signifikanten Effekt. Fasst man die Ergebnisse zusammen, so haben die ethnischen Bindungen der Eltern im Kontext der hier untersuchten Faktoren keine Relevanz für die Wahrscheinlichkeit des Übergangs auf eine höhere Bildungsinstitution, selbst die Rückkehrorientierung und der Sprachgebrauch zu Hause erwiesen sich nicht als signifikant.

Tabelle 2.10: Determinanten für die Wahrscheinlichkeit eines höheren Bildungswegs (vs. niedrigere Bildung); zweite Generation, n = 740; logistische Regression: „Modell Milieu-Einflüsse"

Modell Milieu-Einflüsse	B	Exp(B)
Geschlecht		
Region (Wien, Ref. Bundesländer)	1,577**	4,840
Zahl der Geschwister	-,223**	,800
Berufsstatus Vater		
Bildung Vater: Ref. höhere Bildung		
niedrige Bildung	-,961**	,383
mittlere Bildung	-,936**	,392
Bildung Mutter: Ref. höhere Bildung		
niedrige Bildung	-1,062**	,346
mittlere Bildung	-,804*	,448
Anteil Ausländer in Wohnumgebung		
Anteil ausländischer Schüler	-,467**	,627
Sprachgebrauch zu Hause		
Deutschkenntnisse Vater	-,251*	,778
Deutschkenntnisse Mutter		
Rückkehrwunsch der Eltern		
Erziehung nach heimischer Tradition		
Bedeutung der Religion für Eltern		
(Nagelkerke) Pseudo-r^2	,296	

Es werden nur signifikante Werte ausgewiesen; ** $p<,01$, * $p<,05$.

Zwar sind, wie auch in anderen Studien festgestellt wurde, die Deutschkenntnisse der Eltern oder eines Elternteils durchaus wichtig, der allgemeine Sprachgebrauch zu Hause erweist sich hier für die Bildungskarriere aber nicht als maßgeblich (bei gut der Hälfte aller Jugendlichen wird zu Hause in der Herkunftssprache gesprochen, unabhängig vom Bildungshintergrund der Eltern). Neben der sozialen Herkunft wirkt sich vor allem die Konzentration ausländischer Kinder in den Schulen negativ aus. Dies scheint aber ein Hinweis darauf zu sein, dass ethnische Merkmale eher als Effekte des sozialen Milieus in Erscheinung treten, sich in der Realität also durchaus vermischen. Da die Effekte des sozialen Umfelds jedoch sehr stark sind, wirken sich die ethnischen Differenzierungen kaum noch auf die Bildungschancen aus.

Im Folgenden wird ein Vergleich zwischen der zweiten Generation und den einheimischen Jugendlichen angestellt, in dem neben der Sozialschicht und den strukturellen Merkmalen das Bildungsengagement der Eltern und die Selbsteinschätzungen der Jugendlichen hinsichtlich ihrer Lernmotivation geprüft werden (s. Tabelle 2.11).

Tabelle 2.11: Determinanten für die Wahrscheinlichkeit eines höheren Bildungswegs (vs. niedrigere Bildung); zweite Generation (n = 880) und österreichische Kontrollgruppe (n = 357); logistische Regression: „Modell Lern-Einflüsse"

Modell Lern-Einflüsse	zweite Generation		österreichische Kontrollgruppe	
	B	Exp(B)	B	Exp(B)
Geschlecht				
Region (Wien, Ref. Bundesländer)	1,447**	4,250	,579*	1,785
Zahl der Geschwister	-,180**	,836		
Berufsstatus Vater				
Bildung Vater: Ref. höhere Bildung				
niedrige Bildung	-,995**	,370	-1,566**	,209
mittlere Bildung	-,812**	,444	-,707*	,493
Bildung Mutter: Ref. höhere Bildung				
niedrige Bildung	-1,163**	,313	-1,546**	,213
mittlere Bildung			-,620*	,538
viele Ausländer in Wohnumgebung				
hoher Anteil ausländischer Schüler	-,374**	,688		
Eltern regelmäßig Kontakt mit Lehrer				
Eltern üben Druck auf Leistung aus				
Schulleistung für Vater wichtig			,391*	1,479
Schulleistung für Mutter wichtig				
hohe Leistungsmotivation	,438**	1,550		
guter Notendurchschnitt				
gut mit Lernstoff zurechtgekommen			,388*	1,475
(Nagelkerke) Pseudo-r^2	,311		,256	

Es werden nur signifikante Werte ausgewiesen; ** p<,01, * p<,05.

Hier zeigt sich, dass bei der zweiten Generation, wie schon in der oben angestellten Analyse, die Einflüsse der Schichtzugehörigkeit und struktureller Gegebenheiten – Region (bessere Chancen in Wien), Geschwisterzahl, Bildung von

Vater und Mutter, sowie der Anteil ausländischer SchülerInnen – unverändert wirksam sind, hinzu tritt nur die sich selbst zugeschriebene Leistungsmotivation. Für die elterlichen Verhaltensweisen lassen sich überraschenderweise keine Effekte nachweisen. (Führt man die Berechnungen ohne die Selbsteinschätzungen der Jugendlichen, d.h. nur mit dem elterlichen Verhalten und den Strukturvariablen durch, so bleibt die Anteilnahme der Eltern weiterhin ohne Effekt. Bezieht man in die Analyse die Unterstützung der Eltern bei den Hausaufgaben ein – wodurch sich allerdings die Stichprobe reduziert, da 11 % diese als „nicht notwendig" erklärt haben und daher ausgeschlossen sind – so zeigt selbst diese aktive Unterstützung der Eltern keine relevante Auswirkung).

Bei den einheimischen Jugendlichen zeigt sich ein ähnliches Bild: Neben der Region wirkt sich ebenfalls der Bildungsstatus der Eltern und der Ausländeranteil an der Schule auf die Bildungschancen aus, von den elterlichen Verhaltensweisen hat nur das Engagement des Vaters an den Leistungen einen Effekt. Dazu tritt die Selbsteinschätzung der Leistung, hier in Form der Bewältigung des Lernstoffs, hervor (auch hier ändert sich das Resultat nicht, wenn man das Lernverhalten der Jugendlichen ausschließt, so dass nur die soziostrukturellen Merkmale und das Elternverhalten geprüft werden; berücksichtigt man die Hilfe der Eltern beim Lernen, so zeigt sich ein schwacher, aber entgegengesetzter Effekt; eine starke Unterstützung deutet daher eher auf schlechtere Schulleistungen hin).

Führt man nun die Analyse für alle Jugendlichen gemeinsam durch und kontrolliert den Einfluss der Variable Herkunft (österreichische vs. ausländische Herkunft), so zeigt diese einen schwachen Effekt (auf niedrigerem Signifikanzniveau $p<,05$), d.h. dass für einheimische Jugendliche eine etwas höhere Wahrscheinlichkeit für das Einschlagen eines höheren Bildungswegs besteht.

Der Vergleich zwischen Migrantenjugendlichen und der österreichischen Kontrollgruppe macht deutlich, dass das österreichische Bildungssystem in starkem Maß nach der sozialen Herkunft bzw. dem „Bildungskapital" der Eltern selektiert. Bei beiden Gruppen erweist sich in den Analysen das unmittelbar auf das Lernen bezogene Verhalten der Eltern nicht als ein wirkungsvoller Faktor für den eingeschlagenen Bildungsweg. Bei der zweiten Generation ist dagegen der schulische Kontext bedeutsam: Indem Jugendliche deutlich davon profitieren, wenn eher ein niedriger Ausländeranteil in der Schule vorhanden ist, ist die Struktur der Schulen sicher als wichtiger Teil des soziokulturellen Umfelds anzusehen. Es sind aber auch die Opportunitätschancen für den Besuch höherer Schulen in Wien deutlich besser als in den ländlichen Regionen, dies gilt für einheimische wie für Migrantenjugendliche gleichermaßen. Das Ergebnis, dass die ethnische Orientierung der ausländischen Eltern – im Kontext der hier untersuchten Einflüsse – keinen signifikanten Einfluss auf den Bildungsweg zeigt, spricht gegen die These der Dominanz der kulturellen Barrieren im Bildungsweg der zweiten Generation. Auch wenn sich Sozialschicht und ethnische Kultur in der realen Lebensumwelt der Jugendlichen sicherlich verbinden, erweist sich doch die sozialstrukturelle Platzierung der Eltern als entscheidender Faktor. Die nationale Herkunft selbst zeigte insgesamt nur einen schwachen Effekt; so wirkt sich die Herkunft (InländerIn vs. AusländerIn) zwar aus, doch ist auch bei den einheimischen Jugendlichen der Bildungshintergrund der Eltern für den Bildungserfolg entscheidend. Dies spricht für die bekannte These, dass bereits in der vorschulischen Sozialisation entscheidende Kompetenzen und Verhaltensweisen vom Kind erworben werden, die es in der schulischen Erziehung zu nutzen und weiterzuentwickeln weiß. Die frühe Gabelung der Bildungswege im österreichischen Bildungssystem verstärkt auf diese Weise die Selektionswirkung des sozialen Herkunftsmilieus. „Bildungsferne" bemisst sich somit nicht (nur) an der ethnischen Herkunft, z.B. an Sprachkompetenz oder normativen Orientierungen, sondern an der Ferne zu den kulturellen Standards, die das Schulsystem – unabhängig von der Herkunft – voraussetzt.

2.6 Zusammenfassung und Diskussion

Die Analysen haben gezeigt, dass die ethnische Ungleichheit im Bildungssystem – Jugendliche der zweiten Generation besuchen mit größerer Wahrscheinlichkeit nur die Hauptschule und absolvieren keine weiterführende Berufsausbildung – primär soziale und strukturelle Ursachen hat. Die Bildungschancen sind eher von der Schichtkultur als von der ethnischen Subkultur determiniert. Mehrheitlich aus Arbeiterfamilien stammend, fehlen die notwendigen Ressourcen für den Bildungserfolg, die die Mittelschichten ihren Kindern bereitzustellen vermögen. Bildungsentscheidungen setzen Informationen und Investitionen voraus und sind mit Risiken verbunden, daher sind die spezifischen Schichtkulturen die eigentlichen Mechanismen der „Statusvererbung". Obwohl die Jugendlichen der zweiten Generation von Beginn an das österreichische Schulsystem durchlaufen, können sie diese „strukturelle Benachteiligung" nicht aufheben.

Die Abbrecherquote während der Ausbildung ist bei Migrantenjugendlichen etwa doppelt so hoch wie bei den einheimischen Jugendlichen. Die Ungleichheiten in den Bildungspositionen führen zu korrespondierenden Ungleichheiten am Arbeitsmarkt, auf dem die Bildungsabschlüsse eine entscheidende Rolle spielen. Die geringe „Humankapitalausstattung" der Eltern reproduziert sich bei einem beträchtlichen Teil der Kinder. Eine Vererbung des Status – niedrigster Bildungsabschluss, keine berufliche Lehre – ist bei einem Drittel der zweiten Generation festzustellen.

Im Unterschied zu ihren Vätern treten in der zweiten Generation aber auch deutlich besser qualifizierte BewerberInnen in den Arbeitsmarkt ein, die auch, wie die vorliegenden Daten zeigen, weitgehend ausbildungsadäquat beschäftigt werden. Auf dieser Ebene – die Bildungsabschlüsse korrespondieren mit den Berufschancen – zeigten sich keine Unterschiede zwischen der zweiten Generation und den einheimischen Jugendlichen. Zu einem ähnlichen Bild über die Lage der zweiten Generation am Arbeitsmarkt und über die Schlüsselfunktion der Bildungsqualifikationen kommen auch deutsche Studien (z.b. Seifert 1992; Bender und Seifert 1996; Szydlik 1996).

Bei manchen Berufsindikatoren treten jedoch Benachteiligungen der zweiten Generation auf; obschon die Unterschiede hinsichtlich der längeren Übertrittszeiten und dem höheren Arbeitslosigkeitsrisiko nicht dramatisch sind, so sind sie in einem Bereich jedoch gravierend: In der innerbetrieblichen Aus- und Weiterbildung, die für die Zukunftsperspektiven (Jobsicherheit, Konkurrenzfähigkeit) maßgeblich ist, dominieren in besonders hohem Maß die einheimischen Jugendlichen.

Somit zeigt sich, dass die Arbeitsmarktintegration auf Ausbildungsqualifikationen bzw. auf den Bildungswegen der Jugendlichen aufbaut. Die Ausbildung wirkt daher einer strukturellen ethnischen Segmentation entgegen. Es wurde festgestellt, dass gut ein Drittel der zweiten Generation jedoch aus diesem Zirkel nicht heraus kam und im Vergleich zu den Vätern keine Verbesserung in Bildung und Beruf erzielen konnte. Die Mehrheit – zwei Drittel – konnte eine schrittweise Verbesserung erzielen und den von den Eltern erstrebten sozialen Aufstieg in gewissem Maße auch realisieren, während den Vätern selbst durch die Migration der Aufstieg nicht gelungen ist (vgl. auch Münz, Seifert und Ulrich 1999).

Für eine Bewertung dieser zahlenmäßigen Relationen sollte bewusst sein, dass in fortgeschrittenen Industriegesellschaften die kontinuierliche Verbesserung von Status und Bildungsqualifikation, also soziales Fortkommen, zum Standard geworden ist. Sozialer Aufstieg ist nicht nur eine normative Erwartung, besonders das kontinuierliche Schritthalten in Bildungsqualifikationen ist unabdingbar für eine erfolgreiche soziale Positionierung. An der Relation zur Position der Eltern (Generationenmobilität) wird nicht zuletzt deutlich, mit welchen Chancen jemand an den gesellschaftlichen Entwicklungen teilhat und ihnen auch künftig zu folgen vermag.

Es soll dabei nicht vergessen werden, dass die zweite Generation in einer Situation aufgewachsen ist, die den Eltern schon aufgrund rechtlicher Rahmenbedingungen in Österreich nur wenig Raum für berufliche Mobilität ermöglichte (die rechtlichen Regelungen gelten als ein Grund für das Verbleiben der ArbeitsmigrantInnen der ersten Generation im sekundären Arbeitsmarkt; vgl. Fassmann, Münz und Seifert 1999; Volf und Bauböck 2001). Von den „Gastarbeitern" wurde seitens der einheimischen Bevölkerung der soziale Aufstieg auch nicht erwartet, da sie schließlich nur die unattraktiven Jobs übernehmen sollten. Es zeigte sich auch hier, dass die Väter so gut wie keine sozialen Aufstiege in der Migration erzielt haben und in den untersten sozialen Positionen konzentriert sind. Die Folgen dieser Ausgangslagen prägen – wie hier gezeigt wurde – die Bildungschancen der zweiten Generation nachhaltig.

Wie Studien aus Deutschland belegen, geht eine strukturelle Angleichung der ethnischen Gruppen nur sehr langsam vonstatten; die autochthonen österreichischen Jugendlichen werden in den Bildungs- und Berufspositionen daher auch längerfristig „über" den Jugendlichen mit Migrationshintergrund bleiben.

2.7 Literatur

Alba, Richard/ Handl, Johann/ Müller, Walter (1994): Ethnische Ungleichheit im deutschen Bildungssystem. In: Kölner Zeitschrift für Soziologie und Sozialpsychologie, 46, 209-237.
Attia, Iman/ Marburger, Helga (Hrsg.) (2000): Alltag und Lebenswelten von Migrantenjugendlichen. Frankfurt/Main: Verlag für Interkulturelle Kommunikation.
Auernheimer, Georg (Hrsg.) (2003): Schieflagen im Bildungssystem. Die Benachteiligung der Migrantenkinder. Opladen: Leske + Budrich.
Bacher, Johann (2005): Bildungsungleichheit und Bildungsbenachteiligung im weiterführenden Schulsystem Österreichs. Eine Sekundäranalyse der PISA 2000-Erhebung. In: SWS-Rundschau, 45, 37-63.
Bender, Stefan/ Seifert, Wolfgang (1996): Zuwanderer auf dem Arbeitsmarkt: Nationalitäten- und geschlechtsspezifische Unterschiede. In: Zeitschrift für Soziologie, 25, 473-495.
Biffl, Gudrun (2003): Mobilitäts- und Verdrängungsprozesse auf dem österreichischen Arbeitsmarkt: Die Situation der unselbständig beschäftigten AusländerInnen. In: Fassmann, Heinz/ Stacher, Irene (2003): 62-77.
Biffl, Gudrun/ Bock-Schappelwein, Julia (2003): Soziale Mobilität durch Bildung? Das Bildungsverhalten von MigrantInnen. In: Fassmann, Heinz/ Stacher, Irene (2003): 120-130.
Binder, Susanne (Hrsg.) (2005): Heraus-Forderung Migration. Wien: Institut für Geographie und Regionalforschung der Univ. Wien.
Bommes, Michael (1996): Ausbildung in Großbetrieben. In: Kersten, Ralph/ Kiesel, Doron/ Sargut, Sener (1996): 31-44.
Boos-Nünning, Ursula (1999): Quotierung und Geschlecht. In: Kiesel, Doron/ Messerschmidt, Astrid/ Scherr, Albert (1999): 101-121.
Boos-Nünning, Ursula/ Karakasoglu, Yasemin (2004): Viele Welten leben. Zur Lebenssituation von Mädchen und jungen Frauen mit Migrationshintergrund. Herausgegeben vom BM für Familien, Senioren, Frauen und Jugendliche. Berlin: www.bmfsfj.de (März 2005).
Bourdieu, Pierre (1983): Ökonomisches Kapital, kulturelles Kapital, soziales Kapital. In: Kreckel, Reinhard (1983): 183-198.

Deimel-Engler, Susanne (1997): Die Bildungssituation jugendlicher türkischer Mädchen der zweiten Generation in Österreich. Wien: Diplomarbeit, Universität Wien.
Esser, Hartmut (2001): Integration und ethnische Schichtung. Mannheimer Zentrum für Europäische Sozialforschung, Arbeitspapiere 40. Mannheim.
Fassmann, Heinz/ Stacher, Irene (Hrsg.) (2003): Österreichischer Migrations- und Integrationsbericht. Klagenfurt: Drava.
Fassmann, Heinz/ Matuschek, Helga/ Menasse, Elisabeth (Hrsg,) (1999): Abgrenzen, ausgrenzen, aufnehmen. Empirische Befunde zu Fremdenfeindlichkeit und Integration. Klagenfurt: Drava.
Fassmann, Heinz/ Münz, Rainer/ Seifert, Wolfgang (1999): Ausländische Arbeitskräfte in Deutschland und Österreich: Zuwanderung, berufliche Platzierung und Effekte der Aufenthaltsdauer. In: Fassmann, Heinz/ Matuschek, Helga/ Menasse, Elisabeth (1999): 95-114.
Gemende, Marion/ Schröer, Wolfgang/ Sting, Stephan (Hrsg.) (1999): Zwischen den Kulturen. Pädagogische und sozialpädagogische Zugänge zur Interkulturalität. Weinheim/ München: Juventa.
Goldthorpe, John H. (2003): Globalisierung und soziale Klasse. In: Müller, Walter/ Scherer, Stefani (2003): 31-62.
Gomolla, Mechthild/ Radtke, Frank Olaf (2002): Institutionelle Diskriminierung. Die Herstellung ethnischer Differenz in der Schule. Opladen: Leske + Budrich.
Hamburger, Franz (1999): Modernisierung, Migration, Ethnisierung. In: Gemende, Marion/ Schröer, Wolfgang/ Sting, Stephan (1999): 27-53.
Herzog-Punzenberger, Barbara (2003): Die 2. Generation an zweiter Stelle? Soziale Mobilität und ethnische Segmentation in Österreich. Unveröff. Forschungsbericht an den Wiener Integrationsfonds, Wien.
Herzog-Punzenberger, Barbara (2005): Schule und Arbeitsmarkt ethnisch segmentiert? Einige Bemerkungen zur ‚Zweiten Generation' im österreichischen Bildungssystem. In: Binder, Susanne (2005): 191-211.
Hoffmann-Nowotny, Hans-Joachim (1973): Soziologie des Fremdarbeiterproblems. Eine theoretische und empirische Analyse am Beispiel der Schweiz. Stuttgart: Enke.
Juhasz, Anne/ Mey, Eva (2003): Die zweite Generation: Etablierte oder Außenseiter? Biographien von Jugendlichen ausländischer Herkunft. Wiesbaden: Westdeutscher Verlag.
Kersten, Ralph/ Kiesel, Doron/ Sargut, Sener (Hrsg.) (1996): Ausbilden statt Ausgrenzen. Jugendliche ausländischer Herkunft in Schule, Ausbildung und Beruf. Frankfurt/Main: Haag + Herchen.
Kiesel, Doron/ Messerschmidt, Astrid/ Scherr, Albert (Hrsg.) (1999): Die Erfindung der Fremdheit. Zur Kontroverse um Gleichheit und Differenz im Sozialstaat. Frankfurt/Main: Brandes & Apsel.
Kreckel, Reinhard (Hrsg.) (1983): Soziale Ungleichheiten. Soziale Welt, Sonderband 2. Göttingen: Schwartz.
Latcheva, Rossalina/ Lindo, Filip/ Machado, Fernande/ Pötter, Ulrich/ Salentin, Kurt/ Stichs, Anja (2006): Immigrants and Ethnic Minorities in European Cities: Lifecourses and Quality of Life in a World of Limitations (LIMITS). Final Report. Wien: Zentrum für Soziale Innovation. www.zsi.at (September 2006).
Lehnhardt, Gero (1999): Ethnische Quotierung und Gerechtigkeit im Bildungssystem. In: Kiesel, Doron/ Messerschmidt, Astrid/ Scherr, Albert (1999): 89-100.
Lajios, Konstantin (Hrsg.) (1998): Die ausländische Familie. Ihre Situation und Zukunft in Deutschland. Opladen: Leske + Budrich.

Müller, Walter/ Scherer, Stefani (Hrsg.) (2003): Mehr Risiken – Mehr Ungleichheit? Abbau von Wohlfahrtsstaat, Flexibilisierung von Arbeit und die Folgen. Frankfurt/New York: Campus.

Münz, Rainer/ Seifert, Wolfgang/ Ulrich, Ralf (1999): Zuwanderung nach Deutschland. Strukturen, Wirkungen, Perspektiven. Frankfurt/New York: Campus.

Reinprecht, Christoph (2006): Nach der Gastarbeit. Prekäres Altern in der Einwanderungsgesellschaft. Wien: Braumüller.

Schulze, Erika/ Soja, Eva-Maria (2003): Verschlungene Bildungspfade. Über Bildungskarrieren von Jugendlichen mit Migrationshintergrund. In: Auernheimer, Georg (2003): 197-210.

Seibert, Holger (2005): Integration durch Ausbildung? Berufliche Platzierung ausländischer Ausbildungsabsolventen der Geburtsjahrgänge 1960 bis 1971. Berlin: Logos.

Seifert, Wolfgang (1992): Die zweite Ausländergeneration in der Bundesrepublik. Längsschnittbeobachtungen in der Berufseinstiegsphase. In: Kölner Zeitschrift für Soziologie und Sozialpsychologie, 44, 677-696.

Szydlik, Marc (1996): Ethnische Ungleichheit auf dem deutschen Arbeitsmarkt. In: Kölner Zeitschrift für Soziologie und Sozialpsychologie, 48, 658-676.

Viehböck, Eveline/ Bratic, Ljubomir (1994): Die zweite Generation. Migrantenjugendliche im deutschsprachigen Raum. Innsbruck: Österreichischer Studienverlag.

Volf, Patrick/ Bauböck, Rainer (2001): Wege zur Integration. Was man gegen Diskriminierung und Fremdenfeindlichkeit tun kann. Klagenfurt: Drava.

Wiener Integrationsfonds (Hrsg.) (2002): MigrantInnen in Wien. Wien.

Wilpert, Czarina (1980): Die Zukunft der zweiten Generation. Erwartungen und Verhaltensmöglichkeiten ausländischer Kinder. Königstein: Hain.

2.8 Anhang

Tabelle A 2.1: Bildung (höchste abgeschlossene/laufende) und Beruf nach Geschlecht und Region; zweite Generation; Prozentangaben

	M	F	Sig.	Wien	Bundesländer	Sig.
Bildung			p<,01			p<,01
Hauptschule, Polytech. Schule, AHS-Unterstufe	25	23		19	30	
Berufsschule	29	20		16	33	
Fachschule	14	19		18	16	
AHS, BHS, Hochschule	32	38		47	21	
N	500	500		529	471	

Fortsetzung Tabelle A 2.1

Beruf		p<,01			p<,01
Hilfsarbeiter	31	22	19	34	
einfache Angestellte	27	52	39	37	
Facharbeiter	28	6	16	16	
mittlere und höhere Angestellte	5	14	12	8	
freiberuflich und Gewerbe	10	6	14	5	
N	186	154	133	207	

Tabelle A 2.2: Bildung (höchste abgeschlossene/laufende) und Beruf nach Geschlecht und Region; österreichische Jugendliche; Prozentangaben

	M	F	Sig.	Wien	Bundesländer	Sig.
Bildung			n.s			,01
Hauptschule, Polytech. Schule, AHS-Unterstufe	16	13		16	12	
Berufsschule	30	28		21	37	
Fachschule	19	16		17	18	
AHS, BHS, Hochschule	35	43		46	33	
N	193	210		200	203	
Beruf			,01			,05
Hilfsarbeiter	13	7		12	10	
einfache Angestellte	46	73		63	54	
Facharbeiter	27	9		9	25	
mittlere und höhere Angestellte	12	10		12	11	
freiberuflich und Gewerbe	2	1		4	0	
N	88	89		75	101	

Sozialstrukturelle Integration 67

Tabelle A 2.3: Indikatoren der Arbeitszufriedenheit; Prozentangaben[1]

	österr. Kontrollgruppe	zweite Generation	2. Generation, Eltern aus		
			Türkei	Ex-Jugoslawien	andere Länder
zufrieden mit[2]					
Arbeitssituation gesamt	77	75	75	74	73
Bezahlung	56	57	60	57	50
Vorgesetzten	78	75	73	77	77
Beziehung zu österr. KollegInnen	94	89	88	90	89
Beziehung zu ausländ. KollegInnen	84	89	90	87	90

1) Berufstätige, zweite Generation: n ~360 , österreichische Kontrollgruppe: n ~ 188
2) zufrieden = Note 1 und 2 auf einer fünfstufigen Notenskala

Tabelle A 2.4: Berufsindikatoren[1]; Prozentangaben[2]

	an-, ungelernter Arbeiter		Facharbeiter, einfache u. mittlere Angestellte		höhere Angestellte / Selbstständige	
	2. G.	Ö.	2. G.	Ö.	2. G.	Ö.
Zeit zw. Ausbildung und Arbeitsplatz						
sofort Arbeit	40	63	*50*	*63*	65	71
1-2 Monate	22	16	*25*	*19*	15	29
bis ein halbes Jahr	20	5	*18*	*10*	16	0
bis ein Jahr	15	5	*3*	*6*	4	0
länger	3	11	*4*	*2*	0	0
Ausmaß:						
Vollzeit	81	96	81	88	72	93
Teilzeit	8	0	14	9	24	7
arbeitslos	11	4	5	3	4	0
vermutete Arbeitsplatzsicherheit						
sehr sicher	39	37	*48*	*62*	63	72
ziemlich sicher	47	47	*42*	*33*	23	21
eher unsicher	14	16	*10*	*5*	14	7

Fortsetzung Tabelle A 2.4

Arbeitsvertrag						
ständige Anstellung	84	95	92	92	40	79
befristet	14	5	6	7	2	0
Werkvertrag	0	0	0	1	25	7
kein Vertrag (Gelegenheitsarb.)	0	0	1	0	0	0
sonst. Vereinbarung	2	0	1	0	33	14
schon einmal/mehrmals gemacht						
Gelegenheitsarbeiten	13	11	15	21	21	0
Leiharbeit	12	0	5	6	2	0
geringfügig b./freier Dienstnehmer	4	0	14	22	32	8
Arbeitsplatzwechsel						
nie	30	16	38	42	29	43
einmal	14	37	21	24	28	14
zweimal	21	32	19	15	25	21
dreimal	12	5	11	7	10	8
vier- bis fünfmal	13	10	9	7	4	7
öfters	11	0	2	5	4	7
im jetzigen Beruf bleiben (ja)	71	75	78	84	82	78
wie oft insgesamt arbeitslos						
noch nie	46	63	54	66	59	71
einmal	30	16	33	22	33	29
zweimal	12	21	9	6	8	0
dreimal oder öfter	12	0	4	6	0	0
schon einmal/mehrmals gemacht						
Betriebliche Fortbildung	13	11	*37*	*63*	*33*	*79*
Kurs für Weiterbildung (Wifi, bfi)	23	17	*30*	*41*	35	42
AMS-Programm teilgenommen	15	21	13	14	21	8

1) nur die kursiv gesetzten Zahlen zeigen signifikante Unterschiede an
2) zweite Generation: n = 360, österreichische Kontrollgruppe: n = 188

Tabelle A 2.5: Berufsindikatoren – Region und Staatsbürgerschaft; Berufstätige: zweite Generation; Prozentangaben

	Wien	Bld.	mit Staatsb.	ohne Staatsb.	
vermutete Arbeitsplatz-sicherheit		n.s.			p<,05
sehr sicher			42	56	
ziemlich sicher			44	35	
eher unsicher			14	9	
Arbeitsvertrag		p<,01			p<,01
ständige Anstellung	77	82	83	76	
befristet	7	8	8	9	
Werkvertrag	8	1	5	1	
kein Vertrag (Gelegen-	1	1	0	2	
sonst. Vereinbarung	7	8	4	12	
Arbeitsplatzwechsel		n.s.			p<,05
nie			35	34	
einmal			24	13	
zweimal			21	20	
dreimal			10	11	
vier- bis fünfmal			8	11	
öfters			2	11	
wie oft insgesamt arbeitslos		p<,02			p<,01
noch nie	61	47	58	45	
einmal	30	31	31	29	
zweimal	6	13	9	14	
dreimal oder öfter	3	8	2	12	

3 „Ohne Schule bist du niemand!" – Bildungsbiographien von Jugendlichen mit Migrationshintergrund

Anne Unterwurzacher

3.1 Problemaufriss und Fragestellungen

Die Bildungsqualifikationen von Jugendlichen mit Migrationshintergrund weichen in Österreich deutlich von jenen der gleichaltrigen Einheimischen ab. Hinsichtlich der Verteilung auf die einzelnen Schulformen lässt sich feststellen, dass Kinder mit nicht-österreichischer Staatsbürgerschaft in Sonderschulen tendenziell überrepräsentiert sind, während sie in den höheren Schulen deutlich unterrepräsentiert sind. Zudem setzen sie häufiger ihre Bildungskarrieren nach Beendigung der Pflichtschule nicht fort. Bauer (2005: 118-119) etwa ermittelte auf Basis der Volkszählungsdaten 2001 unterschiedliche Ausbildungsquoten nach der Staatsangehörigkeit der Eltern: 72 % der 16-jährigen Jugendlichen mit türkischem Vater/Elternteil befinden sich in Ausbildung (SchülerInnen oder Lehrlinge). Bei Jugendlichen aus österreichischen Familien liegt dieser Anteil mit 94,5 % wesentlich höher. Bei den Nachkommen von Zugewanderten aus dem ehemaligen Jugoslawien befinden sich 84,4 % der 16-Jährigen noch in schulischer oder beruflicher Ausbildung.

Eine aggregierte Sichtweise auf die Bildungsbeteiligung ausländischer Kinder verdeckt, dass es deutliche Unterschiede innerhalb dieser Gruppe gibt. Die unterschiedliche Bildungsverteilung wird deutlich sichtbar, wenn man die Proporzindizes der einzelnen Schulformen betrachtet (s. Tabelle 3.1): Kinder mit türkischer Staatsbürgerschaft sind in Sonderschulen überrepräsentiert (Proporzindex > 3), in den allgemein- und berufsbildenden höheren Schulen hingegen sind sie unterrepräsentiert. Kinder mit einer Staatsbürgerschaft aus dem ehemaligen Jugoslawien weisen im Vergleich zu den türkischen Kindern etwas bessere Bildungskarrieren auf, sind aber im Vergleich zu den österreichischen Kindern deutlich schlechter gestellt. Auffällig sind die guten Bildungskarrieren von Kindern aus osteuropäischen Ländern: Diese sind im Vergleich zu ihren österreichischen KollegInnen häufiger in den höheren Schulen (AHS, BHS) und den berufsbildenden mittleren Schulen zu finden.

Tabelle 3.1: Proporzindizes[1] für verschiedene Schulformen nach Staatsangehörigkeit (Schuljahr 2002/03)

	österreichisch	türkisch	ex-jugoslawisch	osteuropäisch[2]	asiatisch	afrikanisch	sonstige	ausländisch insgesamt
Hauptschule	0,98	1,44	1,22	0,74	1,26	1,15	0,81	1,20
Sonderschule	0,89	3,17	1,82	0,72	1,57	2,13	1,14	2,02
Polytechnische Schulen	0,95	1,89	1,45	0,63	1,97	1,84	1,05	1,50
AHS	1,04	0,17	0,48	1,52	1,15	0,67	1,42	0,60
Berufsschule	1,03	0,61	0,88	0,40	0,15	0,26	0,80	0,74
BMS	1,01	0,81	1,04	1,27	0,53	0,45	0,95	0,95
BHS	1,05	0,29	0,56	1,25	0,43	0,34	0,80	0,54

Quelle: Österreichische Schulstatistik 2002/03; eigene Berechnungen
1) Werte über 1 bedeuten, dass SchülerInnen der jeweiligen Herkunftsländer in Bezug auf die Gesamtverteilung in den entsprechenden Schulformen überrepräsentiert sind, Werte unter 1 hingegen signalisieren Unterrepräsentation.
2) Polen, Ungarn, Tschechische Republik, Slowakei

Hinzuweisen ist aber auf die begrenzte Aussagefähigkeit der Daten aus der amtlichen Bildungsstatistik, da diese ausschließlich mit der Staatsbürgerschaftskategorie arbeitet. Aussagen über die als österreichische StaatsbürgerInnen geborenen Nachkommen von Zugewanderten bzw. über die im Laufe der Schulzeit eingebürgerten können anhand dieser Daten nicht getroffen werden (vgl. Herzog-Punzenberger 2003).

Die Ergebnisse der jüngsten PISA Studie 2003 zeigten, dass Kinder mit Migrationshintergrund im Leistungstest schlechter abschneiden als „einheimische" Kinder; auch in Österreich haben die Daten eine Diskussion über den Schulerfolg von Kindern mit Migrationshintergrund entfacht, da aus dem internationalen Vergleich hervorgeht, dass es anderen Ländern besser gelingt, das Leistungsniveau der Migrantenkinder an das der einheimischen Bevölkerung anzunähern.

In der österreichischen Bildungsforschung zählt das Thema ethnische Ungleichheit zu den vernachlässigten Forschungsbereichen. Die Frage, welche Faktoren genau für die schlechteren Bildungschancen von Migrantenjugendlichen verantwortlich zu machen sind, ist aufgrund mangelnder empirischer Untersuchungen bislang nicht ausreichend geklärt. Zur Klärung dieses Sachverhalts, soll in diesem Beitrag folgenden Fragen nachgegangen werden: Wie stellen sich die die Bildungsbiographien von Jugendlichen der zweiten Migrantengeneration dar? Welche Faktoren begünstigen und welche hemmen den Zugang zur Bildung?

Es werden zunächst die theoretischen Positionen, die im Zuge der Diskussion über ethnische Bildungsungleichheit thematisiert werden, erläutert und die nationalen und internationalen Forschungsergebnisse zusammengefasst. Im Mittelpunkt der empirischen Analysen stehen die entscheidenden schulbiographischen Schwellen, beginnend beim Kindergartenbesuch gefolgt von den Entscheidungen an der ersten und zweiten Schwelle. Die vorgestellten theoretischen Erklärungsansätze werden anhand der vorliegenden Ergebnisse hinsichtlich ihrer Relevanz überprüft. Auf Basis der Analyse der Übergangsentscheidungen kann die Durchlässigkeit des österreichischen Schulsystems auch für Migrantenjugendliche eingeschätzt werden. Konkret soll damit die Frage beantwortet werden, ob und inwieweit die Entscheidung, die AHS-Unterstufe oder die Hauptschule[1] zu besuchen, die weiteren Bildungswege beeinflusst.

3.2 Theoretischer Hintergrund und Forschungsergebnisse

In der Literatur lässt sich eine Vielzahl von Faktoren finden, die für den Bildungsmisserfolg von Jugendlichen mit Migrationshintergrund verantwortlich gemacht werden. Zur systematischen Darstellung der theoretischen Diskussion werden im Folgenden drei Ebenen unterschieden, die sich an den drei Hauptakteuren SchülerInnen, Familie und Schule orientieren:

- individueller bzw. biographischer Hintergrund
- familiärer Hintergrund – Sozialschicht versus Kultur (ethnisches Milieu)
- institutionelle Ebene – schulischer Kontext

Individueller bzw. biographischer Hintergrund

Zu den biographischen Faktoren der Bildungsungleichheit zählt die Dauer des Aufenthalts im Aufnahmeland. Studien belegen, dass der Schulerfolg wesentlich vom Einreisealter eines Kindes abhängt. Konkret ausgedrückt: Je früher ein

---

1 AHS bedeutet ‚Allgemeinbildende Höhere Schule' und entspricht dem Gymnasium in Deutschland; die ‚Berufsbildenden Höheren Schulen' (BHS) vermitteln einen doppelqualifizierenden Abschluss (Abitur und Berufsausbildung). Während in Deutschland das duale System die berufliche Erstausbildung dominiert, spielen die beruflichen Vollzeitschulen in Österreich eine gleichwertige Rolle. Fachhochschulen haben in Österreich den Rang einer Universität.

Kind in das Zielland kommt bzw. in das jeweilige Schulsystem einsteigt, desto besser ist der Schulerfolg (vgl. etwa Esser 1990, Seifert 1992). Herzog-Punzenberger (2003) stellte anhand der Bildungsabschlüsse der 15- bis 35-Jährigen auf Grundlage des Mikrozensus für Österreich ein unerwartetes Ergebnis fest: Im Vergleich zu den Jugendlichen, die ihre gesamte Schullaufbahn in Österreich verbracht haben, schneiden die später gekommenen SchülerInnen besser ab. Die Autorin gibt allerdings zu bedenken, dass es sich aufgrund der kleinen Fallzahlen im Mikrozensus, welche zu einer großen Fehlerwahrscheinlichkeit führen, nur um einen ersten Hinweis handelt, der eingehender empirischer Überprüfung bedarf. In diesem Zusammenhang wirft Herzog-Punzenberger (2003: 27-28) die interessante Frage auf, ob sich im Falle der SeiteneinsteigerInnen die schulische Vermittlung der Muttersprache in den Herkunftsländern, also die Kompetenz in der Erstsprache, positiv auf den Erwerb der Zweitsprache Deutsch und somit auf die Bildungskarrieren auswirkt.

Unabhängig von der Bedeutung der Muttersprache für den Zweitsprachenerwerb werden unzureichende Deutschkenntnisse als ein wichtiger Erklärungsfaktor für die vergleichsweise ungünstige schulische Position der Kinder und Jugendlichen mit Migrationshintergrund diskutiert (vgl. Esser 2006). Darüber hinaus werden laut Boos-Nünning und Karakasoglu (2004: 261) die Auswirkungen bestimmter Aspekte der Persönlichkeit – wie etwa psychische Instabilität und geringe Leistungsmotivation – problematisiert. Anzumerken bleibt, dass die Relevanz der Sprachkenntnisse für den Schulerfolg vergleichsweise gut dokumentiert ist; die Herausstellung von spezifischen Persönlichkeitsmerkmalen hingegen hat eher spekulativen Charakter, da gesicherte empirische Erkenntnisse fehlen.

Leenen, Grosch und Kreidt (1990) weisen in einer Untersuchung zum „Bildungsverständnis, Platzierungsverhalten und Generationenkonflikt in türkischen Migrantenfamilien" auf die von Migrantenkindern zu erbringenden „Selbsplatzierungsleistungen" hin, die für eine erfolgreiche Schullaufbahn notwendig wären. Aufgrund fehlender familiärer Ressourcen können Migrantenjugendliche nicht oder nur sehr mangelhaft auf elterliche Unterstützung zurückgreifen und müssen viele Aufgaben – wie etwa die Vertretung eigener Interessen gegenüber schulischer Instanzen oder auch die Konkretisierung von Bildungszielen – selbst übernehmen (Leenen, Grosch und Kreidt 1990: 762).

Familiärer Hintergrund - Sozialschicht versus Kultur (ethnisches Milieu)

Auf der familiären Ebene werden zwei Ansätze diskutiert: Einerseits gelten sozialstrukturelle Merkmale des Elternhauses, insbesondere die Bildung und berufliche Stellung des Haushaltsvorstands, als ausschlaggebend für den Bildungsweg des Kindes. So etwa wird argumentiert, dass die Bildungssituation der zweiten Generation gar nicht so prekär, sondern das Resultat ihrer Zugehörigkeit zur eher bildungsfernen Arbeiterschicht sei. Granato (1996: 58) bringt diesbezügliche Argumentationsmuster treffend auf den Punkt: *„Der Gesamtbildungsrückstand resultiert also daher, dass ein viel größerer Anteil der eingewanderten als der einheimischen Väter eine niedrige sozioökonomische Position innehat und einen Status als un- oder angelernte Arbeitskraft bzw. Arbeiter aufweist "*.

In einer empirischen Untersuchung von Kristen und Granato (2004) wird der sozioökonomische Hintergrund der Familien im Hinblick auf die Ressourcenausstattung analysiert, die unterschiedliche Bildungsinvestitionen nach sich zieht. Migrantenfamilien sind aufgrund ihrer spezifischen, mit der Migrationsbiographie verknüpften Ressourcenausstattung besonderen Ausgangsrestriktionen unterworfen; als ein Beispiel sei die durch die Migration stattfindende Entwertung von im Herkunftsland erworbenen Bildungszertifikaten genannt. Das Wissen über die Struktur des Bildungssystems – wie etwa das Wissen über Möglichkeiten der Einflussnahme, über die Bedeutung der Noten für Übergangschancen oder über die Leistungsanforderungen unterschiedlicher Bildungswege – ist eine zentrale Ressource für Bildungsinvestitionen (Kristen und Granato 2004: 127). Den Migranteneltern fehlt aufgrund ihrer Bildungserfahrungen im Herkunftsland die Vertrautheit mit dem Bildungssystem des Aufnahmelandes.

Andererseits werden schulische Probleme auf kulturelle Differenzen zurückgeführt, die sich in der Literatur als Spannung bzw. Konflikt zwischen den schulischen Anforderungen und der Erziehung im ethnisch geprägten Umfeld darstellen. Um das ethnische Milieu bzw. das Ausmaß der Assimilation im Elternhaus zu erfassen, werden in den empirischen Analysen verschiedene Indikatoren – wie etwa Sprachkenntnisse der Eltern, Rückkehr- oder Bleibeabsicht, die im Elternhaus gesprochene Sprache oder auch Essgewohnheiten und Zeitungslektüre – verwendet. Ob und inwieweit diese einzelnen Indikatoren den Bildungsweg der Jugendlichen beeinflussen, lässt sich nicht abschließend beurteilen, da die Forschungsergebnisse zum Teil widersprüchlich sind. Für Stanat (2006: 192) scheint eine allgemeine Übereinstimmung in den Befunden, die sich explizit auf die kulturellen Orientierungen der Eltern beziehen, vor allem darin zu bestehen, dass eine Orientierung der Zugewanderten an der Aufnahmegesellschaft zu verbesserten Bildungschancen führt.

Hinsichtlich der familiären Hintergrundfaktoren zeigen die Analysen von Alba, Handl und Müller (1994: 234), dass die Benachteiligung von Migrantenkindern nicht nur auf den vergleichsweise geringen sozialen Status der Eltern oder auf das Einreisealter der Kinder zurückzuführen ist, da zumindest für die Gruppe der türkischen und italienischen Kinder trotz Kontrolle dieser Faktoren deutliche Benachteiligungen bestehen bleiben. Dieses Ergebnis wird als ein Indiz gewertet, dass kulturelle Faktoren Einfluss auf die ethnische Benachteiligung haben könnten.

Kristen und Granato (2004) hingegen kommen in ihrer Studie zu einem gegensätzlichen Ergebnis: Sämtliche negative Herkunftseffekte verschwinden, wenn die Bildungsqualifikation und die berufliche Position der jeweiligen familiären Bezugsperson (Mutter oder Vater) kontrolliert werden. Bacher (2003) konnte in seinen Analysen für Österreich ebenfalls zeigen, dass der Erwerb von Bildungszertifikaten nach wie vor stark von der sozialstrukturellen Herkunft bestimmt wird. Für die Variable „Migrantenstatus der Eltern" ließ sich in dieser Studie allerdings kein direkter Effekt auf die Bildungspartizipation im weiterführenden Schulsystem (d.h. AHS, BHS) ermitteln, wobei der Autor aber zu bedenken gibt, dass es sich aufgrund der Unterrepräsentation von Migrantenhaushalten in der Stichprobe um ein methodisches Problem handeln könnte (Bacher 2003: 26).

Institutionelle Ebene – schulischer Kontext

In der derzeitigen Diskussion über Bildungsbenachteiligung nehmen Erklärungsansätze, die den schulischen Kontext thematisieren, eine immer stärker werdende Rolle ein. Im Zentrum der Debatte stehen die Bedingungen des Lernens im engeren Sinn (Merkmale der Schule, der Klasse, des Unterrichts), Erwartungen und Verhalten der Lehrkräfte (institutionelle Diskriminierung), sowie die übergeordneten institutionellen Rahmenbedingungen dieser Kontextfaktoren (Verfasstheit nationaler Bildungssysteme). Als ein wichtiges Kontextmerkmal schulischen Lernens ist die ethnische Zusammensetzung der Schulklassen zu nennen, welche häufig als eine mögliche Erklärung für den geringen Bildungserfolg von Jugendlichen mit Migrationshintergrund thematisiert wird. Die Analysen von Kristen (2002) zeigen etwa, dass die Konzentration von MigrantInnen in der Grundschule einen negativen Effekt auf deren weitere schulische Platzierung ausübt. Anders ausgedrückt, haben Migrantenkinder eine umso geringere Chance, auf eine Realschule oder ein Gymnasium zu wechseln, je mehr Kinder mit Migrationshintergrund in der Grundschulklasse sind. Diefenbach (2005: 48) bemängelt, dass bisherige Befunde zwar einen derartigen Zusammenhang belegen, mögliche Erklärungen, welche Mechanismen für das Wirken der ethnischen Konzentration auf den (individuellen) Schulerfolg ausschlaggebend sein könnten, bislang aber nicht überprüft wurden.

Einen anderen Blickwinkel verfolgen Gomolla (2000) und Gomolla und Radtke (2002), die sich in ihren Arbeiten intensiv mit der Thematik institutioneller Diskriminierung durch die Bildungsinstitution Schule beschäftigen. Die Zuweisung in die vergleichsweise ungünstigeren Bildungsgänge ist weder primär auf die häufig konstatierten „Passungsprobleme" zwischen Herkunfts- und Schulkultur zurückzuführen, noch ist sie das alleinige Resultat der schulischen Leistungen der Migrantenkinder, vielmehr werden im Rahmen dieser Studien die institutionellen Deutungsmuster, im besonderen die Erwartungen an die Kinder und die darauf aufbauenden schulischen Selektionsmechanismen, verantwortlich gemacht. Die AutorInnen kommen zu dem Ergebnis, dass ethnisch-kulturelle Zuschreibungen in der Schulpraxis als Instrument der Aus- und Abgrenzung funktionieren und als Grundlage für schulische Selektionsentscheidungen dienen. So etwa wird es möglich, das Scheitern türkischer SchülerInnen in der Grundschule auf den islamisch-religiösen Hintergrund der Familien bzw. den Koranschulbesuch zurückzuführen (Gomolla 2000: 66).

Herzog-Punzenberger (2003) diskutiert bezugnehmend auf die PISA-Ergebnisse die Struktur nationaler Bildungssysteme als mögliche Ursache für die Benachteiligung von Migrantenkindern. Im Vergleich zu anderen europäischen Bildungssystemen nennt die Autorin für Österreich – in Anlehnung an eine internationale Studie von Crul und Vermeulen (2003) – vier wesentliche Strukturierungsfaktoren, die in der Analyse der Persistenz von Bildungsungleichheit (nicht nur der Migrantenkinder) berücksichtigt werden sollten: niedrige Pflichtschuldauer, Schulbeginn bzw. Beteiligung an Vorschule und Kindergarten, früh gesetzte Selektionsschritte bei den Übergangsentscheidungen und niedrige Wochenstundenzahl der Lehrkräfte (Herzog-Punzenberger 2003: 37-38).

Im Hinblick auf diese Strukturierungsfaktoren wird die stärkere Beteiligung an Vorschule und Kindergarten immer wieder als wichtiges Ziel der Bildungspolitik formuliert: In Kindergärten soll die Sprachentwicklung und die Leistungsbereitschaft von Migrantenkindern gefördert werden, so dass sie dem Regelunterricht in der Volksschule folgen können. Durch die gezielte Förderung von sozial benachteiligten Kindern sollen die vergleichsweise ungünstigen Effekte der Sozialisation in einem Unterschichthaushalt auf den Bildungserfolg abgeschwächt werden (Becker und Lauterbach 2004b: 128). Hinsichtlich der institutionellen Bedingungen sind schlussendlich auch noch Stadt-Land-

Differenzen zu nennen, da generell davon ausgegangen werden kann, dass das Angebot und die Erreichbarkeit von weiterführenden Schulen einen Einfluss auf die Bildungsbeteiligung haben.

3.3 Rekonstruktion der Bildungsbiographien

In den folgenden Analysen werden die relevanten Determinanten der Schullaufbahnentscheidungen der Jugendlichen mit Migrationshintergrund empirisch untersucht (zur Stichprobe s. Kapitel 1.4). Die Darstellung der Bildungsbiographien orientiert sich an den schulbiographisch wichtigen Schwellen beginnend beim Kindergarten, hin zu den Übertrittsentscheidungen an der ersten und zweiten Schwelle und den Brüchen in den Bildungsbiographien. Darüber hinaus wird in einem Exkurs die spezifische Situation an Wiener Hauptschulen analysiert.

Kindergartenbesuch

In der Diskussion über die Bildungsbeteiligung von Jugendlichen mit Migrationshintergrund wird dem Kindergarten vor allem im Hinblick auf die Sprachentwicklung große Bedeutung beigemessen. Es stellt sich daher zunächst die Frage, inwieweit die Jugendlichen der zweiten Generation ihre Bildungslaufbahn mit dem Besuch eines Kindergartens begonnen haben.

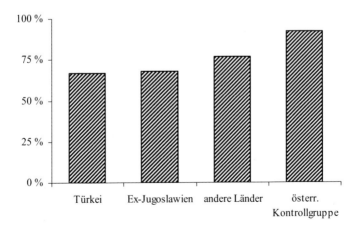

Abbildung 3.1: Kindergartenbesuch nach Herkunft

Abbildung 3.1 zeigt, dass es hinsichtlich der Inanspruchnahme eines Kindergartens signifikante Unterschiede differenziert nach der Herkunft der Befragten gibt. Die Nutzungsquote liegt sowohl bei den türkischstämmigen Jugendlichen (67 %) als auch bei den Jugendlichen mit ex-jugoslawischem Hintergrund (68 %) deutlich unter den gleichaltrigen Einheimischen mit rund 92 %. Im Vergleich zu den Jugendlichen mit türkischem und ex-jugoslawischem Hintergrund besuchten Jugendliche anderer Herkunftsländer mit rund 78 % häufiger einen Kindergarten.

Welche Faktoren bestimmen nun den Kindergartenbesuch der zweiten Generation? Die in Tabelle 3.2 dargestellten Ergebnisse der bivariaten Analyse zeigen, dass sowohl die Bildung der Mutter als auch die Bildung des Vaters einen signifikanten Einfluss auf den Kindergartenbesuch ausüben. Dieser Einfluss des Bildungsniveaus dürfte die Kompetenzen der Eltern widerspiegeln, die institutionellen Anforderungen des jeweiligen Bildungssystems zu verstehen und zu nutzen (Becker und Lauterbach 2004b: 144). Die berufliche Stellung des Vaters erweist sich ebenfalls als einflussreich: Kinder von Hilfsarbeitern besuchen seltener den Kindergarten.

Des Weiteren zeigte sich, dass Migrantenkinder aus kinderreichen Familien (4 und mehr Kinder) weniger häufig an vorschulischer Kinderbetreuung partizipieren.

Tabelle 3.2: Kindergartenbesuch nach Bildung der Eltern und Familiengröße, zweite Generation (n ~ 1000); Zeilenprozente

	ja	nein	Sig.
Bildung der Mutter			<,01
kein Abschluss, Grundschule	65	35	
Lehre, berufl. Schule, Fachschule	77	23	
abgeschl. höhere Schule, Hochschule	82	18	
Bildung des Vaters			<,01
kein Abschluss, Grundschule	65	35	
Lehre, berufl. Schule, Fachschule	69	31	
abgeschl. höhere Schule, Hochschule	82	18	
Berufliche Stellung des Vaters			<,05
Hilfsarbeiter, Landwirte	64	36	
Facharbeiter, Angestellte	76	24	
Selbständige, Beamte	72	28	
Familiengröße			<,05
bis drei Kinder	72	28	
vier und mehr Kinder	63	37	

Keine Rolle hingegen spielen die Rückkehrorientierung der Eltern und eine hinsichtlich der Herkunftskultur traditionelle Erziehung der Kinder. Häufig wird argumentiert, dass muslimische Eltern eine ablehnende Haltung gegenüber außerfamiliären Erziehungsformen hätten; die Vorbehalte seien besonders wegen religiöser Konventionen groß, da in Kindergärten z.B. Speisevorschriften nicht eingehalten werden könnten oder weil viele Kindergärten von christlichen Kirchen betrieben werden. Zur Überprüfung dieser Annahme wurde getestet, ob türkische Eltern, die sich streng an die Regeln der Religionsgemeinschaft halten, ihre Kinder weniger häufiger in Kindergärten schicken als Eltern, die weniger streng nach religiösen Vorschriften leben. Es zeigen sich jedoch keine signifikanten Unterschiede; die strenge Befolgung religiöser Vorschriften hat demnach keinen Einfluss auf die Besuchshäufigkeit vorschulischer Erziehungseinrichtungen.

Zusammenfassend lässt sich festhalten, dass der Kindergartenbesuch im Wesentlichen durch sozialstrukturelle Faktoren bestimmt ist. Kulturelle Faktoren – soweit hier getestet – spielen bei der Inanspruchnahme vorschulischer Kinderbetreuungseinrichtungen keine Rolle.

Laufbahnentscheidungen an der ersten Schwelle: Hauptschule versus AHS-Unterstufe

Jugendliche müssen im Verlaufe ihrer Schulkarrieren an bestimmten Punkten Entscheidungen über ihren zukünftigen Ausbildungsweg treffen und zwischen alternativen Möglichkeiten wählen. Die erste Entscheidung erfolgt im österreichischen Schulsystem bereits zu einem sehr frühem Zeitpunkt (Übergang 4. auf 5. Schulstufe). Es ist davon auszugehen, dass diese erste Laufbahnentscheidung einen wesentlichen Einfluss auf den weiteren schulischen Werdegang hat. In diesem Kapitel werden daher die wesentlichen Determinanten der Schulwahlentscheidung an der ersten Schwelle untersucht.

Die Wahl zwischen Hauptschule und AHS-Unterstufe wird im Folgenden als Übergang an der ersten Schwelle bezeichnet. Die entsprechenden Übertrittsraten für die Wahl zwischen AHS-Unterstufe und Hauptschule werden in Abbildung 3.2 dargestellt.

Die Übertrittsrate von der Volksschule in die Hauptschule beträgt bei den Jugendlichen der zweiten Generation 77 % und ist somit um 11 % höher als bei der österreichischen Kontrollgruppe. Die häufigere Entscheidung der Jugendlichen mit Migrationshintergrund für die Hauptschule als Bildungsalternative spiegelt sich auch deutlich in der – im Vergleich zur einheimischen Kontrollgruppe – signifikant niedrigeren Übertrittsrate in die AHS-Unterstufe wider; diese beträgt 23 % vs. 34 %.

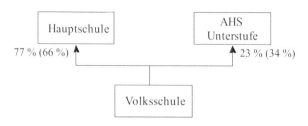

Abbildung 3.2: Übertrittsraten an der ersten Schwelle; zweite Generation (n = 983); Zahlen in Klammern: österr. Kontrollgruppe (n = 395)

Die Ergebnisse aus der amtlichen Schulstatistik belegen, dass Migrantenjugendliche keine homogene Gruppe darstellen. Vielmehr unterscheidet sich die Schulsituation der Jugendliche je nach Herkunftskontext. Ausgehend von diesem Befund wir in Tabelle 3.3 die Entscheidung an der ersten Schwelle differenziert nach den jeweiligen Herkunftsländern dargestellt.

Tabelle 3.3: Hauptschule vs. AHS-Unterstufe nach Herkunft, n ~ 1400; Prozentangaben

	Hauptschule	AHS-Unterstufe
Türkei	85	15
Ex-Jugoslawien	81	19
andere Länder	50	50
Österreich	66	34

Aus Tabelle 3.3 wird ersichtlich, dass türkischstämmige Jugendliche mit 85 % die höchste Übertrittsrate in die Hauptschule aufweisen, gefolgt von Jugendlichen ex-jugoslawischer Herkunft mit 81 %. Interessant ist, dass bei Jugendlichen aus den anderen Ländern das zahlenmäßige Verhältnis Hauptschule vs. AHS-Unterstufe ausgewogen ist: je die Hälfte der SchülerInnen hat sich für eine der beiden Alternativen entschieden. Dieses Ergebnis zeigt aber auch, dass in den Laufbahnentscheidungen der Jugendlichen dieser Kategorie die AHS-Unterstufe eine wesentlich größere Rolle spielt als für die Jugendlichen der einheimischen Kontrollgruppe.

Aufgrund der enormen Bedeutung, die dem Übergang an der ersten Schwelle in der Bildungsforschung zugeschrieben wird, soll dieser mittels multivariater Analysen ausführlich untersucht werden. Um die Frage zu klären, ob die ethnische Herkunft unter Konstanthaltung sozialstruktureller, individueller und institutioneller Determinanten einen Einfluss auf die Übertrittswahrscheinlichkeit *AHS-Unterstufe versus Hauptschule* hat, wurde zunächst ein gemeinsames Modell (1) für alle Jugendlichen berechnet. In einem zweiten Schritt wurde ein Modell (2) nur für die Migrantenjugendlichen berechnet, welches zusätzlich zu Modell 1 Faktoren zu einem kulturellassimilativen Familienklima und die Sprachkenntnisse der Jugendlichen berücksichtigt.[2]

Im Allgemeinen zeigen die im Modell 1 berücksichtigten Variablen die erwarteten Effekte (s. Tabelle 3.4). Die Wahrscheinlichkeit, die AHS-Unterstufe zu besuchen, sinkt, je weiter die Bildung der Mutter von der Referenzkategorie höhere Bildung entfernt ist. Die Bildung des Vaters erweist sich ebenfalls als einflussreich, wobei dies jedoch anders als bei der Mutter nur für die niedrigste Bildungskategorie gilt.

Jugendliche, deren Väter eine niedrige berufliche Stellung (Hilfsarbeiter, Landwirt) aufweisen, haben eine geringere Wahrscheinlichkeit, eine AHS-Unterstufe zu besuchen. Einen besonders starken Einfluss haben die Bildungsaspirationen der Eltern. Haben die Eltern einen höheren Bildungswunsch (Matura, Universität), steigt die Wahrscheinlichkeit, in eine AHS-Unterstufe zu wechseln, deutlich an. Darüber hinaus vermindert eine höhere Geschwisterzahl die Chancen, an der ersten Schwelle in eine AHS-Unterstufe überzuwechseln.

Anders als theoretisch erwartet, erweist sich der Kindergartenbesuch als nicht relevant. Auch weisen Mädchen und Burschen keine unterschiedlichen Bildungsmuster an dieser ersten Schwelle auf.

Was Stadt-Land-Divergenzen betrifft, belegen die Ergebnisse bereits bekannte Befunde anderer Studien (vgl. Schmidt 2003; Schlögl und Lachmayr 2004): Die AHS-Unterstufe spielt im großstädtischen Raum (Wien) eine bedeutendere Rolle als in den Bundesländern. Dies dürfte einerseits mit dem Angebot und der Erreichbarkeit von unterschiedlichen Schultypen zusammenhängen. Andererseits ist aber auch anzunehmen, dass Hauptschulen in Wien einer negativeren Bewertung unterliegen als in den westlichen Bundesländern und Eltern daher stärker versuchen, ihre Kinder in einer AHS-Unterstufe unterzubringen.

---

2 Das im theoretischen Teil diskutierte Einreisealter der Jugendlichen ist in dieser Untersuchung nicht relevant, da alle entweder in Österreich geboren wurden oder bis zum Alter von 4 Jahren eingewandert sind.

Tabelle 3.4: Einflussfaktoren des Besuchs der AHS-Unterstufe (n = 1378); logistische Regression; Modell 1: alle Jugendliche

abhängige Variable: AHS-Unterstufe	Modell 1	
	B	Exp(B)
Herkunft: *Ref. einheimische Jugendliche*		
türkische Herkunft	-0,646*	0,524
ex-jugoslawische Herkunft	-0,686**	0,503
Andere Länder		
Geschlecht: weiblich		
Bildung Mutter		
Ref. höhere Bildung		
Lehre, berufl. Schule, Fachschule	-0,518*	0,595
kein Abschluss, Grundschule	-0,677**	0,508
Bildung Vater		
Ref. höhere Bildung		
Lehre, berufl. Schule, Fachschule		
kein Abschluss, Grundschule	-0,629*	0,533
Berufsposition Vater		
Ref. höhere berufl. Stellung		
Facharbeiter, Angestellte		
Hilfsarbeiter, Landwirt	-0,480*	0,610
Bildungsaspirationen		
höherer Bildungswunsch (Matura, Universität)	1,707**	5,513
kinderreiche Familie (4 und mehr Kinder)	-0,488*	0,619
Kindergartenbesuch		
großstädtischer Raum (Wien)	1,394**	4,031
(Nagelkerke) Pseudo-r^2	0,421	

Es werden nur signifikante Werte ausgewiesen; ** p<,01, * p<,05.

Interessant ist weiters, dass Jugendliche ex-jugoslawischer und türkischer Herkunft im Vergleich zu einheimischen Jugendlichen auch nach Kontrolle der sozialstrukturellen und institutionellen Einflussfaktoren immer noch ein erhöhtes Risiko haben, die Hauptschule zu besuchen.

Dieses Ergebnis wirft die Frage auf, welche zusätzlichen Faktoren für die unterschiedlichen Bildungsmuster an der ersten Schwelle verantwortlich sind. Zu vermuten ist, dass Einflüsse, die sich aus dem ethnischen Milieu der Jugendlichen ergeben, eine Rolle spielen (Modell 2). In diesem Modell (s. Tabelle 3.5) fällt zunächst einmal auf, dass die Bildung der Mutter und die Berufsposition des Vaters ihren signifikanten Effekt verlieren. Hingegen beeinflusst sowohl die Bildung des Vaters als auch die Anzahl der Kinder die Übergangswahrscheinlichkeiten an der ersten Schwelle.

Tabelle 3.5: Einflussfaktoren des Besuchs der AHS-Unterstufe (n = 983); logistische Regression; Modell 2: alle Jugendliche

abhängige Variable: AHS-Unterstufe	Modell 2	
	B	Exp(B)
Herkunft: *Ref. andere Länder*		
türkische Herkunft		
ex-jugoslawische Herkunft	-0,790**	0,494
Geschlecht: weiblich		
Bildung Mutter		
Bildung Vater: *Ref. höhere Bildung*		
Lehre, berufl. Schule, Fachschule	-0,798**	0,450
kein Abschluss, Grundschule	-0,830**	0,436
Berufsposition Vater		
Bildungsaspirationen		
höherer Bildungswunsch (Matura, Universität)	1,835**	6,266
kinderreiche Familie (4 und mehr Kinder)	-0,484*	0,616
Kindergartenbesuch	0,471*	1,602
großstädtischer Raum (Wien)	1,921**	6,830
Rückkehrorientierung der Eltern: ja		
Deutschkenntnisse Mutter		
Deutschkenntnisse Vater		
im Elternhaus gesprochene Sprache		
Sprachkenntnisse Jugendliche		
Ref. sehr gut		
gut	-1,171**	0,310
mittelmäßig	-1,386*	0,251
(Nagelkerke) Pseudo-r^2	0,383	

Es werden nur signifikante Werte ausgewiesen; ** p<,01, * p<,05.

Im Vergleich zum Modell 1 (alle Jugendliche) wird deutlich, dass der Zusammenhang zwischen dem sozioökonomischen Hintergrund und den Übertrittsentscheidung bei Migrantenfamilien schwächer ausgeprägt ist. Ähnliche Befunde aus der deutschen Bildungsforschung veranlassen Diefenbach (2005: 44) zu der Argumentation, dass Migrantenfamilien ihr in dem jeweiligen Herkunftsland akkumuliertes Humankapital in den Aufnahmeländer nicht entsprechend zum Einsatz bringen können.

Entgegen den sehr häufig ins Spiel gebrachten kulturalistischen Erklärungsmustern haben sämtliche Variablen, die zur Messung eines kulturell-assimilativen Familienklimas herangezogen wurden - Deutschkenntnisse der Eltern, Rückkehrorientierung der Eltern und die im Elternhaus gesprochene Sprache – keinen signifikanten Effekt auf die Schulwahlentscheidung an der ersten Schwelle.

Während die Deutschkenntnisse der Eltern keine direkte Rolle spielen, sind die Sprachkenntnisse der Jugendlichen sehr wohl einflussreich: Je weiter die Deutschkenntnisse von Referenzkategorie „sehr gut" entfernt sind, desto mehr sinkt die Wahrscheinlichkeit, eine AHS-Unterstufe zu besuchen. Als hochsignifikant erweisen sich darüber hinaus die Bildungsaspirationen der Eltern und das Leben in Wien. Werden Migrantenjugendliche als eigene Gruppe untersucht, spielt der Kindergartenbesuch entgegen den Ergebnissen im Modell 1 eine positive Rolle für die Übertrittswahrscheinlichkeit in eine AHS-Unterstufe.

Interessant ist auch, dass trotz Kontrolle dieser Faktoren Jugendliche exjugoslawischer Herkunft im Vergleich zu den Jugendlichen anderer Herkunft verminderte Chancen aufweisen, nach der Volksschule in eine AHS-Unterstufe zu wechseln. Für die Gruppe der türkischstämmigen Jugendlichen verschwindet hingegen der nationalitätenspezifische Effekt.

Übergänge an der zweiten Schwelle

Studien belegen, dass die Bildungsentscheidungen an der ersten Schwelle (Hauptschule vs. AHS-Unterstufe) die weiteren Bildungskarrieren wesentlich beeinflussen und somit eine Vorentscheidung für die weiteren Bildungskarrieren darstellen (vgl. Lassnigg 1997, Schlögl und Lachmayr 2004). Laut Schmid (2003: 2) rekrutiert sich die AHS Oberstufe überwiegend aus der AHS-Unterstufe (70 % – 80 %). Ein anderes Bild liefert die Vorbildungsverteilung in den BHS: 20 % – 30 % sind AbgängerInnen aus der AHS-Unterstufe und ~70 % AbsolventInnen der Hauptschule. Im Hinblick auf den Tertiärbereich zeigen Studien, dass AHS-MaturantInnen mit größerer Wahrscheinlichkeit eine Universität besuchen als BHS-MaturantInnen (vgl. Biffl 2002). Gleichwohl lässt sich jedoch die Tendenz beobachten, dass der Anteil der Studierenden, die zuvor eine BHS besuchten, deutlich zunimmt: von 16 % im Studienjahr 1970/71 auf 37 % im Jahr 2002/03 (vgl. Wroblewski und Ungar 2003: 29). Während die Mehrheit der Studierenden an Österreichs Universitäten immer noch AHS-AbsolventInnen sind, verhält es sich an den Fachhochschulen umgekehrt: rund 56 % kommen aus einer BHS und ein Drittel aus der AHS-Oberstufe (ebd.: 30). Bacher (2003: 29) spricht den berufsbildenden höheren Schulen in diesem Zusammenhang eine kompensatorische Funktion für den Abbau von sozioökonomischen und regionalen Bildungsungleichheiten zu und fordert deshalb deren weiteren Ausbau.

Im Folgenden werden die Auswirkungen der ersten Bildungsentscheidung auf die weiteren Bildungsbiographien, differenziert nach dem Hintergrund der

Jugendlichen, dargestellt.[3] In einem ersten Schritt wird die Ebene der einzelnen SchülerInnen verlassen und es werden sowohl die weiterführenden Schulformen im Sekundärbereich als auch die Universität im Hinblick auf den ersten Selektionsschritt (Hauptschule versus AHS-Unterstufe) analysiert. Die nachfolgende Tabelle zeigt das Ergebnis für die einzelnen Bildungsvarianten (s. Tabelle 3.6).

Tabelle 3.6: Zusammensetzung der SchülerInnenschaft in weiterführenden Schulformen nach Sekundarstufe I , n ~ 1400; Prozentangaben

	zweite Generation		österr. Kontrollgruppe	
	Hauptschule	AHS-Unterstufe	Hauptschule	AHS-Unterstufe
Schule nach Hauptschule, AHS-Unterstufe verlassen	93	7	75	25
Polytechnischer Lehrgang	99	1	100	
Fachschule	90	10	73	28
Berufsschule	98	2	89	12
AHS/BHS[1]	43	57	35	65
Universität[1]	31	69	25	75

1) StudentInnen wurden sowohl in der Kategorie AHS/BHS (abgeschlossene Matura) als auch in der Kategorie Universität berücksichtigt.

In der Gruppe der Jugendlichen mit Migrationshintergrund verlassen mit rund 93 % in erster Linie HauptschülerInnen die Schule unmittelbar nach der Hauptschule bzw. AHS-Unterstufe. Dies gilt für einheimische Jugendliche ebenso, wenn auch in einem etwas geringerem Umfang (75 %). Die Polytechnischen Lehrgänge rekrutieren sich überwiegend aus HauptschülerInnen, wobei dies sowohl für Jugendliche der zweiten Generation als auch für die österreichische Kontrollgruppe gilt.

9 von 10 FachschülerInnen mit Migrationshintergrund haben vorher eine Hauptschule besucht. Bei der einheimischen Kontrollgruppe liegt dieser Anteil bei ca. 7 von 10 SchülerInnen. Die SchülerInnen der Berufsschulen haben früher in erster Linie Hauptschulen besucht, wobei dies bei den Migrantenjugendlichen mit 98 % stärker zutrifft als bei den gleichaltrigen Einheimischen mit 89 %.

Interessant ist, dass sich sowohl die AHS/BHS-SchülerInnen mit Migrationshintergrund als auch die studentischen MigrantInnen in stärkerem Ausmaß aus HauptschülerInnen rekrutieren als dies bei der einheimischen Kontrollgruppe der Fall ist.

---

3 Entgegen den oben erwähnten Studien lässt sich mit dem vorliegenden Datensatz aus datenerhebungstechnischen Gründen nicht zwischen der AHS-Oberstufe und den BHS unterscheiden.

Um näherungsweise ein Bild zu vermitteln, welche Bildungswege die Jugendlichen nach der Hauptschule bzw. der AHS-Unterstufe einschlagen, werden im Folgenden die erreichten Bildungsabschlüsse differenziert nach der Sekundarstufe I analysiert (Tabelle 3.7).

Tabelle 3.7: Erreichte Schulabschlüsse nach Sekundarstufe I und Herkunft; Prozentangaben

	Hauptschule		AHS-Unterstufe	
	zweite Generation	österr. Kontrollgruppe	zweite Generation	österr. Kontrollgruppe
Schule nach Hauptschule, AHS-Unterstufe verlassen	28	12	8	5
Polytechn. Lehrgang	17	14	0	0
Fachschule	30	45	1	9
Berufsschule	14	12	4	3
AHS/BHS	11	17	82	74
Universität	1	1	5	9
N	474	119	191	88

Jugendliche, die zum Zeitpunkt der Befragung noch die Schule besuchen, werden nicht berücksichtigt, da über deren endgültige Bildungsabschlüsse noch keine Aussagen getroffen werden können. Im Falle der Studierenden wird die Matura als höchste abgeschlossene Schulbildung gewertet.[4]

Der Anteil der HauptschülerInnen mit Migrationshintergrund, die die Hauptschule ohne weiterführenden Schulbesuch verlassen, liegt mit rund 28 % deutlich über den einheimischen HauptschülerInnen mit 12 %. Die Fachschule als höchster abgeschlossener Bildungstypus spielt hingegen für einheimische HauptschülerInnen eine wesentlich größere Rolle.

Die Matura als höchster Schulabschluss gelingt einheimischen HauptschülerInnen mit 17 % häufiger als den migrantischen HauptschülerInnen mit 11 %.

Die These, dass die Bildungsentscheidung an der ersten Schwelle eine wesentliche Weichenstellung für die weiteren Bildungsbiographien darstellt, lässt sich anhand der vorliegenden Ergebnisse klar erkennen: Werden AHS/BHS und Universität zusammengefasst, schließen rund 87 % der Migrantenjugendlichen, die eine AHS-Unterstufe absolviert haben, ihre Schulbildung mit Matura und

---

[4] In der vorliegenden Analyse hätten die Studierenden auch in der Kategorie Universitätsstudium berücksichtigt werden können. Gegen eine solche Entscheidung spricht die mit ca. 50 % sehr hohe Dropout-Quote bei den Studierenden (vgl. Spielauer 2003: 9).

höher ab. Bei den HauptschülerInnen mit Migrationshintergrund trifft dies gerade mal auf rund 12 % zu. Die vergleichbaren Anteile liegen bei der einheimischen Kontrollgruppe bei 83 % im Falle der AHS-UnterstufenschülerInnen und bei 18 % im Falle der HauptschülerInnen.

Diskontinuierliche Bildungswege

In einer qualitativen Pilotstudie, die im Vorfeld der Fragebogenerhebung durchgeführt wurde, zeigte sich, dass Migrantenjugendliche zum Teil sehr gebrochene Bildungsbiographien aufweisen (vgl. Gapp und Unterwurzacher 2004: 12-16). Als Beispiel sei etwa ein 18-jähriger türkischer Junge genannt, der die HTL abgebrochen hat, anschließend in die Handelsschule gewechselt ist und diese ebenfalls nicht beendet hat. Danach begann er mit einer Lehre, welche seitens des Dienstgebers nach kurzer Zeit aufgelöst wurde; zum Zeitpunkt des Interviews befand sich der Jugendliche in einer Abendschule.

Zur Überprüfung, ob Migrantenjugendliche häufiger Schulabbrüche aufweisen als die einheimische Kontrollgruppe, wurden die Schulabbrüche in den einzelnen Schulformen analysiert.

Die Tabelle zeigt zunächst einmal, dass die Befragten – unabhängig von der Herkunft – sehr häufig die Fachschule abbrechen, was als ein Indiz gewertet werden kann, dass die Fachschule zunehmend eine Alternative zum Polytechnischen Lehrgang darstellt, um die neunjährige Pflichtschulzeit zu beenden (s. Tabelle 3.8).

Tabelle 3.8: Schulabbrüche nach Herkunft der Jugendlichen; Prozentangaben

Schultyp	zweite Generation		österr. Kontrollgruppe		Sig.
	nicht abgeschlossen	abgeschlossen	nicht abgeschlossen	abgeschlossen	
Hauptschule	2	98	1	99	n.s.
AHS-Unterstufe	6	94	4	96	n.s.
Polytechn. Lehrgang	3	97	0	100	n.s.
Fachschule	29	71	37	63	n.s.
Berufsschule	25	76	18	82	n.s.
AHS-Oberstufe/BHS	23	77	12	88	<,05

Bei den Migrantenjugendlichen fällt weiters auf, dass der Anteil der Jugendlichen, die die AHS-Oberstufe bzw. BHS abbrechen mit ca. 23 % sehr hoch ist, was bei der österreichischen Kontrollgruppe nur halb so häufig der Fall ist. Eine zusätzliche Auswertung zeigt, dass HauptschülerInnen häufiger an der AHS-Oberstufe/BHS scheitern als SchülerInnen aus der AHS-Unterstufe: Etwa zwei Drittel der AHS-Oberstufe/BHS SchulabbrecherInnen mit Migrationshintergrund haben vorher eine Hauptschule besucht, ein Drittel die AHS-Unterstufe.

Hinsichtlich der Ausbildung im dualen System zeigt sich, dass diese jeder vierte Jugendliche mit Migrationshintergrund abbricht, was als sehr hoch zu bezeichnen ist. Bei den österreichischen Jugendlichen ist dies mit 18 % zwar etwas weniger häufig der Fall, allerdings unterscheiden sich die beiden Gruppen nicht signifikant voneinander.

Zusammenfassend lässt sich festhalten, dass Schulabbrüche unabhängig vom Migrationsstatus sehr häufig in den Schulformen Fachschule, Berufsschule und AHS-Oberstufe/BHS vorkommen. Die Analysen belegen aber auch, dass Migrantenjugendliche wesentlich häufiger an den AHS-Oberstufen/BHS scheitern, bei den anderen Schulformen hingegen sind die Unterschiede nicht signifikant.

Exkurs: „Soziale Entmischung" an Wiener Hauptschulen?

Solga und Wagner (2004) thematisierten in einem sehr interessanten Artikel die Problematik, die sich aus einer zunehmenden Homogenisierung der SchülerInnenschaft an deutschen Hauptschulen ergibt. Die zunehmende Homogenisierung der Hauptschule führt zu einer inhaltlichen Reduzierung der Lerninhalte und einem schlechteren Lernklima; was allerdings wesentlich bedeutender sein dürfte, sind die geringer werdenden Möglichkeiten die eigene familiäre Benachteiligung durch den Rückgriff auf externe soziale Ressourcen – wie etwa MitschülerInnen aus sozial höheren Schichten – kompensieren zu können. Insbesondere wird betont, dass das soziale Klima an Schulen durch die Beobachtbarkeit anderer Lerneinstellungen und Lebensentwürfe die eigene Lernhaltung beeinflussen kann. Insofern kann sowohl den Eltern als auch MitschülerInnen, die mit mehr sozialem und kulturellem Kapital ausgestattet sind, Vorbild-, Motivations- und Unterstützungsfunktion zugesprochen werden. Da Kinder aus sozial benachteiligten Schichten nicht auf eigene familiäre Ressourcen zurückgreifen können, ist die Schulumgebung gerade für benachteiligte Kinder im Sinne einer zusätzlich „aktivierbaren sozialen Ressource" überaus wichtig (Solga und Wagner 2004: 201).

Aufgrund des Befundes, wonach die AHS-Unterstufe in den Schulwahlentscheidungen im großstädtischen Kontext eine wichtigere Rolle spielt als im ländlichen Raum, ist anzunehmen, dass die Hauptschulen im großstädtischem

Kontext eine wesentlich homogenere Zusammensetzung ihrer SchülerInnenschaft aufweisen als im ländlichen Raum. Diese Annahme soll durch die getrennte Berechnung der Zusammensetzung der SchülerInnenschaft mittels Proporzindizes in Wien und den Bundesländern überprüft werden (s. Tabelle 3.9).

Tabelle 3.9: Proporzindizes[1] nach Wien und Bundesländern, n ~ 1400

Variable	Hauptschule Wien	Hauptschule Bundesld.	AHS-Unterstufe Wien	AHS-Unterstufe Bundesld.
Vater: Hilfsarbeiter, Landwirt	1,23	1,06	0,67	0,53
Vater: kein Abschluss, Grundschule	1,25	1,07	0,64	0,46
Mutter: kein Abschluss, Grundschule	1,31	1,08	0,55	0,38
kinderreiche Familie (4 und mehr Kinder)	1,21	1,09	0,70	0,33
Migrantenjugendliche	1,05	1,05	0,93	0,63
türkische Herkunft	1,17	1,09	0,75	0,30
ex-jugoslaw. Herkunft	1,20	1,04	0,71	0,66
andere Herkunft	0,71	0,83	2,42	1,84

1) Werte über 1 bedeuten, dass die merkmalstragenden Kinder im jeweiligen Schultyp überrepräsentiert sind, Werte unter 1 hingegen zeigen Unterrepräsentation an.

Die Berechnung der herkunftsspezifischen Chancenungleichheit (sozioökonomischer Hintergrund) erfolgt unabhängig von der Herkunft der Jugendlichen. Der Migrantenstatus der Jugendlichen wird durch die Berechnung eigener Proporzindizes berücksichtigt.

Die Annahme, dass Wiener Hauptschulen in ihrer Zusammensetzung eine stärker homogene SchülerInnenschaft aufweisen, lässt sich anhand der vorliegenden Daten bestätigen. Im Vergleich zu den Bundesländern liegen sämtliche Dimensionen mit Ausnahme des Migrantenstatus weiter von 1 (gleiche Verteilung) entfernt als dies in den Bundesländern der Fall ist. Im Gegensatz dazu zeigt sich, dass die AHS-Unterstufen in Wien ein weit heterogeneres Klientel aufweisen, da die Unterrepräsentation von sozial benachteiligten Kindern weniger stark ausfällt als in den Bundesländern. Der auf den ersten Blick mit 1,05 überraschend nahe an 1 liegende Proporzindex von Kindern aus Migrantenfamilien in den Wiener Hauptschulen lässt sich durch die sehr unterschiedliche Verteilung der Kinder je nach Herkunftskontext erklären. Kinder mit türkischem und ex-jugoslawischem Hintergrund sind in Hauptschulen überproportional und in der AHS-Unterstufe unterproportional vertreten. Dies gilt nicht für Kinder anderer Herkunftsländer, die in der AHS-Unterstufe deutlich überrepräsentiert sind. Dieses Ergebnis zeigt deutlich, dass nicht pauschal von einer ungünstigeren schulischen Karriere von Migrantenjugendlichen ausgegangen werden kann, sondern dass diese Gruppe in sich - je nach Herkunftskontext - sehr heterogen ist.

Im Folgenden soll kurz thematisiert werden, inwieweit sich die „soziale Entmischung" an Wiener Hauptschulen negativ auf die weiteren Bildungskarrieren auswirkt. Anzunehmen ist, dass es in Wien aufgrund der „sozialen Entmischung" an den Hauptschulen weniger Jugendlichen mit Hauptschulabschluss gelingt, eine AHS-Oberstufe oder BHS zu besuchen bzw. abzuschließen.

Um diese These zu überprüfen, werden die erreichten Bildungsabschlüsse von HauptschulabsolventInnen, die bereits im Berufsleben stehen (inklusive der wenigen Fälle, die trotz Hauptschulabschluss den Zugang zur universitären Ausbildung gefunden haben) differenziert nach ihrer regionalen Herkunft dargestellt.

Tabelle 3.10 illustriert, dass die oben genannte Annahme nicht bestätigt werden kann: ca. 15 % der Wiener HauptschülerInnen haben eine weiterführende Schule vom Typ AHS-Oberstufe/BHS absolviert, in den Bundesländern liegt dieser Anteil mit 9 % etwas niedriger.[5] Somit wirkt sich die in Wien beobachtete „soziale Entmischung" nicht negativ auf das Erreichen von höheren Bildungsabschlüssen auf Maturaniveau aus. Auffällig ist aber, dass Wiener HauptschulabsolventInnen häufiger ihre Bildungswege mit dem Abschluss eines Polytechnischen Lehrgangs beendeten und weniger häufig eine Fachschule absolvierten als HauptschulabsolventInnen aus den Bundesländern.

Mit diesem Exkurs konnte gezeigt werden, dass die Zusammensetzung der SchülerInnenschaft an Wiener Hauptschulen homogener ist als in der AHS-Unterstufe. Zum gegenwärtigen Zeitpunkt dürfte sich diese Homogenisierung noch nicht nachteilig auf das Erreichen von höheren Bildungsabschlüssen auf Maturaniveau auswirken. Was den Übergang in das duale Ausbildungssystem betrifft, gibt es jedoch einige Indizien dafür, dass es mit dem Bildungsweg Hauptschule/Polytechnischer Lehrgang in Wien zunehmend schwieriger wird, eine Lehrstelle zu finden. Dies lässt sich unter anderem an den Lehrstelleninseraten des Arbeitsmarktservices ablesen, in denen immer häufiger SchulabbrecherInnen aus weiterführenden Schulen bevorzugt werden. Sollte die „sozialen

---

5 Bei der Interpretation dieser Ergebnisse ist allerdings zu bedenken, dass es hinsichtlich des Universitätsstudiums eine Bildungswanderung aus den ländlichen Regionen nach Wien gibt. Insofern dürften einige der HauptschulabsolventInnen nicht in Wien sondern in den Bundesländern maturiert haben. Wird die Analyse ohne Studierende durchgeführt, unterscheiden sich die Bildungsabschlüsse von Wiener HauptschülerInnen nicht signifikant von jenen aus den Bundesländern. Die These, wonach sich die „soziale Entmischung" an Wiener Hauptschulen negativ auf das Erreichen höherer Bildungsabschlüsse auswirkt, trifft auch nach Ausschluss der Studierenden nicht zu.

Entmischung" an Wiener Hauptschulen weiter voranschreiten, dürfte es für Jugendliche aus sozial benachteiligten Familien immer schwieriger werden, sich schulisch entsprechend zu platzieren.

Tabelle 3.10: Erreichte Schulabschlüsse nach regionaler Herkunft; berufstätige Jugendliche (zweite Generation u. österr. Kontrollgruppe); Prozentangaben

Schultyp	HauptschulabsolventInnen	
	Wien	Bundesländer
Schule unmittelbar nach Hauptschule, AHS-Unterstufe verlassen	21	25
Polytechn. Lehrgang	20	13
Fachschule	30	37
Berufsschule	13	15
AHS-Oberstufe/BHS	15	9
Universität	0	1
N	402	264

3.4 Zusammenfassung

Für die im Vergleich zu den österreichischen SchülerInnen schlechtere Bildungssituation von Kindern und Jugendlichen mit Migrationshintergrund gibt es verschiedene Erklärungsansätze, die bislang in Österreich nur sehr unzureichend empirisch überprüft wurden. Mit dem vorliegenden Beitrag wurden ausgewählte Aspekte der Bildungsbiographien von Jugendlichen der zweiten Migrantengeneration analysiert. Der Fokus dieses Beitrags wurde weniger auf den aktuellen Schulbesuch bzw. auf die erreichten Bildungsabschlüsse gelegt (vgl. Kapitel 2 in diesem Band), vielmehr standen die entscheidenden schulbiographischen Schwellen beginnend beim Kindergartenbesuch gefolgt von den Übertrittsentscheidungen an der ersten und zweiten Schwelle im Mittelpunkt der Analyse.

Das österreichische Bildungswesen zählt zu den stark differenzierenden Systemen, in denen bereits sehr frühzeitig Selektionsschritte gesetzt werden. Die erste Entscheidung erfolgt in Österreich im Alter von 10 Jahren mit der Wahl Hauptschule vs. AHS-Unterstufe. Die Daten unserer Untersuchung zeigen ein ähnliches Bild wie die amtliche Schulstatistik: Während Jugendliche türkischer und ex-jugoslawischer Herkunft besonders häufig die Hauptschule besuchen, trifft dies auf Jugendliche anderer Herkunftsländer nicht zu. Diese besuchen im

Vergleich zur einheimischen Kontrollgruppe wesentlich häufiger eine AHS-Unterstufe. Dieses Ergebnis belegt die Heterogenität der Jugendlichen mit Migrationshintergrund.

Die multivariate Analyse zeigte, dass sich der sozialstrukturelle Hintergrund auf die Entscheidung an der ersten Schwelle auswirkt. Hohe Bildungsaspirationen der Eltern und das Leben in Wien erhöhen die Wahrscheinlichkeit, eine AHS-Unterstufe zu besuchen. Trotz der Kontrolle des sozialstrukturellen Hintergrunds und der institutionellen Bedingungen bleiben aber für Jugendliche mit türkischem und ex-jugoslawischem Hintergrund negative Herkunftseffekte bestehen. Ausgehend von diesem Befund, wurde zusätzlich ein Modell ausschließlich für die Migrantenjugendlichen geprüft, um die Wirkung des ethnischen Milieus auf die Schulwahlentscheidung an der ersten Schwelle einschätzen zu können. Es zeigte sich, dass dem ethnischen Milieu (Sprachkenntnisse der Eltern, Rückkehrorientierung, im Elternhaus gesprochene Sprache) keine bedeutende Rolle zugeschrieben werden kann. Neben sozialstrukturellen Faktoren (Bildung des Vaters, Geschwisteranzahl) beeinflussen die elterlichen Bildungsaspirationen, die Deutschkenntnisse der Jugendlichen, das Leben in Wien und der Kindergartenbesuch die Wahrscheinlichkeit, in eine AHS-Unterstufe zu wechseln.

Die Analysen belegen aber auch, dass der Zusammenhang zwischen dem sozialstrukturellen Hintergrund und der Variation bei den Übertrittsentscheidungen innerhalb der Migrantenfamilien weniger stark ausgeprägt ist. Insofern ist Diefenbach (2005: 45) zuzustimmen, die argumentiert, dass es weniger bedeutsam ist, *„wie viel oder welche Art von Humankapital sie (Anm.: MigrantInnen) mitbringen, ebenso wichtig ist, ob es in der Aufnahmegesellschaft direkt einsetzbar ist oder in eine Form transferiert werden kann, die in der Aufnahmegesellschaft nutzbar gemacht werden kann"*. Diese Argumentation impliziert einen notwendigen Perspektivenwechsel weg von den individuellen Merkmalen von Migrantenfamilien hin zu den gesellschaftlichen Bedingungen, mit denen Migrantenfamilien konfrontiert sind.

Die frühe erste Selektion innerhalb des österreichischen Schulsystems wirkt sich entscheidend auf die weiteren Bildungswege aus: Migrantische HauptschülerInnen schließen ihre Bildungslaufbahnen deutlich weniger häufig mit Matura oder Hochschule ab als dies bei AbsolventInnen der AHS-Unterstufe der Fall ist. Hinsichtlich der Schulabbrüche wurde deutlich, dass Jugendliche mit Migrationshintergrund signifikant häufiger an der AHS-Oberstufe/BHS scheitern als die gleichaltrigen Einheimischen.

Als Fazit lässt sich festhalten, dass die Selektionswirkung, die sich aus der Zugehörigkeit zu eher bildungsfernen sozialen Schichten ergibt, durch die Verfassheit des österreichischen Bildungssystems verstärkt wird. Darüber hinaus verschlechtern Sprachprobleme zu Beginn der Schulzeit, die vermutlich auf die geringere Inanspruchnahme des Kindergartens zurückzuführen sind, sowie die durch die Migration stattfindende Entwertung familiärer (Human-)Ressourcen die schulischen Startbedingungen von Migrantenjugendlichen.

Diese Ergebnisse unterstreichen somit die Notwendigkeit, sich weniger mit der kulturellen „Andersartigkeit" der Migrantenfamilien sondern stärker mit gesellschaftlichen Bedingungen, insbesondere mit schulischen Kontextfaktoren und den Folgen institutioneller Handlungslogiken, zu beschäftigen (vgl. Hillmert 2004).

3.5 Literatur

Alba, Richard/ Handl, Johann/ Müller, Walter (1994): Ethnische Ungleichheit im deutschen Bildungssystem. In: Kölner Zeitschrift für Soziologie und Sozialpsychologie 46, Heft 2, 209-237.
Arbeitsstelle Interkulturelle Konflikte und gesellschaftliche Integration (AKI) (Hrsg.) (2005): Migrationshintergrund von Kindern und Jugendlichen: Wege zur Weiterentwicklung der amtlichen Statistik. (Schriftenreihe Bildungsreform Band 14) Berlin: BM für Bildung und Forschung (BMBF). http://www.bmbf.de/pub/bildungsreform_band_vierzehn.pdf (März 2006).
Attia, Iman/ Marburger, Helga (Hrsg.) (2000): Alltag und Lebenswelten von Migrantenjugendlichen. Frankfurt/Main: IKO-Verlag für interkulturelle Kommunikation.
Bacher, Johann (2003): Soziale Ungleichheit und Bildungspartizipation im weiterführenden Schulsystem Österreichs. In: Zeitschrift für Soziologie 28, Heft 3, 3-32.
Bade, Klaus Jürgen/ Bommes, Michael (Hrsg.) (2004): Migration – Integration – Bildung. Grundfragen und Problembereiche, IMIS Schriftenreihe Heft 23, Osnabrück.
Bauer, Adelheid (2005): Volkszählung 2001: Sozialdemographische Determinanten der Bildungsbeteiligung. In: Statistische Nachrichten 2/2005, Statistik Austria, 108-120.
Baumert, Jürgen/ Stanat, Petra/ Watermann, Richard (Hrsg.) (2006): Herkunftsbedingte Disparitäten im Bildungswesen: Differentielle Bildungsprozesse und Probleme der Verteilungsgerechtigkeit. Vertiefende Analysen im Rahmen von PISA 2000. Wiesbaden: Verlag für Sozialwissenschaften.
Becker, Rolf/ Lauterbach, Wolfgang (Hrsg.) (2004): Bildung als Privileg? Erklärungen und Befunde zu den Ursachen der Bildungsungleichheit. Wiesbaden: Verlag für Sozialwissenschaften.
Becker, Rolf/ Lauterbach, Wolfgang (2004a): Dauerhafte Bildungsungleichheiten – Ursachen, Mechanismen, Prozesse und Wirkungen. In: Becker, Rolf/ Lauterbach, Wolfgang (2004): 9-40.
Becker, Rolf/ Lauterbach, Wolfgang (2004b): Vom Nutzen vorschulischer Kinderbetreuung. In: Becker, Rolf/ Lauterbach, Wolfgang (2004): 127-159.

Biffl, Gudrun (2002): Der Bildungswandel in Österreich in den neunziger Jahren. WIFO-Monatsberichte 6/2002. Wien.

Boos-Nünning, Ursula/ Karakasoglu, Yasemin (2004): Viele Welten leben. Lebenslagen von Mädchen und jungen Frauen mit griechischem, italienischem, jugoslawischem, türkischem und Aussiedlerhintergrund. Herausgegeben vom BM für Familien, Senioren, Frauen und Jugendliche; Berlin: www.bmfsfj.de (März 2005).

Crul, Maurice/ Vermeulen, Hans (2003): The future of the second generation: the integration of migrant youth in six European countries. Introduction. In: International Migration Review (Special Issue) 37, No. 4, 965 -986.

Diefenbach, Heike (2004): Bildungschancen und Bildungs(miss)erfolg von ausländischen Schülern oder Schülern aus Migrantenfamilien im System schulischer Bildung. In: Becker, Rolf / Lauterbach, Wolfgang (2004): 225-250.

Diefenbach, Heike (2005): Schulerfolg von ausländischen Kindern und Kindern mit Migrationshintergrund als Ergebnis individueller und institutioneller Faktoren. In: Arbeitsstelle Interkulturelle Konflikte und gesellschaftliche Integration (AKI) (2005): 43-54.

Esser, Hartmut (1990): Familienmigration und Schulkarriere ausländischer Kinder und Jugendlicher. In: Esser, Hartmut/ Friedrichs, Jürgen (1990): 127-146.

Esser, Hartmut/ Friedrichs, Jürgen (Hrsg.) (1990): Generation und Identität. Theoretische und empirische Beiträge zur Migrationssoziologie. Studien zur Sozialwissenschaft 97, Opladen: Westdeutscher Verlag.

Esser, Hartmut (2006): Migration, Sprache und Integration. Arbeitsstelle für Interkulturelle Konflikte und gesellschaftliche Integration (AKI), Forschungsbilanz Nr. 4. Wissenschaftszentrum Berlin.
http://www.wz-berlin.de/zkd/aki/files/AKI-Forschungsbilanz_4.pdf (April 2006)

Gapp, Patrizia/ Unterwurzacher, Anne (2004): „Ich bin hier geboren ... mir kann hier eigentlich keiner was verbieten." Ausgewählte Aspekte der Lebenssituation von MigrantInnenjugendlichen der 2. Generation, unveröffentlichter Forschungsbericht, Institut für Soziologie: Wien.

Gomolla, Mechtild (2000): Ethnisch-kulturelle Zuschreibungen und Mechanismen institutionalisierter Diskriminierung in der Schule. In: Attia, Iman/ Marburger, Helga (2000): 49-70.

Gomolla, Mechtild/ Radtke, Frank-Olaf (2002): Institutionelle Diskriminierung. Die Herstellung ethnischer Differenz in der Schule. Opladen: Leske + Budrich.

Granato, Mona (1996): Berufsausbildung Jugendlicher ausländischer Herkunft im europäischen Kontext. In: Kersten, Ralph/ Kiesel, Doron/ Sargut, Sener (1996): 45-69.

Haider, Günther (Hrsg.) (1997): Indikatoren zum Bildungssystem. Fakten zum österreichischen Bildungswesen und ihre Bewertung aus Expertensicht. Innsbruck/Wien: Studienverlag.

Herzog-Punzenberger, Barbara (2003): Die „2. Generation" an zweiter Stelle? Soziale Mobilität und ethnische Segmentation in Österreich – eine Bestandsaufnahme. Wien. www.interface.or.at/Studie_2Generation.doc (April 2006).

Hillmert, Steffen (2004): Soziale Ungleichheit im Bildungsverlauf: zum Verhältnis von Bildungsinstitutionen und Entscheidungen. In: Becker, Rolf/ Lauterbach, Wolfgang (2004): 69-98.

Kersten, Ralph/ Kiesel, Doron/ Sargut, Sener (Hrsg.) (1996): Ausbilden statt ausgrenzen: Jugendliche ausländischer Herkunft in Schule, Ausbildung und Beruf. Frankfurt/Main: Haag und Herchen.

Kristen, Cornelia (2002): Hauptschule, Realschule oder Gymnasium? Ethnische Unterschiede am ersten Bildungsübergang. In: Kölner Zeitschrift für Soziologie und Sozialpsychologie 54, Heft 3, 534-552.

Kristen, Cornelia/ Granato, Mona (2004): Bildungsinvestitionen in Migrantenfamilien. In: Bade, Klaus Jürgen/ Bommes, Michael (2004): 123-142.

Lassnigg, Lorenz (1997): Bildungsströme von der Sekundarstufe I zur Sekundarstufe II. In: Haider, Günther (1997): 88-89.

Leenen, Wolf Rainer/ Grosch, Harald/ Kreidt, Ulrich (1990): Bildungsverständnis, Platzierungsverhalten und Generationenkonflikt in türkischen Migrantenfamilien. In: Zeitschrift für Pädagogik 36, Heft 5, 753 -771.

Schlögl, Peter/ Lachmayr, Norbert (2004): Motive und Hintergründe von Bildungswegentscheidungen in Österreich. Eine repräsentative Querschnittserhebung im Herbst 2003. Wien: ÖIBF.

Schmid, Kurt (2003): Regionale Bildungsströme in Österreich. Entwicklungen seit dem Schuljahr 1985/86 und Prognosen für die Sekundarstufe I und II bis zum Jahr 2020. ibw-research-brief September, Wien.

Schmid, Kurt (2004): „Ausländische" SchülerInnen in Österreich. IBW-Mitteilung Juli/August, Wien.

Seifert, Wolfgang (1992): Die zweite Ausländergeneration in der Bundesrepublik. Längsschnittbeobachtung in der Berufseinstiegsphase. In: Kölner Zeitschrift für Soziologie und Sozialpsychologie 44, Heft 4, 677-696.

Solga, Heike/ Wagner, Sandra (2004): Die Zurückgelassenen – die soziale Verarmung der Lernumwelt von Hauptschülerinnen und Hauptschülern. In: Becker, Rolf/ Lauterbach, Wolfgang (2004): 195-224.

Spielauer, Manfred (2003): Familie und Bildung. Intergenerationelle Bildungstransmission in Familien und der Einfluss der Bildung auf Partnerwahl und Fertilität. Analysen und Mikrosimulationsprojektionen für Österreich. (Deutsche Kurzfassung). ÖIF: Wien. www.oif.ac.at/sdf/bildung_dt_kurzfassung.pdf (März 2006).

Stanat, Petra (2006): Schulleistungen von Jugendlichen mit Migrationshintergrund: die Rolle der Zusammensetzung der Schülerschaft. In: Baumert, Jürgen/ Stanat, Petra/ Watermann, Richard (2006): 189-219.

Wroblewski, Angela/ Ungar, Martin (2003): Studierenden-Sozialerhebung 2002. Bericht zur sozialen Lage der Studierenden. Wien: IHS.

4 Soziale Kontakte und Milieus – ethnische Abschottung oder Öffnung? Zur Sozialintegration der zweiten Generation

Hilde Weiss und Robert Strodl

4.1 Einleitung: Theoretische Relevanz des Netzwerks

Neben der strukturellen Platzierung in Bildung und Beruf gilt das soziale Netzwerk als zentraler Aspekt sozialer Integration. Das vorliegende Kapitel setzt sich mit Annahmen über das Zustandekommen und die Bedeutung interethnischer Kontakte auseinander, möchte aber auch einen Einblick in die soziale Welt der Jugendlichen der zweiten Generation geben. Welche Kontaktkreise die Jugendlichen haben, welche Rolle interethnische oder ethnisch geschlossene Kontaktkreise in ihrem konkreten Lebensumfeld spielen, steht im Mittelpunkt des ersten Teils. Die Kontaktstrukturen – es werden hier in erster Linie Freundschaften untersucht – werden daher vor dem Hintergrund der Milieus der Jugendlichen beschrieben; und es wird gefragt, welche Bedeutung den Kontakten in den verschiedenen Milieus der Jugendlichen tatsächlich zukommt.

Die Relevanz des Netzwerks wird aus verschiedenen Perspektiven gesehen und bewertet; der zweite Teil des Kapitels setzt sich daher mit speziellen Annahmen über die Hintergründe eigenethnischer bzw. offener Freundschaftskontakte auseinander. Eine gelungene Bildungs- und Berufsintegration wird in der Theorie in enger Beziehung zu interethnischen Netzwerken und zur gesellschaftlichen Partizipation gesehen (vgl. Esser und Friedrichs 1990). Gemischte Kontaktkreise erscheinen einerseits als Folge gelungener struktureller Integration, andererseits als Bindeglied zur Öffnung ethnischer Subkulturen. Das Leben in einer ethnisch gemischten Nahumwelt würde auch die Bindung an Traditionen lockern, das ethnische Milieu sich daher öffnen bzw. assimilieren (vgl. Esser 2001). Kontakte gelten aber auch als wichtige Ressource, als „soziales Kapital". Die Beibehaltung ausschließlich ethnischer Beziehungen wird daher nicht nur als ethnische Selbstabgrenzung betrachtet, entscheidend ist, dass eine solche Abschottung den Zugang zu den möglichen „Nutzen" von Kontakten zu Personen der Mehrheitsgesellschaft einschränkt. Eine offene Frage ist aber, ob Kontaktnetze bzw. Freundschaftswahlen freiwillig oder unfreiwillig zustande kommen, ob sie auf Präferenzen beruhen oder auf äußeren Einflüssen, sei es des eigenen Milieus oder des weiteren sozialen Umfelds.

Betrachtet man soziale Kontakte als Ressourcen, vergleichbar mit Einkommen oder Bildungstiteln (nach Bourdieu als soziales Kapital), dann bieten sowohl die Ausdehnung des Netzwerks als auch die „Kapitalausstattung" der Kontaktpersonen dem Einzelnen wichtige instrumentelle Nutzen (vgl. Lin 2001), wie Informationen, Unterstützung beim Erwerb von Gütern oder beim Zugang zu beruflichen Positionen. Aus der Sicht der Reproduktion sozialer Ungleichheit stehen diese instrumentellen Nutzenaspekte zwar im Vordergrund, doch haben expressive Nutzen, wie psychische Unterstützung, Hilfe in existentiellen Notlagen oder auch nur die Möglichkeit des Austauschs ähnlicher Gefühle und Erfahrungen im Alltag für den Einzelnen eine ebenso große Bedeutung. MigrantInnen sind aufgrund ihrer Lage häufig auf beiderlei Unterstützungen angewiesen, die sie hauptsächlich von Personen ihrer eigenen Herkunft erhalten. Die an sich funktionale Konzentration auf Kontakte mit schon im Land befindlichen Landsleuten, die wichtige Informationen und Hilfen geben und oft auch organisieren können, kann aber auch zur Prolongierung des Status quo und zur Abschottung in der ethnischen Gemeinschaft führen (zur Debatte über Vor- oder Nachteil ethnischer Gemeinschaften vgl. Elwert 1982; Lin 2001).

In vielen Studien gilt die Schaffung eines ethnisch übergreifenden Netzwerks daher auch als Indiz für sozialen Erfolg und Aufstieg schlechthin, sei es für berufliches Weiterkommen, sei es für sozialräumlichen Aufstieg, wenn vom „Ausländer-Viertel" in eine von Einheimischen dominierte Wohngegend übergewechselt werden konnte. Allerdings sind die Ursachen des Zustandekommens gemischter Kontakte keineswegs eindeutig. Verschafft sich z.B. ein Jugendlicher durch hohe Eigenleistung auf seinem Bildungsweg ein neues Netzwerk, oder ist die ethnische Struktur der Bildungsinstitution, d.h. die ethnische Zusammensetzung an den Schulen ausschlaggebend, da sie die Opportunitätschancen für Kontakte bereitstellt? So ist in den westlichen Bundesländern Österreichs der Ausländeranteil an Schulen im Schnitt viel geringer als an Wiener Schulen, so dass generell weniger ethnisch homogene Kontakte zustande kommen. Ebenso sind Wohngebiete in den mittleren und kleineren Gemeinden der Bundesländer weit weniger ethnisch geprägt als in Wien, wo sich schon aufgrund der größeren (statistischen) Opportunitätschancen leichter ethnische Gemeinschaften und lokale Netzwerke bilden können.

Diese Fragen beziehen sich aber nicht nur auf das Problem sich wechselseitig verstärkender Schließungsmechanismen – also des Zusammenspiels von niedriger sozial-struktureller Position und sozialer Abkapselung zu einem charakteristischen Milieu („Ghetto", „ethnische Unterschicht") –, sondern auch auf Probleme der Sozialisation der Heranwachsenden. Jugendliche, die in einem ethnisch dominierten Umfeld aufwachsen, sind nicht nur hinsichtlich der zuvor geschilderten sozialen Ressourcen im Nachteil, sie sind auch mit spezifischen Problemen im Prozess der Identitätsbildung konfrontiert. Die ethnische Schließung des sozialen Netzwerks vergrößert die kulturelle Distanz zur Umwelt jenseits des unmittelbaren Lebenskreises. Viele AutorInnen sehen ein Leben „zwischen den Welten" daher als problematisch an und zeichnen das negative Bild einer zerrissenen Generation: Die Jugendlichen enttäuschen entweder ihre Eltern, sobald sie sich anderen Kontakten und implizit anderen Lebensweisen zuwenden, oder aber sie stoßen seitens der neuen Freundschaften und Bezugskreise auf Barrieren, wenn sie nicht in der Lage sind, sich weit genug auf fremden Boden zu begeben, z.B. in Freizeit, Sexualität, Konsum etc. (vgl. Kecskes 2003). Besonders für Mädchen und junge Frauen ist es schwierig, eine Brücke zwischen den Restriktionen des elterlichen Milieus und den Erwartungen der einheimischen Jugendgruppen zu finden. Für manche Jugendliche stellt sich die Wahl der Freundschaftskontakte als Frage nach Zugehörigkeit und kultureller Identität dar; Integration kann daher auch trotz Bildungserfolgs auf der Stufe der strukturellen Integration stehen bleiben.

4.2 Hintergründe und Determinanten der Freundschaftswahlen

Die Konzentration auf die eigenethnischen Kontakte wird in der Literatur ambivalent, meist aber negativ bewertet. Sie gilt als gefährliches Abgleiten, besonders bei den muslimischen Minderheiten werden damit Neigungen zu Intoleranz und demokratiefeindlichen Einstellungen verbunden (vgl. Heitmeyer, Müller und Schröder 1997; die Autoren warnen vor zunehmender ethnischer Abschließung und steigender Gewaltneigung). Die Ursachen ethnischer Abschottung sind jedoch zwiespältiger Natur, Ursache und Wirkung nicht eindeutig zu trennen: Ein restriktives Elternhaus kann die Kontaktaufnahme zu einheimischen Jugendlichen erschweren und die Isolation im eigenethnischen Milieu bestärken, doch sind andererseits auch die Gemeinsamkeiten in den Lebenserfahrungen und Problemlagen gute Gründe dafür, dass Jugendliche ihre Kontakte eher in den eigenen Reihen suchen. Nicht zuletzt können soziale Barrieren, in Form von Ablehnung oder Herabsetzung seitens der Einheimischen, die Aufnahme interethnischer Kontakte verhindern.

Theoretisch können also unterschiedliche Ursachenkonstellationen zur Erklärung ethnisch homogener Kontakte wirksam sein: Sie können von den Jugendlichen aktiv gesucht und gewollt werden, sei es, um sich in Übereinstimmung mit den Normen und Wünschen der Eltern zu sehen, sei es, um eine emotional befriedigende Kommunikation (Vertrauen, Erfahrungsaustausch) haben zu können; oder sie können als Folge subjektiv erfahrener Diskriminierungen, die als „gemeinsames Schicksal" gedeutet werden, bewusst gewählt werden. Die Hinwendung zu eigenethnischen Kontakten kann sich aber auch als passiver Prozess ergeben, wenn einfach die Opportunitätschancen, wie z.b. starke Ausländeranteile in Schulen oder im Wohnumfeld, gegeben sind. Im Allgemeinen öffnen die Bildungsinstitutionen den Raum für interethnische Kontakte, doch nach der Ausbildungsphase verengt sich der Raum wieder, so dass im späteren Lebensabschnitt eine Hinwendung zum Herkunftsmilieu stattfindet (vgl. Kecskes 2003: 72). Die verschiedenen möglichen Hintergründe von Freundschaften sind Gegenstand des folgenden Abschnitts.

Bei der Frage nach dem Herkunftsland der besten Freunde oder Freundinnen – es wurde nach den drei besten gefragt, da die Kontaktkreise Jugendlicher zumeist groß sind, Verwandte und feste/r Partner/in waren in der Frage explizit ausgeschlossen – fallen große Unterschiede zwischen den Herkunftsgruppen auf: 61 % der Jugendlichen mit türkischen Eltern haben keine Freundschaften mit ÖsterreicherInnen (d.h. mit Jugendlichen, deren Eltern gebürtige ÖsterreicherInnen sind), bei den Jugendlichen aus Ex-Jugoslawien trifft dies auch noch auf 48 % zu; nur Jugendliche mit Eltern aus anderen Herkunftsländern haben ethnisch offenere Kontaktkreise (s. Tabelle 4.1).

Tabelle 4.1: Soziale Kontakte: ethnische Struktur des Freundeskreises nach Herkunftsland (n ~ 1000); Prozentangaben

ethnische Zusammensetzung des Freundeskreises	2. Generation, Eltern aus		
	Türkei	Ex-Jugoslawien	andere Länder
nur Freunde mit österreichischen Eltern	7	16	27
sowohl Freunde mit österreichischen als auch mit ausländischen Eltern	32	36	52
nur Freunde mit ausländischen Eltern	61	48	21
gesamt	100	100	100
N	458	356	186

signifikant, p<,01

Alltagskontakte in Schule, Beruf und Nachbarschaft, die großteils strukturell vorgegeben sind, gestalten sich dagegen überwiegend interethnisch (s. Tabelle 4.2). Vergleicht man die Freundschaftswahlen mit solchen Kontaktstrukturen, wird ersichtlich, dass die Wahl der Freundschaftsbeziehungen, die schließlich persönlich nahe und intime Beziehungen sind, unter anderem auch von einem ethnischen Gemeinschaftsgefühl motiviert sind. Andere Untersuchungen bestätigen das Überwiegen innerethnischer Freundschaften, besonders bei Jugendlichen mit türkischem Hintergrund (vgl. Weidacher 2000; Seifert 1995), und verweisen auf eine starke Polarisierung der Jugendlichen (während ein Teil sehr heterogene Freundschaften hat, hat der andere Teil gar keine Kontakte zu anderen Gruppen).

Tabelle 4.2: Soziale Kontakte: ethnische Struktur der Alltagskontakte nach Herkunftsland (n ~ 1000); Prozentangaben

Kontakte in Schule und Beruf	2. Generation, Eltern aus		
	Türkei	Ex-Jugoslawien	andere Länder
in der Schule: vorwiegend mit ÖsterreicherInnen	58	64	74
am Arbeitsplatz[1]: vorwiegend mit ÖsterreicherInnen	56	79	87
in der Nachbarschaft: vorwiegend mit ÖsterreicherInnen	45	50	66

signifikant, p<,01
1) betrifft nur berufstätige Jugendliche

Noch stärker ist die Bedeutung der nationalen Herkunft bei der Wahl eines Partners/einer Partnerin, mit dem/der man zusammenlebt (20 % der Befragten haben eine Partnerschaft). So haben nur 9 % der Jugendlichen türkischer Herkunft eine/n von Geburt an österreichische/n Partner/in; bei fast allen ist der Partner/die Partnerin selbst türkischer Herkunft, obwohl die Nationalität von rund 30 % im Prinzip als bedeutungslos erachtet wird (auf einen hohen Grad ethnischer Schließung in den Netzwerken türkischer Migrantenfamilien verweisen z.B. auch Nauck, Kohlmann und Diefenbach 1997). Bei den übrigen Jugendlichen ist die Homogenität der Partnerschaft deutlich geringer, 32 % haben eine/n Partner/Partnerin, der/die von Geburt an die österreichische Staatsbürgerschaft hat.

Ethnische Einengung der Frauen?

Während oft darauf verwiesen wird, dass besonders Frauen türkischer Abstammung der normativen Kontrolle unterliegen und sie daher von Kontakten außerhalb des Milieus stärker isoliert sind als die Männer, kann dieser Sachverhalt hier, also in Bezug auf die zweite Generation, nicht bestätigt werden. Nach den Herkunftsländern getrennt, zeigte sich keine Korrelation zwischen Geschlecht und ethnischer Homogenität des Freundeskreises. Selbst in Abhängigkeit vom Bildungsstatus finden sich überraschenderweise keine Geschlechtsunterschiede; auch auf niedrigem Bildungsniveau (nur Hauptschule) haben Frauen im Vergleich zu den männlichen Jugendlichen dieselben Kontaktstrukturen.

Im Rahmen dieser Studie konnten Freizeitstile und Aktivitäten allerdings nicht erhoben werden (dies wäre Thema einer eigenen Untersuchung gewesen), doch zeigen die meisten Forschungen, dass die Freizeiträume – zu Hause oder im öffentlichen Raum – erwartungsgemäß geschlechtsspezifisch sind, und dies nicht nur bei den Migrantenjugendlichen. Allerdings verbringen Mädchen mit türkischem Hintergrund ihre Freizeit seltener im öffentlichen Raum, sie besuchen seltener Cafés oder Partys, halten sich von Diskotheken fern und gehen auch weniger in Zentren der Herkunftsgruppe (vgl. Boos-Nünning und Karakasoglu 2004: 188). Die Bewegungsfreiheit von Mädchen mit türkischem Hintergrund ist stärker eingeschränkt, doch weisen Studien darauf hin, dass sie eigene Strategien entwickeln, um mit den divergierenden Erwartungen, zwischen Jugendsubkultur, Peergroup und Elternhaus, umzugehen und sich einen gewissen Freiraum zu verschaffen (vgl. Riesner 1995).

Bringt höhere Positionierung in Bildung und Beruf die Öffnung der Kontakte?

Ein Kern der klassischen Integrationstheorie beruht auf der Annahme, dass Bildungs- und Berufsaufstieg erst die soziale Integration, also die Öffnung der sozialen Netzwerke, zur Folge hat. In den Bildungsinstitutionen und in der Arbeitswelt werden soziale Beziehungen eingegangen, die zu Freundschaften oder Partnerschaften führen. Da in der gemeinsam verbrachten Freizeit die Alltagskultur erlernt und Werte übernommen würden, entwickelt sich dadurch auch eine Nähe zur Kultur der Mehrheitsgesellschaft. Kontakte erscheinen daher aus dieser Sicht als wichtiger Schritt zur „Assimilation". Migrantenjugendliche, die entweder in unqualifizierten Berufen arbeiten oder die Berufsausbildung abgebrochen haben, würden stärker auf ihr ethnisch-soziales Milieu beschränkt bleiben, SchülerInnen an höheren Schulen, Studierende oder in qualifizierten Berufen Tätige würden hingegen ihre Kontakte selbst steuern und Opportunitäten auch nützen. In den vorliegenden Ergebnissen finden sich jedoch weder Zusammenhänge mit dem Bildungsniveau noch mit der Berufsposition (unabhängig vom Herkunftsland); auch im Vergleich der Berufstätigen gegenüber den noch in der Ausbildung Stehenden (Lehrlinge, SchülerInnen, StudentInnen) zeigten sich keine signifikanten Korrelationen.

Die These, dass ethnisch gemischte Kontakte in der Zeit der Ausbildung schon aufgrund struktureller Opportunitäten häufiger zustande kommen, bestätigte sich also nicht.

Bestimmen regionale Opportunitäten die Kontaktstruktur?

Wie wirken sich aber die Opportunitätschancen der Stadt aus – ist die Stadt offener oder führt sie zur stärkeren Abschottung? Beide Thesen werden vertreten: Während auf der einen Seite die Vorzüge der Stadt nicht nur in der strukturellen Heterogenität, sondern auch im gewohnten Umgang mit Fremden gesehen werden – in der Anonymität der Stadt ist schließlich jeder dem anderen fremd, heterogene Lebensstile und Subkulturen prägen das Bild des städtischen Lebens –, führen die Vertreter der gegenteiligen These ins Treffen, dass gerade aus der strukturellen Fremdheit der Städte heraus ein Bedürfnis nach Vertrautem entsteht, das die ethnischen Vergemeinschaftungen hervorbringt (vgl. Häußermann 2005). Die Opportunitätsthese bestätigt sich hier zum Teil. Bei den Jugendlichen türkischer Herkunft spielt es keine Rolle, wo sie leben, bei den anderen wirkt sich die großstädtische Umwelt stärker in Richtung einer Homogenität der Kontakte aus. So haben 56 % der ex-jugoslawischen Jugendlichen in Wien keine Freundschaften mit Einheimischen, in den Bundesländern sind es nur 39 %. Im Lebenskontext der Großstadt ist es generell eher wahrscheinlich, im Wohnviertel oder in der Schule auf Personen gleicher Herkunft zu stoßen und Kontakte einzugehen, als in den kleineren Gemeinden. Dass dies bei türkischstämmigen Jugendlichen aber nicht relevant ist, deutet auf eine bewusste, selektive Wahl der Freundschaften hin, bei der die Herkunft eine Rolle spielt.

Wie die Analysen zu den Bildungswegen gezeigt haben, sind ethnisch gemischte Schulklassen in den Bundesländern häufiger der Fall als in der Großstadt mit ihren stärkeren ethnischen Konzentrationen in Schulen und Wohnvierteln. Auch hier zeigt sich wieder, dass es für SchülerInnen türkischer Herkunft im Hinblick auf ihre Kontaktkreise keinen Unterschied macht, ob sie in Wien oder in einem der westlichen Bundesländer zur Schule gehen, jedoch durchaus für SchülerInnen der anderen Herkunftsländer: ihre Kontaktkreise sind in den Bundesländern offener. Bei Berufstätigen und Studierenden wirkt sich die Lebensumwelt dagegen kaum mehr aus (in der Großstadt besteht generell eine Tendenz zu homogenen Kontakten).

Wie sehr beeinflusst schließlich der Ausländeranteil in der Wohnumgebung die Struktur der Kontakte? Hier zeigt sich wiederum, dass die türkischstämmige Gruppe davon relativ unbeeinflusst ist, während die Nachbarschaftsstruktur bei den anderen Gruppen signifikant mit der Kontaktstruktur korreliert. Verfolgt man, ob hierbei das Leben in der Großstadt Wien oder in den Bundesländern von Bedeutung ist, so spielt der Ausländeranteil in Wien bei den türkischstämmigen Jugendlichen weiterhin keine Rolle, jedoch sehr wohl im Bundesland (bei den übrigen Herkunftsgruppen ist die Struktur der Nachbarschaft sowohl in Wien als auch in den Bundesländern relevant).

Wandeln sich die Kontakte im Lebenszyklus?

Die Opportunitätsräume für die Aufnahme interethnischer Kontakte schließen sich theoretisch mit zunehmendem Alter wieder. Freundschaften werden später kaum mehr geschlossen, die gegenseitige Offenheit zum Eingehen interethnischer Beziehungen wird praktisch nur in den Ausbildungsinstitutionen gefördert. Vor allem aber wird in der späteren Lebenszyklusphase der Einfluss der Familie wieder stärker, etwa durch Familiengründung und mangelnde Zeit für alternative Kontaktmöglichkeiten. Diese Einengung wird durch eine eigenethnisch dominierte Wohnumgebung unterstützt, und besonders Frauen unterliegen nach der Ausbildungsphase strengeren geschlechtsspezifischen Normen, die ethnisch übergreifende Kontakte erschweren. Diese in vielen Studien gefundenen Zusammenhänge (z.B. Kecskes 2003) zeigen sich hier nur eingeschränkt: So gilt die spätere Einengung heterogener Kontakte generell nur für die türkischstämmigen Jugendlichen; doch zeigt sich diese Veränderung bei beiden Geschlechtern gleichermaßen, also nicht nur bei Frauen.

Aus den Ergebnissen lässt sich also schließen, dass die Opportunitätsstrukturen der Großstadt und der Nahumwelt für die türkischstämmigen Jugendlichen bei der Auswahl enger Freundschaften keine Relevanz besitzt. Sie neigen insgesamt stärker als die anderen zu ethnisch homogenen Kontakten, wobei externe Einflüsse kaum eine entscheidende Rolle spielen; mit zunehmendem Alter nimmt bei ihnen die Schließung der Kontakte noch zu. Diese Fakten sprechen für die Interpretation, dass die Kontaktwahl aktiv in der eigenethnischen Gruppe erfolgt und der Einfluss des Milieus wahrscheinlich stark ist. Bei den anderen Gruppen deutet die Relevanz von Opportunitätsstrukturen eher auf eine passive, nicht intentional auf Ethnizität gerichtete Freundschaftswahl hin.

Welche Faktoren erklären am meisten?

Die multivariaten Analysen gehen den oben diskutierten Annahmen nach: Welche Einflüsse bestimmen am stärksten die Wahrscheinlichkeit eigenethnischer Freundschaftswahlen?

Im ersten Schritt sollen die soziodemographischen und strukturellen Faktoren beleuchtet werden. Neben Herkunftsland, Bildung und Status (Lehrling, SchülerIn/StudentIn oder Berufstätigkeit), Alter und Geschlecht, wurden die Region (Bundesland vs. Wien) sowie der Ausländeranteil in der Wohnumgebung und an der (derzeit bzw. zuletzt besuchten) Schule in die Regressionsanalyse eingegeben (s. Anhang, Tabelle A 4.1). Hier zeigt sich nun, dass das Alter eine Rolle spielt (die Orientierung an der eigenen Gruppe nimmt mit steigendem Alter zu), weiters wirken sich die Opportunitätsräume der Wohnumgebung und Schule, besonders aber die nationale Herkunft selbst aus. Führt man daher die Analysen getrennt für die einzelnen Herkunftsgruppen durch, so wirkt sich bei der türkischen Herkunftsgruppe nur das Alter aus, während bei den beiden anderen Gruppen eindeutig die Opportunitätsstrukturen der Wohnumgebung und Schule die wichtigste Rolle spielen. Es bestätigt sich also, dass es für die türkischstämmigen Jugendlichen selbstverständlicher ist, eigenethnische Kontakte einzugehen, unabhängig davon, wie viele aus der eigenen Herkunftsgruppe im Umfeld anzutreffen sind. In all diesen Analysen haben jedoch die Geschlechtsunterschiede keine signifikanten Auswirkungen gezeigt. Welche Bedeutung haben dagegen Faktoren wie das elterliche Milieu, die eigenen ethnischen Orientierungen, Einstellungen und Interaktionserfahrungen?

4.3 Kontaktwahl – eine Folge von Tradition, Diskriminierung oder der sozialen Position?

Neben dem sozialen Status wurde das Milieu des Elternhauses anhand von Merkmalen wie die Bindung an Traditionen und Religion, Rückkehrwunsch, Deutschkenntnisse und Sprachgebrauch zu Hause erfasst; ebenso ausführlich wurde die eigene ethnische Orientierung der Jugendlichen erhoben, z.B. Häufigkeit des Besuchs eigenethnischer Vereine, Intensität des Konsums von Medien (TV, Radio, Zeitung, Video) des Herkunftslands, Kenntnis der Muttersprache etc. (diese Charakteristika sind in Tabelle 4.6 zusammengefasst). Ein besonderer Einfluss auf die Ingroup-Orientierung geht sicherlich vom Ausmaß der elterlichen Kontaktkontrolle aus. Wie Tabelle 4.3 zeigt, sind die Kontrollen türkischer Eltern wesentlich intensiver: Fast ein Fünftel der Eltern ist nach Angaben der Jugendlichen dagegen, dass sie mit österreichischen FreundInnen ausgehen (bei den anderen Gruppen sind es 3 % bzw. 5 %). Und obwohl die Wahl eines/er österreichischen Partners/Partnerin auch bei den anderen ausländischen Eltern zu 16 % bzw. 20 % auf Ablehnung stößt, ist diese bei türkischen Eltern mit 61 % besonders stark; dabei unterliegt zwar die Partnerwahl der Töchter einer stärkeren Kontrolle, doch würden es die Eltern bei beiden, Töchtern und Söhnen gleichermaßen ablehnen, wenn diese ohne ihre Zustimmung die Ehepartner auswählen und heiraten würden (s. Anhang, Tabelle A 4.2).

Tabelle 4.3: Kontrollen der Eltern nach Herkunftsland; Prozentangaben

Eltern möchten nicht, dass ich...[1]	2. Generation, Eltern aus		
	Türkei	Ex-Jugoslawien	andere Länder
österreichische Freunde/Freundinnen nach Hause einlade	12	2	3
mit österreichischen Freunden/Freundinnen ausgehe	18	3	5
eine/n österreichische/n Partner/Partnerin habe	61	16	20
den Ehepartner ohne die Zustimmung der Eltern auswähle und heirate	64	36	40

signifikant, p<,01
1) Antwort dichotom: „Eltern haben nichts dagegen ..." / „Eltern möchten nicht ..."

Für eigenethnische Kontaktkreise sind aber nicht nur kulturelle und nationale Einstellungs- und Verhaltensmuster verantwortlich, sondern auch die Akzeptanz seitens der Angehörigen der Mehrheitsgesellschaft. Die Kontaktbereitschaft einheimischer Jugendlicher und Diskriminierungserfahrungen stellen einen wichtigen Hintergrund für mögliche Kontaktaufnahmen dar.

Erfahrungen von Zurücksetzung und Ablehnung variieren je nach Situation und werden von den verschiedenen Herkunftsgruppen in unterschiedlichem Ausmaß erlebt: So geben etwa 35 % der türkischen Herkunftsgruppe an, selten bei österreichischen MitschülerInnen (KollegInnen) eingeladen zu werden, aber auch ein Viertel der ex-jugoslawischen Jugendlichen berichtet von dieser Erfahrung. In der Schule fühlen sich 43 % der türkischstämmigen und 28 % der ex-jugoslawischen Jugendlichen zurückgesetzt. Die Gefühle von Isolation und Diskriminierung sind trotz der Variationen beträchtlich, unter den türkischstämmigen Jugendlichen sind sie aber deutlich stärker als unter den anderen (s. Tabelle 4.4).

Tabelle 4.4: Subjektive Isolation und Diskriminierung nach Herkunftsland; Prozentangaben

Items: Zustimmung	2. Generation, Eltern aus			Sig.
	Türkei	Ex-Jugoslawien	andere Länder	
Isolation[1]				
Wenn ich mit Österreichern zusammen bin, sprechen sie nur miteinander und ignorieren mich.	12	6	5	<,01
Ich bin selten bei den österreichischen Mitschülern/innen (Kollegen/innen) eingeladen.	35	25	12	<,01
Wenn ich keine Freunde aus dem Herkunftsland meiner Eltern hätte, würde ich mich allein und isoliert fühlen.	32	23	8	<,01
Gefühl der Diskriminierung[1]				
Ich habe das Gefühl, dass meine Leistungen in der Schule (im Beruf) nicht genügend anerkannt werden, weil ich ein anderes Herkunftsland habe.	25	12	11	<,01
Es ist egal, wie gut ich mich an die österreichische Gesellschaft anpasse, ich werde immer als Ausländer/in betrachtet	52	31	30	<,01
Diskriminierungserfahrung[2]				
Wurde in der Schule zurückgesetzt oder beleidigt	43	28	26	<,01
Bei der Arbeitssuche bzw. Stellenbewerbung	28	18	19	<,01
In Lokalen, Disco	32	12	8	<,01
Wurde auf öffentlichen Plätzen, beim Einkaufen oder in öff. Verkehrmitteln beleidigt	23	9	17	<,01

1) Zustimmung = 1 und 2 auf einer 4-stufigen Antwortskala (1 = „trifft sehr zu", 4 = „trifft überhaupt nicht zu").
2) Frage: „Ist es vorgekommen, dass Sie sich zurückgesetzt oder beleidigt fühlten, weil man Sie als Ausländer/in behandelt hat?" Zustimmung = 1 und 2 (1 = „ja, oft", 2 = „manchmal", 3 = „selten", 4 = „nie").

Wie sich die Merkmale des elterlichen Milieus, eigene ethnische Orientierungen, Isolations- und Diskriminierungserfahrungen auf die Kontakte auswirken, wird in einer Regressionsanalyse geprüft (s. Tabelle 4.5; die Statements zur Isolation und Diskriminierung wurden zu Skalen zusammengefasst). Neben den Opportunitäten und der nationalen Herkunft beeinflusst besonders die Abschirmung des Elternhauses, durch intensive Kontrollen, geringe Deutschkenntnisse des Vaters, und die selbst wahrgenommene Isolation die ethnische Zusammensetzung der Freundschaftskreise.

Tabelle 4.5: Determinanten für die Wahrscheinlichkeit ausschließlich eigenethnischer Kontakte, (n ~ 1000); logistische Regression

	zweite Generation	
	B	Exp(B)
Geschlecht		
Alter		
Region (Wien, Referenz Bundesländer)	,439*	1,551
Bildung (höchste abgeschlossene od. laufende)		
hoher Ausländeranteil in Wohnumgebung	,210*	1,233
hoher Anteil ausländischer SchülerInnen		
Bildung des Vaters		
Bildung der Mutter		
Eltern kontrollieren Freunde	,441**	1,554
Rückkehrwunsch der Eltern	,186*	1,205
Deutschkenntnis der Mutter (gut)		
Deutschkenntnis des Vaters (gut)	-,273**	,761
ethnische Orientierung der Eltern[1]		
eigene Kenntnis der Muttersprache (gering)	-,287**	,751
eigene ethnische Orientierung[2]		
Isolation	,165**	1,180
Diskriminierungserfahrung		
Diskriminierungsgefühl		
Herkunft (Ref. andere Länder)		
Türkei	1,212**	3,361
Ex-Jugoslawien	1,277**	3,587
(Nagelkerke) Pseudo-r^2	,274	

Es werden nur signifikante Werte ausgewiesen; ** $p<,01$, * $p<,05$.
1) Index aus: Erziehung nach der Tradition des Herkunftslandes; Eltern leben streng nach den Regeln einer Glaubensgemeinschaft; zu Hause wird nur in der Herkunftssprache gesprochen.
2) Index aus: häufiger Konsum der Medien des Herkunftslands; häufiger Besuch eigenethnischer Vereine; Religion ist im Leben sehr wichtig.

Innerhalb der einzelnen Gruppen werden die Konturen aber erst deutlicher (s. Tabelle 4.6). In der türkischstämmigen Gruppe erweist sich nur das Elternhaus als besonders einflussreich; es wirken sich die elterlichen Kontrollen und die Intensität der ethnischen Orientierung der Eltern aus. Bei den anderen beiden Gruppen – Eltern aus Ex-Jugoslawien und anderer Herkunftsländer – spielen dagegen Opportunitäten (hoher Ausländeranteil in der Wohnumgebung), Isolation und auch die eigene ethnische Orientierung die wichtigere Rolle.

Tabelle 4.6: Determinanten für die Wahrscheinlichkeit ausschließlich eigenethnischer Kontakte; logistische Regression

	2. Generation, Eltern aus					
	Türkei		Ex-Jugoslawien		andere Länder	
	B	Exp(b)	B	Exp(b)	B	Exp(b)
Geschlecht						
Alter						
Region (Ref. Bundesländer)						
Bildung[1]						
viele Ausländer in Wohnviertel			,409*	1,506	,916**	2,500
hoher Ausländeranteil in Schule						
Bildung des Vaters (hoch)						
Bildung der Mutter (hoch)						
Eltern kontrollieren Freunde	,608**	1,837				
Rückkehrwunsch der Eltern						
Deutschkenntnis der Mutter (gut)						
Deutschkenntnis des Vaters (gut)			-,321*	,726		
ethnische Orientierung der Eltern[2]	,384**	1,468				
Kenntnis der Muttersprache (gut)						
eigene ethnische Orientierung[3]			,496*	1,642	,879*	2,408
Isolation			,394**	1,483		
Diskriminierungserfahrung						
Diskriminierungsgefühl						
(Nagelkerke) Pseudo-r^2	,181		,278		,196	

Es werden nur signifikante Werte ausgewiesen; ** p<,01, * p<,05.
1) höchste abgeschlossene oder laufende Bildung
2) Index aus: Erziehung nach Tradition des Herkunftslands; Eltern leben streng nach den Regeln einer Glaubensgemeinschaft; zu Hause wird nur in der Herkunftssprache gesprochen.
3) Index aus: häufiger Konsum der Medien des Herkunftslands; häufiger Besuch eigenethnischer Vereine; Religion ist im Leben sehr wichtig.

Betrachtet man die Auswirkung verschiedener Formen der Diskriminierung – das Gefühl, in Schule, Nachbarschaft oder in der Öffentlichkeit herabgesetzt zu werden, Isolationserlebnisse (von österreichischen Jugendlichen nicht eingeladen zu werden, von ihnen übergangen zu werden) und das Gefühl, dass das Herkunftsland verachtet wird –, so erweist sich nur die Isolation als relevanter Faktor. Sie wirkt sich jedoch überraschenderweise nicht bei den türkischstämmigen Jugendlichen aus, sondern nur bei den Jugendlichen aus Ex-Jugoslawien.

Damit sprechen die Ergebnisse nicht nur für die starken Sozialisationseinflüsse der türkischen Eltern, sondern auch für eine starke Bindung der Jugendlichen an die Eltern und ihre Normen. Bei den anderen Jugendlichen der zweiten Generation erklären sich die Kontakte dagegen aus verschiedenen Ursachen – aus der Gelegenheitsstruktur (Ausländeranteil im Wohngebiet), aus erfahrener Zurückweisung (Isolation), aber auch aus der Hinwendung zur Herkunftskultur. Während hier also ganz unterschiedliche Einflussfaktoren hervortreten – situationsspezifische Strukturen ebenso wie Interaktionserfahrungen mit einheimischen Jugendlichen oder eine bewusst eingenommene ethnische Haltung – ist bei den türkischstämmigen Jungendlichen nur die elterliche Traditionsbindung von Relevanz, die von den Kindern respektiert und übernommen wird.

Freundschaften und Heirat werden in der Literatur, wie eingangs ausgeführt wurde, als Zeichen der gelungenen sozialen Integration interpretiert, das Fehlen interethnischer Kontakte und eine starke Ingroup-Orientierung gelten dagegen als ihr Gegenpol, als ethnische Separation. In dieser Untersuchung wurde allerdings, in Übereinstimmung mit anderen Studien (z.B. Münchmeier 2000; Reinders 2004), eine beträchtlich hohe Zahl ethnisch homogener Freundschaften festgestellt – bei der Hälfte der gesamten zweiten Generation, bei zwei Drittel der türkischstämmigen Jugendlichen. Das Umfeld von Wohnviertel und Schule hatte zwar Auswirkungen, aber sicher nicht in dem Maße, wie es in der Theorie vermutet wird. Während etwa Esser (1990) zum Schluss kam, dass sich weniger die kulturellen und nationalen Charakteristika auf die Entstehung eigenethnischer Freundschaftsnetze auswirken, sondern vielmehr die durch Schule und Ausbildung entstehenden objektiven Chancen, haben unsere Analysen dies doch nur rudimentär bestätigt. Schon die ziemlich große Zahl der eigenethnischen Kontakte spricht dafür, dass auch psychologische Gründe im Spiel sind, z.B. der gemeinsame biografische Hintergrund (Migration der Eltern, Herkunft), der eine Basis für gegenseitiges Vertrauen und Austausch liefert; oder die Möglichkeit, gemeinsam Strategien im Umgang mit der doppelten kulturellen Zugehörigkeit, mit den verschiedenen Ansprüchen oder aber mit Diskriminierungserfahrungen zu entwickeln. Die Gemeinsamkeiten und das gegenseitige Verstehen wurden auch in den qualitativen Gesprächen, die im Rahmen dieser Studie geführt wurden, von den Befragten betont; eine 20-jährige Türkin erzählte: „Am Anfang hab ich gemischte Freunde, österreichische, türkische oder jugoslawische, gehabt, auch polnische. Aber jetzt fast nur Türkinnen und Türken (…) ich glaube, das ist wegen dem Kulturunterschied, also irgendwo versteht man sich dann nicht mehr. Wenn sie zum Beispiel ausgehen wollen und wenn ich einmal sag, ich kann nicht, dann verstehen sie das nicht so. Aber bei einer türkischen Freundin oder einem türkischen Freund, da ist es ganz klar, weil dem geht's genau so wie mir. Man versteht sich besser, man hat sozusagen dieselben Regeln (...) Es gibt natürlich auch andere, also es gibt Türkinnen, die anders sind als ich, fast schon so wie Österreicherinnen. Aber meistens sind wir gleich, haben die gleichen Regeln" (vgl. Gapp und Unterwurzacher 2004). Die eigenethnischen Kontakte schützen vor permanenter Infragestellung und Rechtfertigungsdruck, dem sich besonders türkische Mädchen ausgesetzt fühlen.

Freundschaften mit gleichem ethnischem Hintergrund müssen daher nicht schon per se, wie es in den meisten Integrationstheorien der Fall ist, als negative Symptomatik missglückter Integration bewertet werden, sie können auch eine Ressource in den Auseinandersetzungen mit doppelten kulturellen Anforderungen sein (vgl. Haug 2003). Ob ethnisch homogene Freundschaften nun ein Zeichen der eigenkulturellen Abschottung sind, und wie die Freundschaftskontakte in verschiedene Milieus eingebunden sind, soll daher das Thema der weiteren Analysen sein.

Zuvor soll aber die Relevanz der oben diskutierten Thesen in einem Theoriemodell geprüft werden. Welche sind die „Kernstücke" einer Theorie der sozialen Integration? Im Unterschied zur bisherigen Analyse kann in einem Kausalmodell geklärt werden, wie die wichtigen Faktoren strukturell miteinander verflochten sind. In dem Modell (Strukturgleichungsmodell) kann geprüft werden, welche verschiedenen Pfade zum eigenethnisch homogenen Freundschaftskreis führen.

Geprüft werden in dem Kausalmodell die Effekte des sozialen Status der Eltern (gemessen am Bildungsstatus), der ethnischen Orientierung der Eltern sowie der subjektiv erfahrenen Ausgrenzung, d.h. der Isolation durch Kontaktabwehr seitens einheimischer Jugendlicher. Zusätzlich wird der Annahme nachgegangen, dass ein höherer Bildungsweg ein entscheidender Schritt zur sozialen Integration sei. Ist der Besuch höherer Bildungsinstitutionen auch eine Opportunität für das Eingehen interethnischer Freundschaften?

Das ethnische Milieu des Elternhauses (latente Variable) wurde durch die Merkmale „Erziehung nach der Tradition des Herkunftslandes", „Eltern leben streng nach den Regeln einer Glaubensgemeinschaft", „starke Kontrolle" und „Deutschkenntnisse der Eltern" erfasst, subjektive Isolation durch die Statements „ich werde selten von österreichischen MitschülerInnen (KollegInnen) eingeladen", „ÖsterreicherInnen ignorieren mich" und „ohne FreundInnen aus dem Herkunftsland würde ich mich allein fühlen" (beide Konzepte wurden durch konfirmatorische Faktorenanalysen geprüft).

Aufgrund der Heterogenität der zweiten Generation bzw. der oben gefundenen Gruppenunterschiede wird ein Vergleich zwischen Jugendlichen türkischer Herkunft und den anderen Herkunftsgruppen vorgenommen; die Ergebnisse zeigen dann auch relevante Unterschiede (s. Abbildung 4.1).

Bei beiden Gruppen beeinflusst zunächst der Bildungsstatus der Eltern die Intensität der ethnischen Prägung des Milieus: je niedriger der Status der Eltern, desto traditionsbestimmter die Lebensweise. Ein traditionelles ethnisch orientiertes Milieu verstärkt aber auch die Isolation des Jugendlichen, d.h. die wahrgenommene Ablehnung von Kontakten seitens der einheimischen Jugendlichen. Doch hat die Isolation bei den türkischstämmigen Jugendlichen auf die Freundschaftswahlen keinen Effekt (r = -,02), sondern diese erklären sich am stärksten aus der Traditionsbindung der Eltern (r = ,43).

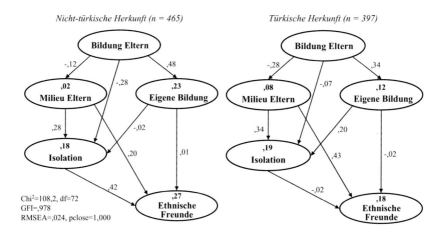

Abbildung 4. 1: Strukturmodell: ausschließlich eigenethnische Kontakte

Auch die eigene höhere Bildung spielt bei der Kontaktwahl keine Rolle (dieses Modell erklärt 18 % der Varianz). Bei den anderen Herkunftsgruppen hat dagegen die wahrgenommene Isolation – die auch hier stark auf ein ethnisch orientiertes Elternhaus zurückgeht – den stärksten Effekt auf die homogenen Freundschaftswahlen (r = ,42), der Einfluss des elterlichen Milieus selbst ist dagegen vergleichsweise schwach. Daran zeigt sich, dass die Interaktion mit der einheimischen Bezugsgruppe ein wichtiger Faktor im Verlauf der sozialen Integration ist. Auch in dieser Gruppe wirkt ein höherer Bildungsstatus per se nicht in Richtung einer Öffnung der Kontakte (das Modell erklärt für die nicht-türkische Gruppe bereits 27 % der Varianz).

Als wichtiges Ergebnis ist somit festzuhalten, dass die These der impliziten sozialen Integrationswirkung des höheren Bildungswegs – sei es aufgrund der Opportunitäten oder aufgrund offenerer Einstellungen im gehobenen Bildungsmilieu – in dieser einfachen Form nicht zutrifft. Die Kontaktwahl, als ein Aspekt der sozialen Integration, ist stark an die Lebensweise der Eltern gebunden. Selbst bei den in der Bildung besser abschneidenden nicht-türkischen Jugendlichen ist höhere Bildung kein eigener, vom Elternhaus unabhängiger Weg zur Öffnung der eigenethnischen Freundschaftskontakte.

Die homogenen Freundschaften müssen jedoch nicht unbedingt ein Zeichen für ethnische Abschottung sein. In der Literatur werden die positiven Aspekte innerethnischer Freundschaften heute stärker betont: Sie ermöglichen die gemeinsame Auseinandersetzung mit ähnlichen Problemen und Erfahrungen, z.B. mit Diskriminierung, und können dazu beitragen, das Selbstgefühl zu schützen. Und obwohl sich in den eigenethnischen Freundschaften eine Konformität mit den Erwartungen der Eltern ausdrücken kann, so ermöglichen sie auch einen Freiraum, in dem über Spannungen mit den Eltern und der sozialen Umwelt frei gesprochen werden kann, „...in dem es für viele Jugendliche erst möglich wird, sich mit Nähe und Distanz zur Mehrheitsgesellschaft auseinanderzusetzen und hier einen eigenen selbstbestimmten Weg zu finden" (Boos-Nünning und Karakasoglu 2004: 208).

Im Folgenden wird daher untersucht, in welchem Kontext die Freundschaftskontakte stehen. Sind die innerethnischen Freundschaften typisch für ein kulturell und sozial geschlossenes Milieu? Finden sich Zeichen einer Re-Ethnisierung der zweiten Generation?

4.4 Sozial-kulturelle Milieus

Interkulturelle Kontakte finden im Alltag auf vielfältige Weise statt, die Freundschaftswahlen sind ein Element in verschiedenen Lebensmustern zwischen den Polen Integration und Separation. Das Milieu der Eltern, das Lebensumfeld und die Einstellungen der Jugendlichen wurden durch ein Spektrum von Fragen zu charakterisieren versucht (s. den Überblick in Tabelle 4.7). Die ethnische Orientierung der Jugendlichen wurde unter anderem an der Häufigkeit des Besuchs eigenethnischer Vereine und des Konsums von Medien des Herkunftslands, an der Kompetenz der Herkunftssprache, an Sprachverwendung im Alltag und an der Hinwendung zur Religion erfasst. An den verschiedenen Möglichkeiten des

Umgangs mit den Elementen der Herkunftskultur lässt sich ein Einblick in Formen der Akkulturation der Jugendlichen gewinnen.

Tabelle 4.7: Elterliches Milieus und eigene ethnische Orientierung nach Herkunftsland (n ~ 1000); Prozentangaben

	2. Generation, Eltern aus		
	Türkei	Ex-Jugoslawien	andere Länder
elterliches Milieu			
Rückkehrwunsch der Eltern sehr stark	26	24	11
Sprache zu Hause nur Muttersprache	77	62	49
Deutschkenntnisse der Mutter (gut)	20	49	52
Deutschkenntnisse des Vaters (gut)	35	47	56
Erziehung in Tradition des Herkunftslandes	58	29	33
Eltern leben streng nach Regeln der Religion	32	8	11
Kontrolle der Eltern bei Kontakten groß[1]	19	3	6
eigene ethnische Orientierung			
Besuch eigenethnischer Vereinen regelmäßig	27	7	9
sehr große Bedeutung der Religion für mich	56	19	18
häufiger Besuch der Moschee/Kirche[2]	31	8	12
häufiger Medienkonsum des Herkunftslands[3]	35	17	11
Kenntnisse der Herkunftssprache sehr gut	45	39	25
keine österreichischen Freunde/Freundinnen	61	48	21
Religion des Partners ist/wäre sehr wichtig	47	21	16
Nationalität des Partners ist/wäre sehr wichtig	37	12	9

Alle Unterschiede sind signifikant, $p<,01$.
1) hohe Ausprägung der dichotomisierten Skala (Statements s. Tabelle 4.2)
2) „mehrmals pro Woche" und „einmal in der Woche"
3) hohe Ausprägung der dichotomisierten Skala (Summenscore aus: Radio, TV, Zeitung, Video)

Generell zeigt sich, dass Jugendliche türkischer Herkunft häufiger als die anderen in einem ethnisch geprägten Milieu aufwachsen und entsprechende Verhaltensweisen annehmen. Eine Analyse der Milieus der zweiten Generation wird nun anhand einer Cluster-Analyse dargestellt; es werden dafür die Lebensgewohnheiten der Jugendlichen herangezogen, um vor allem das selbst gestaltete Lebensfeld zu beschreiben. Gibt es Gruppierungen, die sich nach Ähnlichkeiten bzw. Unterschieden in den ethnischen Orientierungen beschreiben lassen?

Im Folgenden wird eine 4-Cluster-Lösung geschildert, die ein Bild von der ethnisch kulturellen Prägung der zweiten Generation – zwischen relativer Geschlossenheit und Assimilation – gibt (s. Tabelle 4.8; zur genauen statistischen Beschreibung s. Anhang, Tabelle A 4.3).

Tabelle 4.8: Cluster ethnischer Milieus

	1 religiös gemeinschaftlich (175) 24,4 %	2 ethnisch sprachlich (214) 29,8 %	3 ethnisch distanziert (248) 34,5 %	4 assimiliert (81) 11,3 %
Muttersprache gut sprechen		+		-
Medien in Muttersprache konsumieren		+	-	-
homogener ethnischer Freundeskreis				-
mit Eltern Deutsch sprechen				+ +
Religion ist wichtig	+	+	-	-
häufiger Kirchen-/Moscheebesuch	+			
häufiger Besuch ethnischer Vereine	+ +		-	

++ bedeutet, das Merkmal ist sehr stark/+ stark überdurchschnittlich vorhanden,
- - bedeutet, das Merkmal ist sehr stark /- stark unterdurchschnittlich vorhanden.

Am einen Pol finden sich die „Assimilierten" (11 %), deren hervorstechendes Merkmal die Verwendung des Deutschen zu Hause ist; umgekehrt sprechen sie die Herkunftssprache schlechter als alle anderen und befassen sich auch seltener mit den Medien des Herkunftslandes. Die Religion ist ihnen nicht wichtig. Sie haben überdurchschnittlich häufig gemischte Freundschaftskontakte und sind damit auch die einzige Gruppierung, in der die Struktur des Freundeskreises in Erscheinung tritt.

Das Milieu, das als „ethnisch distanziert" bezeichnet wird (35 %), zeigt zwar im Vergleich zu den Assimilierten weniger scharfe Konturen, fällt aber durch eine Distanz zu Religion, den religiösen Institutionen und den Medien des Herkunftslandes auf (andere Merkmale spielen keine auffällige Rolle).

Im Kontrast zu diesen beiden Gruppierungen stehen nun zwei Milieus mit einer deutlichen ethnischen Orientierung. Das eine, als „gemeinschaftlich und religiös" charakterisiert (24 %), fällt durch besonders starke Kontakte zu eigenethnischen Vereinen auf, es sind aber auch die Bedeutung der Religion und der Besuch von Kirche oder Moschee wichtige Elemente des Musters. Im Vergleich zu den anderen Gruppen ist das Lebensumfeld durch eine starke Einbindung in die ethnische Gemeinschaft charakterisiert.

Dagegen zeichnet sich das „ethnisch sprachliche" Milieu (30 %) durch eine kulturelle Ausrichtung aus; es fällt die gute Beherrschung der Muttersprache und intensiver Medienkonsum des Herkunftslandes auf, während der Besuch ethnischer Vereine unter dem Durchschnitt liegt. Religion ist bedeutsam, jedoch ohne Kontakte zu den religiösen Institutionen.

Nur das „assimilierte" Milieu hat also ein deutliches Profil durch das nahezu gänzliche Zurücklassen aller Elemente der Herkunftskultur. Die anderen Gruppierungen weisen unterschiedliche Muster ethnischer Zuwendung oder Abkehr auf, unterscheiden sich aber nicht in der ethnischen Zusammensetzung der Freundschaftskreise. Es deutet sich aber eine Trennlinie zwischen den beiden ethnisch orientierten Gruppen – mit ihren starken sozialen oder kulturellen Bindungen – und den ethnisch losgelösten Milieus an.

Betrachtet man die einzelnen Gruppierungen nach ihrem demografischen Hintergrund, finden sich mehr männliche Jugendliche unter den „gemeinschaftlich religiösen"; unter ihnen, wie auch unter den „ethnisch sprachlich" orientierten, sind die meisten Angehörige der islamischen Glaubensgemeinschaft und türkischer Herkunft. Jugendliche mit höherer Bildung finden sich sowohl bei den „ethnisch distanzierten" als auch bei den „ethnisch sprachlich" orientierten häufiger (s. Anhang, Tabelle A 4.4).

Diese Milieubeschreibungen geben einen Eindruck darüber, wie sich die Jugendlichen in den geschilderten Merkmalen unterscheiden bzw. an welchen Merkmalen sich Ähnlichkeiten der Lebensorientierungen herauskristallisieren. Die Analyse sagt aber nicht aus, in welchem Ausmaß Jugendliche tatsächlich in einem weitgehend abgeschotteten Umfeld leben. Um einen Eindruck über die Geschlossenheit des Lebens im ethnischen Milieu zu erhalten, wird die Bündelung soziokultureller Merkmale – sowohl im Elternhaus als auch im eigenen Lebensalltag – untersucht, und es wird der Frage nachgegangen, wie stark die eigene ethnische Orientierung vom Milieu des Elternhauses bestimmt ist.

4.5 Sozialisation und Re-Ethnisierung?

Studien über die innerfamiliären Beziehungen in Migrantenfamilien zeichnen teilweise recht unterschiedliche Bilder: So berichten Untersuchungen von einer starken Solidarität zwischen den Generationen, gegenseitiger Unterstützung und positiven emotionalen Beziehungen, besonders bei türkischen Migrantenfamilien (vgl. Nauck 2004). Andere Studien wiederum heben Konflikte und widersprüchliche Wertorientierungen hervor, vor allem im Hinblick auf Geschlechtsrollennormen und Freizeitwünsche (z.b. Lajios 1998). In unserer Studie zeigte sich, dass die Jugendlichen in vielen Belangen in Spannung zu ihren Eltern – zu ihren Traditionen, zu ihren Vorstellungen über die Wahl des Freundeskreises und/oder der Ehepartner – stehen; Konflikte zu den Eltern resultieren nach Angabe von mehr als der Hälfte der Jugendlichen aus „anderen Lebensvorstellungen" (zur Analyse der Familienbeziehungen vgl. Kapitel 5). Interessant ist also sicher die Frage, ob Jugendliche die ethnische Ausrichtung der Eltern übernehmen und fortführen oder ob es z.B. auch in den religiös-traditionellen Elternmilieus zur Loslösung und Öffnung bei den Jugendlichen kommt; oder auch umgekehrt, ob Kinder weitgehend integrierter oder assimilierter Eltern zu ethnischen Orientierungen zurückkehren. Eine „Re-Ethnisierung" der zweiten Generation in Relation zu den Eltern, die sich selbst teils oder ganz von ihren Herkunftstraditionen gelöst haben, ist ein Phänomen, das besonders in großen Städten beobachtet wird, wo dies primär als Reaktion auf enttäuschte Aufstiegserwartungen und soziale Barrieren, also als Symptom sozialer Spannungen, interpretiert wird (z.B. Wacquant 2003).

Um die ethnischen Orientierungen der Jugendlichen in Relation zu ihren Eltern darzustellen, wird die Intensität der elterlichen und der eigenen ethnischen Orientierung in Beziehung gesetzt: Es wird gezeigt, wie sehr eine starke bzw. schwache ethnische Bindung der Eltern die ethnische Ausrichtung der Kinder beeinflusst. Daher werden einige Merkmale ausgewählt und bestimmt, wie viele davon in starker Ausprägung bei einer Person zutreffen: trifft keines davon zu, kann von einem offenen, assimilierten Milieu gesprochen werden, treffen alle drei Merkmale zu, so verweist dies auf kulturelle Abschirmung (um die Information einigermaßen übersichtlich und nachvollziehbar zu gestalten, sollen nicht mehr als drei Merkmale herangezogen werden; s. Tabelle 4.9). Die gewählten Merkmale spiegeln primär die religiöse und kulturelle Tradierung wider (über das Kontaktverhalten der Eltern lag nicht genügend Information vor; es haben sich aber auch die Kontakte der Jugendlichen nicht als zentrales Milieumerkmal erwiesen).

Die ethnisch-kulturelle Orientierung der Eltern wird, gemäß den Einschätzungen der Jugendlichen, an den Merkmalen: „Eltern leben streng nach den Regeln einer Glaubensgemeinschaft", „ich wurde nach der Tradition des Herkunftslandes erzogen" und „zu Hause wird nur in der Herkunftssprache gesprochen" erfasst; für die Orientierung des Jugendlichen gelten: „große Bedeutung der Religion im Leben", „häufiger Besuch von Kirche/Moschee", und „überwiegend Medienkonsum des Herkunftslands bzw. in der Herkunftssprache".

Aufgrund beträchtlicher Unterschiede der Herkunftsgruppen weist die Tabelle die Ergebnisse für jede Gruppe getrennt aus. Bei allen aber zeigt sich, dass die Haltung der Eltern zwar die Basis und einen kulturellen Rahmen für die

Jugendlichen bildet, dass sich die Intensität der ethnischen Orientierung der Kinder gegenüber den Eltern jedoch kontinuierlich abschwächt. So haben Jugendliche, deren Eltern aus der Türkei stammen, dann zu 87 % keine ethnische Orientierung, wenn dies auch bei den Eltern der Fall ist (bei 14 % der Eltern trifft diese offene Haltung zu); nur 10 % der Jugendlichen mit gänzlich „assimilierten" Eltern bekennen sich zu einem ethnischen Merkmal, nur 3 % zu zwei Merkmalen, zu drei Merkmalen niemand. Umgekehrt aber, wenn die Eltern sehr ethnisch orientiert sind (dies sind 22 %, bei ihnen treffen alle drei Merkmale zu), gibt es keinen Jugendlichen, der sich zur Gänze davon löst.

Tabelle 4.9: Ethnisch-kulturelle Orientierung Jugendlicher in Abhängigkeit von der Intensität der ethnischen Orientierung der Eltern (n ~ 1000); Prozentangaben

Intensität der ethnischen Orientierung der Jugendlichen	Intensität d. ethnischen Orientierung der Eltern				
	0	1	2	3	%
Herkunft: Türkei					
0 kein ethnisches Merkmal trifft zu	87	55	37	0	41
1 ein ethnisches Merkmal trifft zu	10	33	41	26	31
2 zwei ethnische Merkmale treffen zu	3	12	18	51	21
3 drei ethnische Merkmale treffen zu	0	0	4	23	7
gesamt	100	100	100	100	
%	14	29	35	22	100
Herkunft: Ex-Jugoslawien					
0 kein ethnisches Merkmal trifft zu	94	79	62	0	76
1 ein ethnisches Merkmal trifft zu	6	17	29	53	18
2 zwei ethnische Merkmale treffen zu	0	4	9	33	5
3 drei ethnische Merkmale treffen zu	0	0	0	13	1
gesamt	100	100	100	100	
%	32	42	22	4	100

Fortsetzung Tabelle 4.9:

Herkunft: anderes Land

0 kein ethnisches Merkmal trifft zu	89	77	60	0	75
1 ein ethnisches Merkmal trifft zu	11	18	26	43	18
2 zwei ethnische Merkmale treffen zu	0	5	14	57	7
3 drei ethnische Merkmale treffen zu	0	0	0	0	0
gesamt	100	100	100	100	
%	38	35	23	4	100

Alle Unterschiede sind signifikant, p<,01.

Ethnische Orientierung der Eltern: Leben streng nach Regeln der Glaubensgemeinschaft; Erziehung nach Tradition des Herkunftslandes; zu Hause wird nur in der Herkunftssprache gesprochen.

Ethnische Orientierung der Jugendlichen: sehr große Bedeutung der Religion in meinem Leben; häufiger Besuch von Moschee/Kirche (mehrmals pro Woche/wöchentlich); vorwiegend Medienkonsum des Herkunftslandes.

Eine stark ethnisch ausgerichtete Lebensweise der türkischen Eltern wird von knapp einem Viertel (23 %) der Kinder übernommen, bei den meisten aber nimmt die Intensität ab: bei der Hälfte (51 %) werden noch zwei von drei Merkmalen genannt, und bei 26 % nur noch eines. Daran zeigt sich deutlich, dass die Weitergabe der ethnisch-kulturellen Orientierung von den Eltern an die Jugendlichen – auf jeder der Intensitätsstufen – schwächer wird. Die umgekehrte Tendenz, eine Re-Ethnisierung, ist so gut wie nicht feststellbar. So führen z.B. Kinder türkischer Eltern, bei denen ein Merkmal zutrifft, bereits mehrheitlich (55 %) ein Leben ohne ethnische Ausrichtung, nur 12 % intensivieren diese, aber eine stärkere Re-Ethnisierung (von Stufe 1 auf Stufe 3) findet nicht statt.

Insgesamt richten 41 % der türkischstämmigen Jugendlichen ihre Lebensweise nach keinem dieser drei ausgewählten Merkmale aus; nur 7 % folgen einer intensiven, religiös geprägten Praxis. Bei den anderen beiden Gruppen sind es drei Viertel (76 % bzw. 75 %), die sich von der ethnischen Tradition entfernt haben; bei ihnen zeigt sich noch deutlicher die geschilderte Tendenz zur kontinuierlichen Abschwächung bzw. Abkehr von den ethnischen Orientierungen der Eltern. Die Jugendlichen leben generell viel offener als die Eltern; die – oft behauptete – ethnische Rückorientierung der Jugendlichen konnte hier nicht festgestellt werden.

4.6 Milieufolgen – Isolation oder Wunsch nach Separation? Zur Integrations- und Assimilationsbereitschaft

Wie weiter oben gezeigt wurde, macht es ein Elternhaus, das stark an die Herkunftskultur gebunden ist, den Jugendlichen nicht leicht, ihre sozialen Kontakte selbst zu wählen. Bei türkischstämmigen Jugendlichen ist die Wahl der Freundschaften stark von den Erwartungen und Kontrollen der Eltern beeinflusst, bei den Jugendlichen der anderen Herkunftsländer stellt sich häufiger Isolation – das Gefühl, dass österreichische Jugendliche keine näheren Kontakte mit ihnen wollen – ein. Es stellt sich daher die Frage, inwieweit die teils durch kulturelle Tradition, teils durch Interaktionsprozesse zustande gekommenen innerethnischen Kontakte auch eine bewusste, gewissermaßen strategische Abschirmung von der Aufnahmegesellschaft zur Folge haben.

Tabelle 4.10: Einstellung zu Separation und Wahrnehmung von Diskriminierung nach nationaler Herkunft; Prozentangaben

Items: Zustimmung[1]	2. Generation, Eltern aus			
	Türkei	Ex-Jugoslawien	andere Länder	Sig.
Separation				
Die Angehörigen der einzelnen Volksgruppen sollten möglichst untereinander heiraten.	36	18	9	<,01
Wahrnehmung von Diskriminierung				
Die hier lebenden Zuwanderer werden in fast allen Lebensbereichen benachteiligt.	60	43	48	<,01
Wenn hier lebende Zuwanderer diskriminiert werden, ist das auch auf ihr eigenes Verhalten zurückzuführen.	46	62	47	<,01

1) Zustimmung = „trifft sehr zu" und „trifft eher zu" auf einer 4-stufigen Antwortskala

Die Assimilation von Minderheiten gilt in der heutigen Migrationsforschung längst nicht mehr als einziger Weg zur Integration. Die Art, wie Minderheiten mit Erwartungen zur kulturellen Anpassung umgehen, wo sie Grenzen zwischen Anpassung und Anspruch auf die eigene kulturelle Identität sehen, ist ein wichtiger Aspekt der Integrationsthematik. Im Folgenden soll die Akzeptanz verschiedener Schritte der kulturellen Anpassung diskutiert werden; im Anschluss daran soll untersucht werden, ob Integrations- und Assimilationsbereitschaft, aber auch subjektive Isolation und der eigene Wunsch nach Separation Auswirkungen der (oben dargestellten) soziokulturellen Milieus sind. Eine Tendenz zur Abkapselung – die Volksgruppen sollen nur untereinander heiraten – wie auch das Gefühl der generellen Benachteiligung von ZuwanderInnen ist unter den türkischstämmigen Jugendlichen deutlich häufiger; eine selbstkritische Position, dass Diskriminierungen auch auf das eigene Verhalten zurückgeführt werden könnten, nehmen am häufigsten die aus Ex-Jugoslawien stammenden Jugendlichen ein (s. Tabelle 4.10).

In Tabelle 4.11 werden unterschiedliche Grade der kulturellen Anpassung zusammengefasst. Die Forderungen, die Sprache des Landes zu lernen und von sich aus Kontakte zur einheimischen Bevölkerung aufzunehmen, werden mehrheitlich unterstützt, der Konsens ist in der gesamten zweiten Generation sehr groß (im Schnitt rund 80 %). Diese beiden Forderungen erfüllen grundlegende Voraussetzungen der Integration, während die anderen bereits das schrittweise sich Einlassen mit der Kultur des Aufnahmelandes bedeuten (die Faktorenanalyse weist die Statements auch als zwei unabhängige Dimensionen aus). Die Meinung, man solle auch die Kinder überwiegend in der deutschen Sprache erziehen, findet geteilte Zustimmung, doch Anpassungserwartungen hinsichtlich Kleidung, Religion und interethnischer Partnerwahl werden nur in geringem Maße unterstützt. Diese Forderungen spiegeln klassische Inhalte der Assimilation wider; die Unterschiede zwischen den Herkunftsgruppen sind hierbei interessanterweise weniger stark ausgeprägt als vermutet (zumeist sind es die Jugendlichen aus Ex-Jugoslawien, die sich eher für Assimilation aussprechen). Auch zwischen den Geschlechtern ist der Konsens groß, Abweichungen zeigten sich lediglich bei der türkischen Herkunftsgruppe: Mädchen und junge Frauen sprechen sich stärker als die Männer für das Lernen der Sprache aus, wesentlich seltener jedoch für die Wahl eines einheimischen Ehepartners.

Wie bereits zuvor gezeigt wurde, sind innerethnische Kontakte weit verbreitet und unter den Migrantenjugendlichen wohl als „normal" anzusehen. In der Migrationsforschung wird jedoch die Kontaktstruktur zumeist als wesentlicher Indikator für Anpassung herangezogen und wird auch – um verschiedene Formen von Anpassungsstrategien der MigrantInnen darzustellen – mit dem Wunsch nach Bewahren der hergebrachten kulturellen Identität in Beziehung gebracht (vgl. die Typologie von Berry 1990: 245). So wäre z.B. das Festhalten an den kulturellen Traditionen durchaus mit Integration vereinbar, sofern Kontakte mit Einheimischen eingegangen werden; eine Strategie der Separation wäre es aber, wenn kulturelle Gewohnheiten nicht aufgegeben und auch keine Kontakte eingegangen werden. Die zuvor geschilderten Milieus haben allerdings gezeigt, dass sich die ethnisch-kulturellen Elemente zu verschiedenen

Mustern zusammensetzen, in denen Freundschaftskontakte nur eine untergeordnete Rolle spielen. Betrachtet man daher den Wunsch nach Separation, die Integrations- oder Assimilationsbereitschaft aus der Perspektive der konkreten Milieus, so entsteht sicherlich ein realitätsnäheres Bild der Anpassungsformen: Spiegeln die soziokulturellen Milieus verschiedene Grade der Bereitschaft zu Integration und Assimilation wider? Welche Auswirkungen haben sie auf Isolation, aber auch auf den bewussten Wunsch nach Abschirmung?

Tabelle 4.11: Bereitschaft zu „Integration" und „Assimilation" nach nationaler Herkunft; Prozentangaben

Sollte man von Zuwanderern, die schon lange in Österreich leben, erwarten können, dass sie...[1]	2. Generation, Eltern aus			
	Türkei	Ex-Jugoslawien	andere Länder	Sig.
Integrationsbereitschaft[2]				
die deutsche Sprache beherrschen	86	94	85	<,01
selbst Kontakte zu Österreichern aufnehmen	70	72	71	n.s.
Assimilationsbereitschaft[2]				
die eigenen Kinder überwiegend in deutscher Sprache erziehen	53	50	50	n.s.
die österreichische Staatsbürgerschaft annehmen	48	40	44	<,05
sich äußerlich, etwa bei der Kleidung, an die Österreicher anpassen	28	47	27	<,01
sich in religiöser Hinsicht an die österr. Gesellschaft anpassen	14	27	18	<,01
unter Umständen auch einen österreichischen Partner/in wählen	13	17	19	<,01

1) Prozent der Zustimmungen: 1 = „auf jeden Fall" und 2 = „eher ja" auf einer 5-stufigen Antwortskala
2) Zuordnung der Statements auf Basis der Faktorenanalyse

Sowohl hinsichtlich der wahrgenommenen Isolation (Statements s. Tabelle 4.4) als auch des Separationswunsches spalten sich die Milieus deutlich in zwei Felder: Ist die ethnische Bindung stark, dann sind auch Isolation und Wunsch nach ethnischer Abgrenzung stark ausgeprägt; in den Milieus mit geringer ethnischer Bindung (distanziert oder assimiliert) sind dagegen beide viel schwächer (alle Unterschiede sind signifikant). Daran zeigt sich nicht nur die enge Relation zwischen empfundener Zurückweisung durch Einheimische und bewusster Abschirmung, sondern auch der starke Effekt eines traditionsgebundenen Umfelds, wobei sich die Einbindung in ein religiös-gemeinschaftliches Milieu am stärksten auswirkt. Auf der anderen Seite besteht zwischen dem gänzlich assimilierten Milieu, in dem die ethnischen Bindungen und Symbole bedeutungslos sind, und dem ethnisch distanzierten Milieu, mit noch rudimentären Bindungen, kaum eine nennenswerte Differenz (nur im assimilierten Milieu treten aber gemischte Kontakte überhaupt hervor).

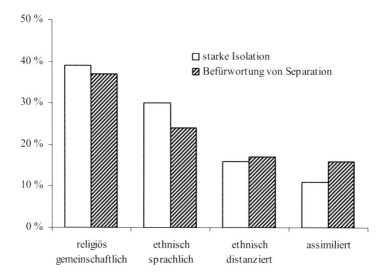

Abbildung 4. 2: Subjektive Isolation und Separationswunsch in Abhängigkeit von soziokulturellen Milieus

Die Auswirkungen der vier Milieus auf die Integrationsbereitschaft (Sprache lernen, Kontakte aufnehmen) sind jedoch nicht drastisch (die Integrationsbereitschaft ist im assimilierten Milieu erwartungsgemäß höher; die Unterschiede sind aber nur schwach signifikant). Schärfer fallen die Unterschiede in der Assimilationsbereitschaft aus, die sich entlang der zuvor schon festgestellten Trennlinie zeigen. Allerdings sind nun keine Differenzen mehr zwischen den beiden stark ethnisch orientierten Gruppen feststellbar, und auch zwischen dem ethnisch distanzierten und gänzlich assimilierten Milieu sind die Unterschiede nicht groß.

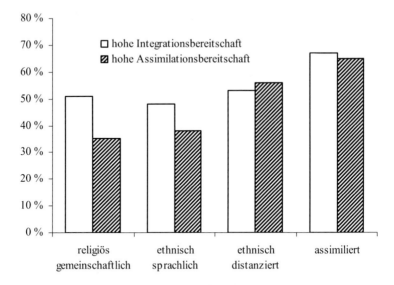

Abbildung 4. 3: Integrations- und Assimilationsbereitschaft in Abhängigkeit von soziokulturellen Milieus

Fasst man die Ergebnisse zusammen, so ist es auf der einen Seite nicht bedeutsam, ob sich jemand gänzlich von der Herkunftskultur abgewandt hat und überwiegend gemischte Kontakte hat, wie im assimilierten Milieu, oder sich nur von einigen Elementen der Herkunftskultur gelöst hat und z.b. eigenethnische Freundschaftskontakte pflegt. Auf der anderen Seite, bei den beiden ethnisch dominierten Milieus, zeigte sich eine Differenzierung nur im Hinblick auf Isolation und Separationswunsch; beide sind bei einer starken Verankerung in der religiös-ethnischen Gemeinschaft intensiver.

Das zentrale Ergebnis dieser Analysen ist sicherlich, dass die stark ethnisch orientierten Lebensstile im Spannungsfeld zwischen wahrgenommener subjektiver Isolation (die auch in einer engen Korrelation mit Diskriminierungswahrnehmung steht) und dem Wunsch nach Beibehalten der kulturellen und sozialen Gewohnheiten zu sehen sind. Was nun Ursache und was Wirkung ist – Isolation als Folge eines ethnisch dominierten Milieus oder umgekehrt – kann nicht entschieden werden, ist aber wohl ein sich selbst verstärkender, zirkulärer Mechanismus. Aus dieser Sicht erweist sich die Thematik der „gewählten" Akkulturationsstrategien seitens der MigrantInnen als komplexer, als sie oft in der Form einer Typologie, als Resultat aus Kontaktbereitschaft und Einstellung zur kulturellen Anpassung, dargestellt wird (vgl. Verkuyten und Thijs 2002).

4.7 Zusammenfassung

Die eigene soziale Positionierung, vor allem ein höherer Bildungsstatus, zeigt entgegen häufig vertretenen Annahmen in der Literatur keinen effektiven Einfluss auf das Kontaktverhalten der Jugendlichen. Sie tendieren stark zu Freundschaften in der eigenen Herkunftsgruppe (gut die Hälfte hat keine Freundschaftskontakte zu einheimischen Jugendlichen), unter türkischstämmigen Jugendlichen ist diese Tendenz noch stärker. Die Hintergründe des Zustandekommens gemischter bzw. innerethnischer Kontakte sind durchaus komplex. Die Gelegenheitsstruktur (Ausländeranteil in Wohnumgebung, Schule) wirkt sich nur bei den Jugendlichen nicht-türkischer Herkunft aus; bei türkischstämmigen Jugendlichen ist es aufgrund der elterlichen Kontrollen und Erwartungen selbstverständlicher, nur eigenethnische Freundschaften einzugehen, unabhängig von den Gelegenheitsräumen der Umwelt. Mit zunehmendem Alter nimmt bei ihnen die Konzentration auf die eigenethnischen Kontakte noch zu, geschlechtsspezifische Unterschiede, etwa eine stärkere Einengung der türkischstämmigen Mädchen und jungen Frauen auf eigenethnische Freundschaften, konnten jedoch keine festgestellt werden (bei der Frage der Partnerwahl richtet sich die Kontrolle der Eltern jedoch stärker auf die Töchter).

Isolation, im Sinne wahrgenommener Kontaktabwehr seitens einheimischer Jugendlicher, erweist sich bei allen Jugendlichen als Folge eines stark ethnisch orientierten Elternhauses. Sie ist bei vielen Jugendlichen ein wichtiger Grund für die Einschränkung auf eigenethnische Kontakte. Dennoch sind tatsächlich erfahrene Diskriminierungen, wie Herabsetzung in Schule, Beruf oder in der Öffentlichkeit, vergleichsweise seltener der Fall; allgemein wird aber eine ziemlich starke Diskriminierung von AusländerInnen vermutet (über eine Diskrepanz zwischen persönlicher und gruppenbezogener Diskriminierungswahrnehmung wird auch in anderen Studien berichtet, für die jedoch verschiedene Erklärungen angeboten werden).

Die Integrationsbereitschaft, d.h. die Akzeptanz der Erwartung an AusländerInnen, von sich aus die Sprache zu lernen und Kontakte zu Einheimischen aufzunehmen, ist bei allen Jugendlichen der zweiten Generation als sehr hoch einzuschätzen. Assimilationsforderungen, wie religiöse Anpassung und interethnische Heirat, werden dagegen von allen Herkunftsgruppen weitgehend abgelehnt.

Nur eine Minderheit von Jugendlichen lebt in einem ethnisch geschlossenen Milieu, in dem sich tatsächlich mehrere ethnische Merkmale bündeln. Bei den meisten Jugendlichen vermischen sich einzelne Elemente der Herkunftskultur mit den sozial-kulturellen Gegebenheiten der konkreten Lebensumwelt. So sind auch die Freundschaften nur ein Teil verschiedener Lebensmuster; diese aber zeigen deutliche Auswirkungen auf die Einstellung zu Integration, Assimilation oder Separation.

Es zeigte sich generell ein Wandel in der Intensität der Traditionsbindungen zwischen Eltern und Jugendlichen; die ethnische Bindung der zweiten Generation ist bedeutend schwächer, Zeichen einer Re-Ethnisierung konnten nicht festgestellt werden.

Nicht zuletzt stellt sich die Frage, ob Freundschaftskontakte oder interethnische Heirat tatsächlich ein „guter" Indikator der Sozialintegration sind. Die Kommunikation in persönlich nahen, intimen Beziehungen bezieht sich schließlich auf empfundene Ähnlichkeiten und auf die Besonderheiten gemeinsamer Erfahrungen, die bei zweiten Generation von der Migration der Eltern geprägt sind.

4.8 Literatur

Bade, Klaus J./ Bommes, Michael (Hrsg.) (2004): Migration – Integration - Bildung. Grundfragen und Problembereiche (23). Osnabrück: Universität Osnabrück.
Berry, John W. (1990): Psychology of Acculturation. Understanding Individuals Moving Between Cultures. In: Brislin, Richard W. (1990): 232-253.
Boos-Nünning, Ursula/ Karakasoglu, Yasemin (2004): Viele Welten leben. Zur Lebenssituation von Mädchen und jungen Frauen mit Migrationshintergrund. Herausgegeben vom BM für Familien, Senioren, Frauen und Jugendliche. Berlin: www.bmfsfj.de (März 2005).
Brislin, Richard W. (Hrsg.) (1990): Applied Crosscultural Psychology. London: Sage.
D'Amato, Gianni/ Gerber, Brigitta (Hrsg.) (2005): Herausforderung Integration. Städtische Migrationspolitik in der Schweiz und in Europa. Zürich: Seismo.
Deutsche Shell (Hrsg.) (2000): Jugend 2000. 13. Shell Jugendstudie. Band 1. Opladen: Leske + Budrich.
Elwert, Georg (1982): Probleme der Ausländerintegration. Gesellschaftliche Integration durch Binnenintegration? In: Kölner Zeitschrift für Soziologie und Sozialpsychologie, 24, 717-731.
Esser, Hartmut (1990): Familienmigration und Schulkarriere ausländischer Kinder und Jugendlicher. In: Esser, Hartmut/ Friedrichs, Jürgen (1990): 127-146.
Esser, Hartmut (2001): Integration und ethnische Schichtung. Mannheimer Zentrum für Europäische Sozialforschung, Arbeitspapiere 40. Mannheim.
Esser, Hartmut/ Friedrichs, Jürgen (1990): Generation und Identität. Opladen: Westdeutscher Verlag.
Gapp, Patrizia/ Unterwurzacher, Anne (2004): „Ich bin hier geboren ... mir kann hier eigentlich keiner was verbieten." Ausgewählte Aspekte der Lebenssituation von

MigrantInnenjugendlichen der 2. Generation, unveröffentlichter Forschungsbericht, Institut für Soziologie: Wien.

Haug, Sonja (2003): Interethnische Freundschaftsbeziehungen und soziale Integration. Unterschiede in der Ausstattung mit sozialem Kapital bei jungen Deutschen und Immigranten. In: Kölner Zeitschrift für Soziologie und Sozialpsychologie, 55, 716-736.

Häußermann, Hartmut (2005): Migranten und Urbanität. In: D'Amato, Gianni/ Gerber, Brigitta (2005): 133-142.

Heitmeyer, Wilhelm/ Müller, Joachim/ Schröder, Helmut (1997): Verlockender Fundamentalismus. Türkische Jugendliche in Deutschland. Frankfurt/Main: Suhrkamp.

Kecskes, Robert (2003): Ethnische Homogenität in sozialen Netzwerken türkischer Jugendlicher. In: Zeitschrift für Soziologie der Erziehung und Sozialisation, 23, 68-84.

Lajios, Konstantin (Hrsg.) (1998): Die ausländische Familie. Ihre Situation und Zukunft in Deutschland. Opladen: Leske + Budrich.

Lin, Nan (2001): Building a Network Theory of Social Capital. In: Lin, Nan/ Cook, Karen/ Burt, Ronald S (2001): 3-29.

Lin, Nan/ Cook, Karen/ Burt, Ronald S. (Hrsg.): Social Capital. Theory and Research. New York: de Gruyter.

Münchmeier, Richard (2000): Miteinander – Nebeneinander – Gegeneinander? Zum Verhältnis zwischen deutschen und ausländischen Jugendlichen. In: Deutsche Shell (2000): 221-260.

Nauck, Bernhard (2004): Familienbeziehungen und Sozialintegration von Migranten. In: Bade, Klaus J./ Bommes, Michael (2004): 83-105.

Nauck, Bernhard/ Kohlmann, Annette/ Diefenbach, Heike (1997): Familiäre Netzwerke, intergenerative Transmission und Assimilationsprozesse bei türkischen Migrantenfamilien. In: Kölner Zeitschrift für Soziologie und Sozialpsychologie, 49, 477-499.

Reinders, Heinz (2004): Entstehungskontexte interethnischer Freundschaften in der Adoleszenz. In: Zeitschrift für Erziehungswissenschaften, 1, 121-145.

Riesner, Silke (1995): Junge türkische Frauen der zweiten Generation in der Bundesrepublik Deutschland. Eine Analyse von Sozialisationsbedingungen und Lebensentwürfen anhand lebensgeschichtlich orientierter Interviews. Frankfurt/Main: Verlag für interkulturelle Kommunikation.

Seifert, Wolfgang (1995): Die Mobilität der Migranten. Die berufliche, ökonomische und soziale Stellung ausländischer Arbeitnehmer in der Bundesrepublik. Berlin: Ed. Sigma.

Verkuyten, Maykel/ Thijs, Jochem (2002): Multiculturalism among minority and majority adolescents in the Netherlands. In: International Journal of Intercultural Relations, 26, 91-198.

Wacquant, Loic (2003): Tödliche Symbiose. Armut, Ethnizität und der Aufstieg der neoliberalen Strafe. Opladen: Leske + Budrich.

Weidacher, Alois (Hrsg.) 2000: In Deutschland zu Hause. Politische Orientierungen griechischer, italienischer, türkischer und deutscher junger Erwachsener im Vergleich. Opladen: Leske + Budrich.

4.9 Anhang

Tabelle A 4.1: Determinanten für die Wahrscheinlichkeit ausschließlich eigenethnischer Kontakte (n = 846); logistische Regression

	zweite Generation	
	B	Exp(B)
Geschlecht		
Alter	,048*	1,049
Region (Wien, Referenz: Bundesländer)		
Bildung (höchste oder laufende)		
Status (Referenz: berufstätig)		
Lehrling		
Schüler/Student		
hoher Ausländeranteil in Wohnumgebung	,273**	1,313
hoher Ausländeranteil (zuletzt besuchte Schule)	,191**	1,210
Herkunft (Referenz: andere Länder)		
Türkei	1,776**	5,906
Ex-Jugoslawien	1,185**	3,271
(Nagelkerke) Pseudo-r^2	0,149	

Es werden nur signifikante Werte ausgewiesen; ** p<,01, * p<,05.

Tabelle A 4.2: Kontrollen der Eltern nach Herkunft und Geschlecht; Prozentangaben[1)]

Eltern möchten nicht, dass ich...	österr. Kontrollgruppe		2. Generation, Eltern aus					
			Türkei		Ex-Jugoslawien		andere Länder	
	M	F	M	F	M	F	M	F
österreichische (ausländische) Freunde/Freundinnen nach Hause einlade	11	10	*16*	*8*	2	1	1	4
mit österreichischen (ausländischen) Freunden/Freundinnen ausgehe	5	11	15	21	3	2	1	8
eine/n österreichische/n (ausländische/n) Partner/Partnerin habe	*17*	*30*	*46*	*78*	12	19	13	25
den Ehepartner ohne die Zustimmung der Eltern auswähle und heirate	31	34	61	68	36	37	33	47

1) kursiv gedruckte Werte: signifikant, p<,01

Soziale Kontakte und Milieus 129

Tabelle A 4.3: Clusterbeschreibung (K-means Cluster)

	religiös gemeinschaftlich	ethnisch sprachlich	ethnisch distanziert	assimiliert
	1	2	3	4
N	(175)	(214)	(248)	(81)
%	24,4 %	29,8 %	34,5 %	11,3 %
Zsprachm	-0,3161	-0,5042	0,1348	1,0895
Zsksprem4	0,4487	0,5630	-0,5476	-1,0119
Zfrhom2	0,4466	0,4573	-0,4333	-0,7593
Zskspreltd2	0,3467	0,3810	0,3810	-2,6218
Zrel	-0,6443	-0,5060	0,7370	0,7543
Zrelk	-0,8640	-0,0640	0,5903	0,4530
Zver	-1,2919	0,5223	0,4177	0,4594

	Religion wichtig Kirche oft Verein sehr oft	Muttersprache gut Medien in MS häufig Religion wichtig Verein wenig	Medien in MS wenig Religion unwichtig Kirche selten	Muttersprache schlecht Medien in MS selten Freunde Ö, gemischt mit Eltern D sprechen Religion unwichtig
ethnisch sprachlich	2,000			
ethnisch distanziert	2,986	2,102		
assimiliert	4,597	4,169	3,205	

(Abstände der Clusterzentren)

Tabelle A 4.4: Cluster nach soziodemografischen Merkmalen; Prozentangaben

	religiös gemeinschaftlich	ethnisch sprachlich	ethnisch distanziert	assimiliert	
	24 %	30 %	35 %	11 %	Sig.
Geschlecht: männlich	60	42	50	42	<,05
Bildung: hoch[1]	23	36	38	30	<,01
Religion: Islam	81	64	37	22	<,01
Herkunft: Türkei	72	57	25	19	<,01

1) AHS, BHS, Fachhochschule, Universität

5 Konflikte zwischen den Generationen? Familiäre Beziehungen in Migrantenfamilien

Patrizia Gapp

5.1 Einleitung: Auswirkungen der Migration auf die Identität der Jugendlichen?

Dieses Kapitel beschäftigt sich mit zwei Themenbereichen, in denen die emotionale Befindlichkeit der zweiten Generation im Mittelpunkt steht. Zuerst sollen die Beziehungen der Jugendlichen zu ihren Eltern und die Familiensituation beleuchtet werden. Gibt es in Familien mit Migrationshintergrund häufiger Konflikte als in einheimischen Familien, und wenn ja, spiegeln diese einen „Kulturkonflikt" wider, der innerhalb der Familie ausgetragen wird, oder handelt es sich um typische Generationenkonflikte, die auf den speziellen Lebensabschnitt der Adoleszenz zurückzuführen sind und daher jugendspezifische Konfliktmuster repräsentieren?

In sehr enger Verbindung mit der familiären Situation steht zweifellos die Frage nach der Identitätsentwicklung. Aufgrund der unterschiedlichen kulturellen und sozialen Kontexte kann es zu Sozialisationswidersprüchen und daher zu Schwierigkeiten bei der Ausbildung der Identität kommen. In der Literatur wird häufig von einer „Identitätskrise" oder von „Identitätsdiffusion" gesprochen (vgl. z.B. Lajios 1991, Nieke 1991). Hämmig (2000) greift in diesem Zusammenhang auf das von Park bzw. Stonequist stammende Konzept des ‚marginal man' zurück, um jene Situation zu beschreiben, in der die Jugendlichen sich weder der Aufnahme- noch der Herkunftskultur zugehörig fühlen und sich durch ihre subjektive Nichtzugehörigkeit aus beiden Systemen ausgeschlossen empfinden. Diese Fragestellungen nach der Identität der Jugendlichen sollen im zweiten Abschnitt des Kapitels aufgegriffen und unter dem Aspekt der innerfamiliären Situation untersucht werden.

In der Forschungsliteratur wird das Thema Familie- und Generationenbeziehungen unter unterschiedlichsten Aspekten und teilweise widersprüchlich behandelt. Die durch die Migration geforderten Lebensumstellungen und Anpassungsleistungen können als Krise, aber auch als Neuanfang erlebt werden. Die Familie kann in einer solchen Situation durch ihre innere Solidarität, durch gegenseitige psychische und materielle Unterstützung, eine wichtige, über ihre

„normale" Bedeutung hinausgehende Funktion innehaben. Erst in den neueren Studien beschäftigte man sich mit diesen möglichen integrationsfördernden Aspekten, häufiger wurde jedoch dargestellt, auf welche Weise die Familie die Eingliederung des Kindes in die Aufnahmegesellschaft erschwert. Es finden sich unzählige Studien, die sich mit der konfliktbehafteten Situation in Migrantenfamilien beschäftigen und diese auch betonen. „Solche subjektiven Kulturkonflikte und damit Parksche marginal man Persönlichkeiten entstehen jedoch nicht nur durch interkulturelle Migration, d.h. durch einmaligen Kulturwechsel und das Leben in der Fremde, sondern auch durch bikulturelle Sozialisation, d.h. durch ein andauerndes, alltägliches Pendeln und Leben zwischen zwei Kulturen, das charakteristisch ist für die zweite Generation" (Hämmig 2000: 138). Es wird argumentiert, dass aufgrund des vorherrschenden Traditionalismus in den zugewanderten Familien und der damit verbundenen Wertevermittlung, wie geschlechtsspezifische Erziehung oder die Aufrechterhaltung der Autoritätsverhältnisse, ein Spannungsverhältnis zwischen den in der Familie lebendigen Normen des Herkunftslandes und der modernen Kultur des Aufnahmelandes entsteht. „Abgesehen von den politisch-rechtlichen und sozial ökonomischen Bedingungsfaktoren ihrer Sozialisation (...) erfahren diese Kinder oft schmerzlich, was es heißt, sich zwischen kulturell konträren Wertvorstellungen, Leitbildern und Verhaltensmustern entscheiden zu müssen und dabei weitgehend auf sich selbst gestellt zu sein" (Hülster 1981: 112). Die Jugendlichen müssen diesen widersprüchlichen Anforderungen und Erwartungen gerecht werden und geraten in das für sie charakteristische „Loyalitätsdilemma", Familie und Verwandtschaft auf der einen Seite, Peers und soziale Kontakte auf der anderen Seite.

In ihrer Studie über den „verlockenden Fundamentalismus" betonen Heitmeyer, Müller und Schröder (1997) den starken Unterschied zwischen den Erziehungsmethoden deutscher und türkischer Eltern; Respekt und Gehorsam, traditionelle Geschlechtsrollenorientierung und Religiosität prägen die Erziehung (ebd.: 67). Die zwei grundlegenden Sozialisationsinstanzen Familie und Schule stehen förmlich in einem Widerspruch zueinander. Diese spezifischen Probleme und Konfliktpotenziale werden aus dem umfassenderen Konzept des Kulturkonflikts bzw. der Modernitätsdifferenz hergeleitet.

Im Gegensatz zu diesen defizitorientierten Studien gehen Nauck, Diefenbach und Petri (1998) in ihren Studien von Humankapitaltheorien aus; diese und andere Untersuchungen zeigen, dass durch den ausgeprägten intergenerativen Zusammenhalt in den Migrantenfamilien wichtige Sozialisationsleistungen vollbracht werden (Nauck 1999: 64).

In neueren, qualitativ angelegten Studien wird die Sichtweise der Jugendlichen selbst untersucht und es werden Fragestellungen in den Vordergrund gerückt, die die Jugendlichen selbst thematisieren (vgl. z.B. Polat 1998; Juhasz und Mey 2003). „Mit jungen türkischen Frauen zu sprechen und ihre Perspektiven auf ihr eigenes Leben zu Wort kommen zu lassen, stellt die im Diskurs immanenten Stereotype in Frage und bricht sie somit auf" (Otyakmaz 1995: 128). In der Studie von Juhasz und Mey (2003) werden auf der Basis von biografischen Interviews gängige Annahmen über die zweite Generation in Frage gestellt. Die Autorinnen stellen die Situation der Jugendlichen in den Kontext der Ungleichheitsforschung, wodurch sich die Leitperspektive Kulturdifferenz auf die Struktur der Gesellschaft verschiebt.

In der vorliegenden Untersuchung sollen diese kritischen Standpunkte berücksichtigt werden; folgende Fragestellungen stehen im Mittelpunkt:

- Haben Jugendliche der zweiten Generation mehr Konflikte und Probleme als Jugendliche ohne Migrationshintergrund?
- Können die Konflikte als Ausdruck kultureller Differenzen interpretiert werden?
- Welche Rolle spielen insbesondere Leistungserwartungen und Aspirationen seitens der Eltern – und lassen sich hierbei Geschlechterdifferenzen feststellen?
- Gibt es ein Potenzial an Identitätsproblemen, wie sie in der klassischen Literatur des ‚marginal man' beschrieben werden?
- Weisen Migrantenjugendliche in benachteiligten sozialen Positionen eher Spannungen und Konflikte auf als Jugendliche, die sich in höheren Bildungs- und Berufspositionen befinden?

Diese Fragestellungen sollen vor dem Hintergrund zweier zentraler Leitthesen bzw. Konzepte diskutiert werden:

Kulturkonflikt, Modernisierungsdifferenz und Marginalität

Der Ausgangspunkt der Kulturkonfliktthese ist die Annahme, dass die unterschiedlichen Wertesysteme in den verschiedenen Kulturen zu unvermeidlichen Konflikten zwischen diesen führen. Normen und Lebenswelt der Migrantenfamilie stünden in Widerspruch zu denen der Aufnahmekultur und würden daher bei den Jugendlichen zu Entscheidungskonflikten führen. Aufgrund dieser Differenz wird für die betroffenen Jugendlichen eine Reihe von Schwierigkeiten erwartet, z.B. Identitätskonflikte, Loyalitätskonflikt oder erhöhte Aggressivität.

Dabei wird oft von einer „doppelten Identität" gesprochen, die die Jugendlichen gezwungenermaßen aufbauen müssten, um die unterschiedlichen, als unvereinbar beschriebenen sozio-kulturellen Erwartungen von Seiten der Aufnahmegesellschaft sowie von Seiten des Elternhauses vereinen zu können (vgl. Hill 1990: 119). Speziell für Mädchen gilt dieser Kulturkonflikt als besonders spannungsgeladen und belastend. Die Kritik an der Kulturkonfliktthese ist zahlreich (vgl. Bielefeld 1988; Bukow und Llaryora 1988; Hämmig 2000; Sökefeld 2004a). Ein wichtiger Kritikpunkt liegt in der Vernachlässigung der strukturellen und politischen Probleme; so verkennt die Kulturkonfliktthese, dass z.b. Probleme erst als Reaktion aufgrund einer fremdenfeindlichen Haltung von Seiten der Aufnahmegesellschaft entstehen oder verstärkt werden können. Juhasz und Mey (2003: 48-49) vermuten, dass es durch die Kulturalisierung der „Integrationsfrage" möglich sei, diese weitgehend an (sozial-)pädagogische Institutionen zu delegieren, so dass strukturelle Bedingungen außerhalb des Blickfelds bleiben.

Aus der Kritik zur Kulturkonfliktthese entwickelte sich die Modernisierungsdifferenzthese, wonach Probleme der Jugendlichen auf die Differenz zwischen der „vorindustriell ländlichen" Lebensweise der Migrantennationalitäten und der „modernen" Lebensweise der deutschen Familie zurückgeführt werden. Aber auch hier wird Kultur in erster Linie als etwas Starres aufgefasst, so dass auch diese neuere These keine anderen Einsichten bietet. In engem Zusammenhang mit der These des Kulturkonflikts bzw. der Kulturdifferenz steht das klassische Konzept des marginal man. Der Zugewanderte lebt an der Grenze beider Kulturen, zu keiner fühlt er sich wirklich zugehörig (Marginalität wird in der Literatur häufig auch auf eine niedrige Statusposition bezogen; im oben genannten Sinn aber ist Marginalität ein Problem der Identitätsfindung bzw. der kulturellen Integration). In dieser Studie soll Marginaltität („marginal man' Spannung) als Wahrnehmung von Zwiespältigkeit und als Problem der kollektiven Zugehörigkeit definiert werden.

Soziale Platzierung – eine Determinante für Konflikte?

Ausgehend von den niedrigen Statuspositionen der Gastarbeitergeneration soll der Frage nachgegangen werden, welche Rolle Aufstiegswünsche in den Migrantenfamilien spielen und welche Folgen – etwa Konflikte, kulturelle Entfremdung – sie haben. In der Forschungsliteratur wird gezeigt, dass die Eltern ihre Aufstiegswünsche auf die Kinder übertragen, weil sie selbst in der Aufnahmegesellschaft den angestrebten Aufstieg nicht geschafft haben. Die zweite Generation übernimmt daher die Erwartungen der ersten Generation und macht sich diese auch zu Eigen (vgl. Wilpert 1980: 29). Auch in den qualitativen Interviews, die im Rahmen dieser Forschung geführt wurden, ist bei manchen

Jugendlichen diese starke Motivation für einen Bildungs- und Berufsaufstieg zutage getreten (vgl. Gapp und Unterwurzacher 2004). Juhasz und Mey (2003: 313) beschreiben diese ausgeprägte Aufstiegsorientierung als ein Element des generationsübergreifenden „Projekts" der Mobilität. Die Autorinnen argumentieren, dass es gerade das Ziel von ArbeitsmigrantInnen ist, ökonomisches Kapital anzusammeln, um dann im Herkunftsland eine sozial höhere Position einzunehmen; die niedrige Position im Aufnahmeland soll nur von kurzer Dauer sein, je länger sie jedoch im Aufnahmeland bleiben und erkennen, dass das soziale Kapital hier nicht für einen Aufstieg reicht, wird das Projekt des Aufstiegs an die nachfolgende Generation weitergegeben.

5.2 Erziehung und Konflikt: Eltern-Kind Beziehungen

Die Frage nach dem Verhältnis der Jugendlichen zu ihren Eltern ist nicht einfach zu eruieren; sowohl die Jugendlichen mit Migrationshintergrund als auch die einheimischen Jugendlichen geben zur Frage, wie gut sie sich mit ihrer Mutter/ihrem Vater verstehen, an, ein sehr gutes bzw. eher gutes Verhältnis zu ihren Eltern zu haben. So berichten 95 % der Jugendlichen von einem sehr guten bis guten Verhältnis zur Mutter, etwas weniger (81 %) berichten dasselbe hinsichtlich des Vaters. Es zeigen sich bei der zweiten Generation keine signifikanten Unterschiede nach den Herkunftsnationalitäten. Wie schon in den qualitativen Interviews festgestellt wurde, handelt es sich um eine Fragestellung, bei der die Jugendlichen sicherlich zum Teil sozial erwünscht antworten. Es wurden daher im Fragebogen verschiedene Themen angeschnitten, die zur Auseinandersetzung mit den Eltern oder zu Spannungen führen können: „andere Lebensvorstellungen", „überhöhte Erwartungen", aber auch „fehlendes Verständnis". Die drei Items stammen aus einer umfassenderen „Spannungsskala" von Hämmig (2000); sie haben sich in seiner Studie an türkischen und italienischen Jugendlichen der zweiten Generation als die wichtigsten innerfamiliären Spannungen herausgestellt.

Sind diese Konflikte in Migrantenfamilien häufiger als in einheimischen Familien? Wie oben ausgeführt wurde, wird die These der innerfamiliären Kulturkonflikte dadurch begründet, dass sich die üblichen Auseinandersetzungen zwischen den Jugendlichen und ihren Eltern in den Migrantenfamilien durch spezielle Konflikte verstärken, die aus den unterschiedlichen kulturellen Sozialisationskontexten der Eltern und der Kinder herrühren. Die Ergebnisse (s. Abbildung 5.1) bestätigen, dass der Konfliktstoff in Migrantenfamilien tatsächlich größer ist als in den einheimischen Familien: Die Jugendlichen mit Migrationshintergrund berichten wesentlich häufiger, dass ihre Eltern andere Lebensvorstellungen hätten als sie selbst (45 % stimmen „sehr" und „eher" zu, gegenüber 36 % bei den österreichischen Jugendlichen), dass die Eltern überhöhte Erwartungen an sie hätten (21 % gegenüber 12 %), und dass sie sich von ihren Eltern nicht verstanden fühlen (32 % gegenüber 26 %)[1].

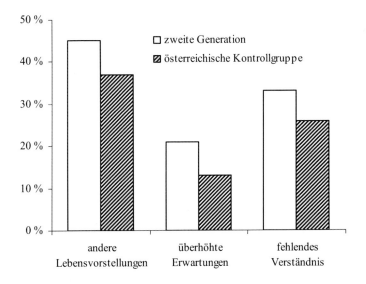

Abbildung 5.1: Familiäre Spannungen; zweite Generation: n ~ 1000, österreichische Jugendliche: n ~ 400; Prozentangaben der Zustimmungen

Sämtliche Unterschiede zwischen Jugendlichen der zweiten Generation und den österreichischen Jugendlichen sind signifikant (p<,01) und decken sich mit den Befunden der Schweizer Studie von Hämmig (2000), der ebenfalls signifikante Unterschiede in den Familienkonflikte der schweizerischen Familien im Vergleich zu italienischen und türkischen Migrantenfamilien feststellt. Boos-Nünning und Karakasoglu (2004: 140) kommen in ihrer Untersuchung über Lebenslagen von Mädchen und jungen Frauen mit Migrationshintergrund in

---

1 Items: „Ich habe manchmal Probleme mit meinen Eltern, weil sie andere Vorstellungen vom Leben haben als ich". „Meine Eltern haben an mich Erwartungen, die ich nicht erfüllen kann". „Es gibt häufig Spannungen, weil meine Eltern mich nicht verstehen". 4-stufige Antwortskala: 1 = „trifft sehr zu", 4 = „trifft gar nicht zu". Zustimmung = „stimme sehr zu" und „stimme eher zu".

Deutschland zu einem etwas gemäßigteren Ergebnis, hier sind es 23 % der jungen Frauen, die sich von ihren Eltern nicht verstanden fühlen. In der vorliegenden Untersuchung konnten jedoch keine geschlechtspezifischen Unterschiede in diesen innerfamiliären Spannungen festgestellt werden, selbst bei einer Differenzierung nach den jeweiligen Herkunftsländern bleiben die Spannungen bei weiblichen und männlichen Jugendlichen gleich häufig.

In Migrantenfamilien ist also zweifellos ein erhöhtes Konfliktpotenzial vorhanden, doch ist es sicherlich nicht in dem Maße ausgeprägt, dass von einem für sie typischen Kulturkonflikt gesprochen werden kann. Mehr als die Hälfte der Jugendlichen verspüren keine oder nur geringe Spannungen zu ihren Eltern. Wie schätzen die Jugendlichen der zweiten Generation selbst die Bedeutung der Traditionen ihres Herkunftslandes für ihre Erziehung ein? Die Mehrzahl von ihnen sieht ihre Erziehung durchaus von den Traditionen des Landes, aus dem sie stammen, bestimmt. So fühlen sich 14 % sehr traditionell erzogen, 29 % eher traditionell. Ein knappes Drittel fühlt sich immerhin noch zum Teil traditionell erzogen, nur knapp 27 % finden, ihre Eltern hätten sie eher oder gar nicht traditionell erzogen (16 % „eher nicht", 11 % „gar nicht"). Es finden sich signifikante Unterschiede nach dem Herkunftsland der Eltern (siehe Anhang, Tabelle A 5.3). Mehr als die Hälfte (58 %) der Jugendlichen türkischer Herkunft bezeichnen ihren Erziehungsstil als sehr oder eher traditionell (im Vergleich zu 30 % der Jugendlichen exjugoslawischer Herkunft und 31 % aus den anderen Herkunftsländern).

Tabelle 5.1: Auswirkung traditioneller Erziehung[1] auf familiäre Spannungen bei der zweiten Generation; Prozentangaben

	sehr/eher traditionelle Erziehung	teils - teils	eher nicht/ gar nicht traditionelle Erziehung
große/mittlere Spannungen	39	35	28
geringe Spannungen	22	22	20
keine Spannungen	39	43	52
gesamt	100	100	100
N	390	264	239

signifikant, p<,05
1) Frage: „Würden Sie sagen, dass Ihre Eltern Sie in Bezug auf ihr Herkunftsland auf traditionelle Art und Weise erzogen haben oder nicht?" 5-stufige Antwortskala, 1 = „sehr traditionell", 5 = „gar nicht traditionell".

Die zuvor diskutierte Kulturkonfliktthese soll daher vor diesem Hintergrund beleuchtet werden: kommt es bei Jugendlichen, die ihre Erziehung stark von den

Normen und Traditionen des Herkunftslandes geprägt sehen, auch zu verstärken Spannungen mit den Eltern? Welche Bedeutung haben diskrepante Erwartungen? Vor diesem Hintergrund gewinnt die These der migrationsbedingten Konflikte in der Familie an Bedeutung: sie bestätigt sich eher an den beiden Polen, d.h. große bzw. keine Spannungen finden sich bei traditions- bzw. nicht traditionsgebundener Erziehung häufiger (s. Tabelle 5.1).

Leistungsdruck und Normen der Lebensführung sind zentrale Themen im Leben der Jugendlichen und nehmen im Migrationskontext der Eltern einen besonderen Stellenwert ein. Die Bildungsaspirationen ihrer Eltern setzen Jugendliche unter besonderen Leistungsdruck. Die Vorstellungen der Eltern über die Lebensgestaltung ihrer Kinder spiegeln oft Konflikte der Alltagskulturen wider und weisen auf die Spannung zwischen den Normen des Herkunfts- und des Aufnahmelandes hin. Die Zweitgenerationsangehörigen verspüren auch einen deutlich stärkeren Leistungsdruck von Seiten der Eltern als autochthone Jugendliche: 22 % der Jugendlichen meinen, ihre Eltern hätten einen starken Druck auf sie ausgeübt, von den österreichischen Jugendlichen geben dies lediglich 8 % an (siehe Anhang, Tabelle A 5.1). Dieses Ergebnis deckt sich mit Befunden anderer Studien; so berichten auch Boos-Nünning und Karakasoglu (2004) von hohen Leistungsanforderungen der ausgewanderten Eltern an ihre Kinder. Dass darin ein beträchtliches Konfliktpotenzial in den Eltern-Kind Beziehungen liegt, bestätigt sich am Zusammenhang mit den innerfamiliären Spannungen. Lastet auf den Jugendlichen ein sehr starker Leistungsdruck, verstärkt dies angespannte Beziehungen innerhalb der Familie (s. Tabelle 5.2).

Tabelle 5.2: Auswirkung des subjektiven Leistungsdrucks[1] auf familiäre Spannungen (zweite Generation); Prozentangaben

	starker Leistungsdruck	etwas/gar kein Leistungsdruck
große/mittlere Spannungen	55	29
geringe Spannungen	23	21
keine Spannungen	22	50
gesamt	100	100
N	195	687

signifikant, p<,05

1) Frage: „Manchmal denken Eltern, dass ihre Kinder etwas Besseres erreichen sollten, als sie selbst erreicht haben. Haben Ihre Eltern Druck auf Sie ausgeübt, damit Sie einmal mehr erreichen?" Antwortmöglichkeiten: „ja, haben starken Druck ausgeübt", „haben etwas Druck ausgeübt", „nein, haben keinen Druck auf mich ausgeübt".

Sowohl in den Erwartungen der Eltern an die schulischen Leistungen als auch im subjektiven Leistungsdruck zeigen sich starke Unterschiede zwischen den Herkunftsgruppen (siehe Anhang, Tabelle A 5.2 und A 5.3): türkischstämmige Jugendliche empfinden den stärksten Leistungsdruck (26 %), gefolgt von den Jugendlichen anderer Herkunft (20 %) und Jugendlichen ex-jugoslawischer Herkunft (18 %); und es bestehen ebenso starke Unterschiede zwischen den Jugendlichen mit Migrationshintergrund und den österreichischen Jugendlichen. Für über 60 % der Väter als auch der Mütter ausländischer Herkunft haben gute Leistungen in der Schule eine sehr wichtige oder zumindest eher wichtige Bedeutung, während nur 38 % der österreichischen Väter und Mütter den guten schulischen Leistungen ihrer Kinder eine solche starke Bedeutung zusprechen. Von den Migrantenjugendlichen selbst sagen knappe 50 %, dass es ihnen sehr wichtig bzw. eher wichtig ist, gute schulische Leistungen zu erbringen, bei den Einheimischen sind dies nur 36 %. Weit mehr Eltern ausländischer Herkunft wünschen sich für ihre Kinder eine universitäre Ausbildung bzw. den Besuch einer Fachhochschule (31 %) als österreichische Eltern (12 %). Diese hohen Bildungsansprüche der migrantischen Eltern an ihre Kinder bestätigen die These des „Familienprojekts Migration", d.h. des sich über die Generationen erstreckenden sozialen Aufstiegs (siehe Anhang, Tabelle A 5.1).

Unterschiede zwischen den Geschlechtern konnten in diesen Dimensionen interessanterweise keine festgestellt werden – Mädchen bzw. junge Frauen stehen unter demselben Erwartungsdruck wie die männlichen Jugendlichen. Häufig ist das „Projekt Mobilität" aber aus der Sicht der MigrantInnen zeitlich befristet, viele wünschen nach der Realisierung bestimmter materieller Ziele eine Rückkehr nach Hause. Das im Aufnahmeland akkumulierte Kapital kann durchaus ausreichen, um im Herkunftsland einen höheren Status nach der Rückkehr einzunehmen. Haben nun Eltern, die wieder in ihr Herkunftsland zurückkehren wollen, geringere Bildungsansprüche an ihre Kinder, d.h. übertragen sie ihr Mobilitätsprojekt weniger auf die nachfolgende Generation als jene Eltern, die auch in Österreich bleiben wollen? In dieser Studie konnte sich für diese These keine empirische Evidenz feststellen lassen: Die Rückkehraspirationen der ausländischen Eltern zeigen keinen maßgeblichen Einfluss auf die Bildungserwartungen an ihre Kinder. Das bedeutet, dass die Migration, auch wenn sie nur als vorübergehend geplant war, in jedem Fall mit hohen Erwartungen, und daher starken Druck auf die Kinder, verbunden ist.

Diese starken Aufstiegsaspirationen der Eltern werden von den Jugendlichen verinnerlicht und äußern sich in hohen Erfolgszielen, wie sich auch am Stellenwert, der einem beruflichen Aufstieg zugemessen wird, zeigt. Für über die Hälfte der Zweitgenerationsangehörigen (52 %), die bereits berufstätig sind oder neben ihrer Ausbildung arbeiten, stellt der berufliche Aufstieg ein sehr wichtiges Ziel dar; dagegen weist mit 36 % ein deutlich kleinerer Teil der einheimischen Jugendlichen der beruflichen Karriere eine sehr wichtige Stellung zu.

5.3 Elterliche Verbote und Wahrung kultureller Traditionen

Kulturelle Traditionen können sich nicht nur im Wunsch nach dem Erhalt der Kultur der Eltern ausdrücken, sie werden besonders an den Heiratsmustern sichtbar. Die Wahl des Partners ist zwar auch bei der zweiten Generation von der Vorstellung „Liebe" geprägt, doch sind offenbar die Gemeinsamkeiten der Werte, des Geschmacks, oft auch der Religion ausschlaggebend für die – dominierende – intraethnische Heirat (vgl. Boos-Nünning und Karakasoglu 2004: 155). Freundschaften und soziale Kontakte werden von den Eltern generell kritisch beobachtet, viele Studien weisen darauf hin, dass vor allem Mädchen mit muslimischer Religionszugehörigkeit strenger Überwachung durch die Familie unterliegen. Die Jugendlichen wurden danach gefragt, welche Formen des Kontakts die Eltern zulassen bzw. verbieten würden. Dabei ging es um die PartnerInnenwahl der Jugendlichen und um interethnische Freundschaftsbeziehungen. Während beim Ausgehen und nach Hause Einladen keine Unterschiede zwischen Migrantenjugendlichen und österreichischen Jugendlichen bestehen, sind sie bei PartnerInnenwahl und Eheschließung jedoch groß (s. Abbildung 5.2). Knapp die Hälfte ist überzeugt, dass die Eltern etwas dagegen hätten, wenn sie ohne ihre Zustimmung den Ehepartner bzw. die Ehepartnerin aussuchen würden (nur 33 % der österreichischen Jugendlichen meinen dies); und 37 % der Eltern ausländischer Herkunft wären überhaupt gegen eine partnerschaftliche Verbindung zu einem/er Österreicher/in. Aber auch 24 % der österreichischen Jugendlichen glauben, dass ihre Eltern etwas gegen eine Partnerschaftsverbindung zu einem/er Ausländer/in hätten.[2] Da es sich wohlgemerkt um die Meinung der Jugendlichen über die elterlichen Verbote handelt, sollten diese Daten doch mit Vorsicht behandelt werden, da aus den im Vorfeld geführten qualitativen Interviews eine starke Unsicherheit der Jugendlichen bei dieser Thematik hervorging. So fiel in den Gesprächen auf, dass einige Jugendliche prinzipiell davon ausgehen, ihre Eltern hätten etwas gegen eine interethnische

---

[2] Frage: „Gibt es etwas, von dem Sie wissen, dass Ihre Eltern das nicht möchten?"...(1) österreichische bzw. ausländische Freunde/Freundinnen zu sich nach Hause einladen. (2) Mit österreichischen bzw. ausländischen Freunden/Freundinnen ausgehen. (3) Dass Sie eine/n österreichische/n bzw. ausländische/n Partner/in haben. (4) Den Ehepartner ohne die Zustimmung der Eltern auswählen und heiraten. Dichotome Antwortmöglichkeiten: „möchten meine Eltern nicht" vs. „Eltern haben/hätten nichts dagegen".

Partnerschaftsbeziehung, ohne erst zu versuchen, diese darauf anzusprechen oder gar zusammen eine Lösung zu finden. Bei anderen schien es überhaupt ein Tabuthema zu sein, das lieber im Hintergrund gehalten wird. Es konnten zwei Gruppen unterschieden werden: Auf der einen Seite jene Jugendlichen, die offen über die Thematik sprechen und angeben, Nationalität und Religionszugehörigkeit des Partners bzw. der Partnerin spiele weder für sie noch für die Eltern eine Rolle. Ihnen stehen die Jugendlichen gegenüber, die glauben, dass ihre Eltern keine/n österreichische/n Partner/in akzeptieren würden. In diesen Fällen würden sie darauf verzichten, den/die Partner/in zu Hause vorzustellen, nur wenn es etwas Ernstes wäre, erschiene es angemessen, den/die Freund/in mit nach Hause zu bringen (vgl. Gapp und Unterwurzacher 2004).

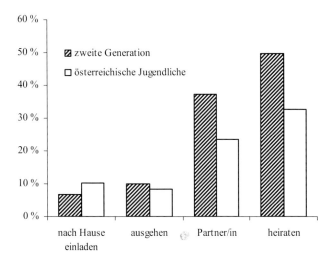

Abbildung 5.2:   Verbote der Eltern, n ~1400; Prozentangaben

In der Frage der PartnerInnenwahl zeigen sich dann auch starke Geschlechterdifferenzen: Den Mädchen und jungen Frauen wird weit weniger Autonomie zugestanden als den Burschen. Bei genauerer Analyse zeigen sich hochsignifikante (p<,01) Geschlechterdifferenzen sowohl bei der Gruppe der türkischstämmigen Jugendlichen (47 % der männlichen, aber 78 % der weiblichen Jugendlichen fühlen sich bei der PartnerInnenwahl eingeschränkt) als auch bei den einheimischen Jugendlichen. Hier glauben 17 % der männlichen Befragten, ihre Eltern hätten etwas gegen eine ausländische Partnerin, und immerhin knapp

30 % der Mädchen sind der Meinung, ein nicht österreichischer Partner könne den Eltern nicht recht sein (s. Anhang, Tabelle A 5.4).

5.4 Kulturkonflikt in der Familie – auch ein Konflikt der kollektiven Zugehörigkeit?

Angehörige der zweiten Generation werden oft im Schnittpunkt verschiedener Konfliktlinien und unter Entscheidungsdruck gesehen. Das für sie charakteristische Loyalitätsdilemma würde sich auch in der Identität niederschlagen, die sich durch zwiespältige Gefühle gegenüber beiden Nationen, dem Herkunftslandes der Eltern und Österreich, auszeichne. Aus einer Mehrzahl von Aussagen über die kollektive Zugehörigkeit (s. dazu auch Kapitel 7) ließen sich Fremdheits- und Entwurzelungsgefühle als eigene, unabhängige Dimension feststellen, die in einer Spannungsskala zusammengefasst wurden[3].

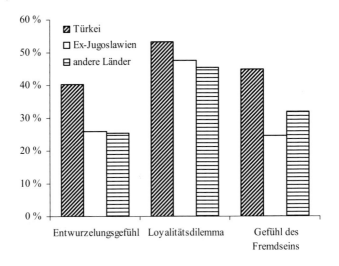

Abbildung 5.3: ‚Marginal man' Spannungsgefühle nach Herkunftsland, n ~ 1000; Prozentangaben

---

3 Gefühl des Fremdseins: „Manchmal fühle ich mich in Österreich fremd."
Loyalitätsdilemma: „Manchmal fühle ich mich mehr als ÖsterreicherIn, manchmal mehr als (x)."
Entwurzelungsgefühl: „Manchmal fühle ich mich heimatlos und weiß nicht, wohin ich jetzt wirklich gehöre."

55 % der Jugendlichen mit Migrationshintergrund haben einem bis zwei Items zugestimmt, sie werden als „mittel" eingestuft, völlig frei von den Charakteristika des ‚marginal man' sind fast ein Drittel (32 %). Doch empfinden 13 % aller Jugendlichen migrantischer Herkunft sowohl ein Loyalitätsdilemma, als auch Fremdheits- und Entwurzelungsgefühle.

Die oft pauschal getroffene Annahme, dass Zweitgenerationsangehörige von einem solchen Zugehörigkeits- und wohl auch Orientierungsdilemma betroffen sind, entspricht in dieser zugespitzten Form zwar nicht der Realität, doch ist eine gewisse Uneindeutigkeit in der Selbstverortung durchaus bei vielen anzutreffen. Vergleicht man die einzelnen Aussagen unter den einzelnen Nationalitäten, fällt auf, dass die Jugendlichen türkischer Herkunft im Vergleich mit den anderen Nationalitäten am häufigsten unter dieser Spannung leiden (s. Abbildung 5.3).

Im Folgenden soll geprüft werden, ob diese subjektive Marginalität auch mit Distanz zu kulturellen Orientierungen, traditionellen wie auch modernen, einhergeht, oder ob eine solche problematische Zugehörigkeit nicht sogar mit einer verstärkten Verhaftung an den Traditionen – als Wunsch nach „festen" unhinterfragten Orientierungen – einhergeht (Hämmig spricht in diesem Zusammenhang von der These der kulturellen Distanz; vgl. Hämmig 2000: 261).

„Traditionalismus" wurde mit Aussagen über die Geschlechterrollen, das Senioritätsprinzip in der Familie, Kollektivismus und Gruppenloyalität bestimmt (s. dazu auch Kapitel 6).

Speziell bei der Gruppe der Jugendlichen mit türkischem Hintergrund zeigen sich starke Abweichungen zu den anderen Nationalitäten; die türkischstämmigen Jugendlichen unterliegen der größten kulturellen Distanz zur modernen Lebensweise. Dennoch sollten die Differenzen nicht überbewertet werden, die Mehrheit der türkischen Jugendlichen steht schließlich diesen Werten eher ablehnend gegenüber. Doch findet sich auch bei den österreichischen Jugendlichen in manchen Dimensionen eine relativ hohe Zustimmung, z.B. in Gruppenorientierung, Kollektivismus, die teilweise sogar die Migrantenjugendlichen, mit Ausnahme der türkischen Gruppe, übertrifft (s. Tabelle 5.3).

Weisen nun Jugendliche der zweiten Generation, die verstärkt zu Traditionalismus neigen, auch verstärkt Gefühle der Marginalität auf? Tabelle 5.4 zeigt den deutlichen Zusammenhang: Von den Jugendlichen, die keinem der Traditionalismus-Items zugestimmt haben, weisen auch 71 % keine oder lediglich schwache ‚marginal man' Gefühle auf. Dagegen sind 46 % der stark traditionalistisch eingestellten Migrantenjugendlichen auch in mittlerem bis starkem Maße von diesen Gefühlen betroffen.

Tabelle 5.3: Traditionalismus nach Herkunftsland; n ~ 1400; Zustimmung[1]; Prozentangaben

	Türkei	Ex-Jugoslawien und andere Länder	österr. Kontrollgruppe
Es ist Aufgabe des Mannes, Geld zu verdienen, die Frau soll sich um Haushalt und Familie kümmern.	24	9	8
Bei wichtigen Entscheidungen sollten ältere Familienangehörige mehr zu sagen haben als die jüngeren Erwachsenen.	25	16	8
Frauen und Männer gehen in unserer Gesellschaft miteinander zu freizügig um.	33	18	10
Mädchen sollten frühzeitig auf die Aufgaben vorbereitet werden, die sie später in der Familie zu erfüllen haben.	42	17	17
Den Jugendlichen werden zu wenig die traditionellen Werte vermittelt.	41	25	26
Ich würde Dinge, die mir Spaß machen, nicht tun, wenn meine Familie damit nicht einverstanden wäre.	36	16	12
Ich sage ungern meine Meinung, wenn die anderen etwas anderes sagen.	16	7	10
Bei persönlichen Problemen halte ich mich meistens an die Ratschläge meiner Freunde/innen oder Verwandten.	37	27	29

Alle Unterschiede sind signifikant, p<,01.
1) Zustimmung = 1 und 2 auf einer 5-stufigen Antwortskala

Tabelle 5.4: Auswirkung von Traditionalismus auf ‚marginal man' Spannungsgefühle; Prozentangaben

‚marginal man'	kein Trad.	schwacher Trad.	starker Trad.
starke Spannungsgefühle	9	15	16
mittlere Spannungsgefühle	20	23	30
schwache/keine Spannungsgefühle	71	62	54
gesamt	100	100	100
N	344	492	132

signifikant, p<,01

Stärkere Wertdiskrepanzen, in unserem Fall zwischen traditioneller und moderner Orientierung, gehen also deutlich mit Gefühlen der subjektiven Heimatlosigkeit und Unentschiedenheit zwischen den beiden Nationen und ihren Alltagskulturen einher.

In den folgenden Ausführungen geht es daher nochmals um die Familie als Sozialisationsinstanz. Der Assimilationsgrad der Eltern ist sicherlich ein entscheidender Indikator für das Ausmaß der kulturellen Distanz zwischen Herkunfts- und Aufnahmekultur und daher ein wichtiger Bestimmungsgrund für den Zwiespalt der zweiten Generation. Deshalb soll analysiert werden, wie sehr die Erziehung der Jugendlichen mit ‚marginal man' Gefühlen zusammenhängt (s. Tabelle 5.5). Man könnte vermuten, dass die Spannungsgefühle größer sind, je traditioneller die Jugendlichen aus ihrer Sicht erzogen wurden (diese Einschätzung kann wohl auch als Wahrnehmung einer Distanz zur Umwelt aufgefasst werden).

Tabelle 5.5: Auswirkung traditioneller Erziehung auf ‚marginal man' Spannungsgefühle; Prozentangaben

‚marginal man'	Erziehung	
	traditionell	nicht traditionell
starke Spannungsgefühle	17	11
mittlere Spannungsgefühle	26	20
schwache/keine Spannungsgefühle	57	69
gesamt	100	10
N	418	563

signifikant, p<,01

Die überwiegende Mehrzahl (69 %) der zweiten Generation, die sich nicht traditionell erzogen sehen, leiden auch nicht unter dem Orientierungsdilemma, dagegen weisen 43 % der traditionell erzogenen Jugendlichen starke bis mittlere ‚marginal man' Spannungssymptome auf.

Wirkt sich auch die Befolgung religiöser Glaubensregeln der Eltern auf eine problematische Selbstverortung aus? Da Religion meist in traditionelle Lebensmuster eingebettet ist, liegt nahe, dass vor allem das strenge Befolgung religiöser Glaubensregeln der Eltern die Kinder stark prägt und bei ihnen das Gefühl des „Anders-Seins" bestärkt – eine Kluft, die auch die Identität des Jugendlichen beeinflusst.

Es zeigen sich nun zwar Unterschiede in die erwartete Richtung, doch sind diese nicht so stark wie im Fall der als traditionell gekennzeichneten Erziehung. D.h. dass Religion nicht unbedingt ein zentrales Element der Traditionsgebundenheit der Eltern darstellen muss, sondern auch eine eigene Bedeutung besitzt (s. Tabelle 5.6)

Tabelle 5.6: Auswirkung der Religiosität der Eltern[1] auf ‚marginal man' Spannungsgefühle; Prozentangaben

‚marginal man'	Religiosität der Eltern	
	stark	wenig/nicht
starke Spannungsgefühle	18	12
mittlere Spannungsgefühle	26	22
schwache/keine Spannungsgefühle	56	66
gesamt	100	100
N	190	792

signifikant, p<,05
1) Frage: „Leben (lebten) Ihre Eltern nach den Regeln einer Glaubensgemeinschaft?" Antwortmöglichkeiten: 1 = „ja, leben/lebten streng danach", 2 = „ja, aber nicht so streng", 3 = „nein, leben/lebten nicht danach"; starke Religiosität = 1.

Zum Abschluss dieser Analysen soll noch der Einfluss der Rückkehrorientierung der Eltern auf die kollektive Identität der Kinder untersucht werden. Zu vermuten ist, dass Eltern mit einem starken Wunsch nach Rückkehr weniger aktiv für sich selbst wie auch für die Kinder eine Integration in die österreichische Gesellschaft anstreben, und die Kinder daher einer stärkeren Spannung zwischen der Herkunftskultur und der Kultur im Aufnahmeland ausgesetzt sind.

Tabelle 5.7: Auswirkung der Rückkehrorientierung der Eltern auf ‚marginal man' Spannungsgefühle; Prozentangaben

‚marginal man'	Rückkehrorientierung der Eltern	
	zurückkehren	nicht zurückkehren
starke Spannungsgefühle	16	9
mittlere Spannungsgefühle	28	20
schwache/keine Spannungsgefühle	56	70
gesamt	100	100
N	404	413

signifikant, p<,01
1) Frage: „Wollten Ihre Eltern (bzw. ein Elternteil) später wieder in ihr ursprüngliches Herkunftsland zurückziehen?" Es wurden die Kategorien „ja, jedenfalls", „ja, eher schon" und „sind schon zurückgekehrt" zusammengefasst und den Kategorien „nein, eher nicht", „nein, sicher nicht" gegenübergestellt.

Tabelle 5.7 bestätigt diese Annahme: Es weisen deutlich mehr Jugendliche, deren Eltern wieder in ihr Herkunftsland zurückkehren wollen, Spannungsgefühle auf, als jene Jugendlichen, deren Eltern sich für ein Bleiben in Österreich entschieden haben.

Damit zeigen die bisherigen Analysen sehr deutlich, dass das Elternhaus eine starke Auswirkung auf die subjektive Zugehörigkeit der Jugendlichen hat –

ist die kulturelle und emotionale Bindung der Eltern an ihre Herkunftskultur stark, so entsteht für Jugendlichen daraus ein Dilemma, wie es in der klassischen Figur des ‚marginal man' als Orientierungs- und Zugehörigkeitsdilemma beschrieben wird.

5.5 Ursachen der subjektiven Marginalität – zur Rolle innerfamiliärer Spannungen, kultureller Orientierungen und Aufstiegserwartungen

Zum Abschluss sollen die eingangs diskutierten „typischen" Probleme in Migrantenfamilien auch hinsichtlich ihrer Auswirkungen auf das kollektive Zugehörigkeitsgefühl der zweiten Generation diskutiert werden: In einem Regressionsmodell soll geprüft werden, welche der oben dargestellten Faktoren einen entscheidenden Einfluss auf das Entstehen ambivalenter kollektiver Zugehörigkeitsgefühle haben. Welche Auswirkungen haben die Spannungen zu den Eltern, wie wirken sich deren ethnische Bindungen aus? Welche Rolle spielen die eigenen Einstellungen zur Tradition? Und wie wirken sich schließlich die Leistungserwartungen der Eltern aus? Einbezogen werden dabei auch wichtige soziale und demografische Charakteristika; die Berechnungen werden aufgrund der zuvor festgestellten Unterschiede für die türkischstämmigen Jugendlichen und die anderen Herkunftsgruppen getrennt durchgeführt (s. Tabelle 5.8).

Bei beiden Herkunftsgruppen ist die starke ethnische Orientierung der Eltern – in Form einer intensiven Rückkehrorientierung und des Drucks auf eigenethnische Freundschafts- und Partnerschaftskontakte der Kinder – eine wichtige Ursache für die Entwicklung einer zwiespältigen sozialen Identität der Jugendlichen. Die religiöse Haltung der Eltern und eine generell traditionsorientierte Erziehung spielen keine entscheidende Rolle, d.h. dass sich erst eine intensive ethnische Bindung der Eltern, wie sie sich besonders in der Kontrolle der Kontakte der Kinder äußert, auf die Identität auswirkt.

Bei den nicht-türkischen Herkunftsgruppen trägt diese starke ethnische Ausrichtung der Eltern wohl auch zu Spannungen mit den Eltern bei, die eine weitere Ursache von Marginalitätsgefühlen sind. Hier erklären diese Faktoren immerhin 14 % der subjektiven Marginalität.

Bei den türkischstämmigen Jugendlichen treten aber noch zwei weitere Ursachen hinzu: Sie haben die traditionellen Wertorientierungen ihrer Eltern auch internalisiert und ihre eigene Orientierung an den Traditionen trägt zu dem Gefühl, zwischen zwei Kulturen zu stehen, bei. Es wirkt sich bei ihnen aber auch, wie eingangs vermutet und begründet wurde, ein starker Leistungsdruck der Eltern auf das problematische ‚marginal man' Gefühl aus. Mit zunehmendem

Alter nehmen die Spannungen aber ab (dieses Regressionsmodell erklärt rund 18 % der Varianz).

Tabelle 5.8: Einfluss soziokultureller und demografischer Merkmale auf ‚marginal man' Gefühle; Herkunftsland Türkei, n = 320, andere Herkunftsländer, n = 366; multiple Regression

	Türkei	Ex-Jugoslawien u. andere Länder
Beziehung zu Eltern		
Spannungen mit Eltern (stark)		,161**
ethnische Bindung der Eltern		
Rückkehrorientierung der Eltern (stark)	,252**	,247**
elterliche Kontrolle der Kontakte (stark)	,168**	,159**
wahrgenommene Erziehung (traditionell)		
Religiosität der Eltern (stark)		
eigene Traditionsbindung		
Traditionalismus (stark)	,206**	
Leistungserwartung		
Leistung in Schule für Eltern wichtig		
subjektiver Leistungsdruck (stark)	,143**	
Kontrollvariablen:		
Bildung		
Geschlecht		
Alter	-,178**	
r^2	,177	,142

Es werden nur signifikante Werte ausgewiesen; ** p<,01.

Die ‚marginal man' Symptome – Loyalitätsdilemma, Gefühle des Fremdseins und Entwurzelungsgefühle – können daher als Ausdruck von Spannungen interpretiert werden, die aus einer starken ethnischen Verbundenheit des Elternhauses entstehen, und die in Konflikt zur Lebensweise und zu den Erwartungen in der Aufnahmegesellschaft empfunden werden. Speziell die türkischstämmigen Jugendlichen machen sich den Traditionalismus der Eltern zu Eigen und stehen außerdem unter einem starken Leistungsdruck der Eltern, wodurch sich die Gefühle der Randständigkeit noch verstärken.

5.6 Zusammenfassung

Innerfamiliäre Spannungen, die sich aus unterschiedlichen Lebensvorstellungen, mangelndem Verständnis und überhöhten Erwartungen seitens der Eltern ergeben, sind in den Familien der zweiten Generation stärker ausgeprägt als in österreichischen Familien; geschlechtsspezifische Unterschiede lassen sich keine feststellen. Im Vergleich zu den autochthonen Jugendlichen besteht also eine größere „Kluft zwischen den Generationen". Mitverantwortlich für die stärkeren Spannungen in Migrantenfamilien sind Faktoren, die auch charakteristisch für den Migrationshintergrund der Jugendlichen sind: ein starker Leistungsdruck der Eltern auf die Kinder und Verbote hinsichtlich der sozialen Kontakte, speziell der Partnerschaftsbeziehungen zu ÖsterreicherInnen. Im Detail zeigte sich, dass Jugendliche, die ihren Erziehungsstil als traditionell einstufen, häufiger Konflikte mit den Eltern haben.

Sozialer Aufstieg und eine gute Ausbildung der Kinder sind gerade in Migrantenfamilien (mehr als bei österreichischen Familien) ein wichtiges Ziel, unter dem allerdings auch die Kinder eher klagen, da sie den Druck als zu stark empfinden. Dieser subjektive Leistungsdruck trägt auch zu den Problemen zwischen Eltern und Kindern bei.

Elterliche Verbote hinsichtlich interethnischer Freundschaften und Beziehungen sind eine Barriere für die Integration der Jugendlichen; die ausländischen Eltern sprechen sich häufiger gegen eine interethnische Beziehung aus. Besonders den türkischen Mädchen und Frauen wird bei der Partnerwahl weniger Autonomie zugestanden als den Burschen. Allerdings ließen sich bei der Frage nach der PartnerInnenwahl auch bei den einheimischen Jugendlichen Geschlechterunterschiede feststellen.

Ein eigenes Problemmuster ergibt sich für die kollektive Zugehörigkeit der Jugendlichen: Ausgeprägte Konflikte zwischen den Generationen gehen mit Zwiespältigkeit der Zugehörigkeitsgefühle einher; je spannungsgeladener die Beziehung zu den Eltern, desto stärker verspüren Jugendliche die typischen ‚marginal man' Spannungen, d.h. Gefühle des Fremdseins, Entwurzelungsgefühle und Loyalitätskonflikte. Die Rückkehrorientierungen der Eltern, aber auch ihre starken sozialen Kontrollen (über Freundschaften und Partnerschaften) wirken sich auf diese zwiespältige soziale Identität des Jugendlichen aus. Bei den türkischstämmigen Jugendlichen ist darüber hinaus noch ein starker Leistungsdruck der Eltern, aber auch die eigene, internalisierte Orientierung an den Traditionen, eine Quelle der Spannungen.

5.7 Literatur

Auernheimer, Georg (1988): Der sogenannte Kulturkonflikt. Orientierungsprobleme ausländischer Jugendlicher. Frankfurt/New York: Campus Verlag.
Bielefeld, Uli (1988): Inländische Ausländer: zum gesellschaftlichen Bewusstsein türkischer Jugendlicher in der Bundesrepublik. Frankfurt/New York: Campus Verlag.
Boos-Nünning, Ursula/Karakasoglu, Yasemin (2004): Viele Welten leben. Lebenslagen von Mädchen und jungen Frauen mit griechischem, italienischem, jugoslawischem, türkischem und Aussiedlerhintergrund. Herausgegeben vom BM für Familien, Senioren, Frauen und Jugendliche; Berlin: www.bmfsfj.de (März 2005).
Bormann, Regina (1997): „Multikulturalität"? Die sozialwissenschaftliche Kulturforschung angesichts des Umlaufs ihrer Kategorien. In: Schweizerische Zeitschrift für Soziologie 23, Heft 2, 283-302.
Buchegger, Reiner (Hrsg.) (1999): Migranten und Flüchtlinge. Eine familienwissenschaftliche Annäherung. Wien: Österreichisches Institut für Familienforschung.
Bukow, Wolf-Dietrich/Llaryora, Robert (1988): Mitbürger aus der Fremde. Soziogenese ethnischer Minoritäten. Opladen: Westdeutscher Verlag.
Elschenbroich, Donata/Müller, Hermann (Hrsg.) (1981): Die Kinder der Fremden. Ausländische Kinder im Kultur- und Sprachkonflikt. Wiesbaden: Akademische Verlagsgesellschaft.
Esser, Hartmut/Friedrichs, Jürgen (1990): Generation und Identität. Opladen: Westdeutscher Verlag.
Gapp, Patrizia/Unterwurzacher, Anne (2004): „Ich bin hier geboren ... mir kann hier eigentlich keiner was verbieten." – Ausgewählte Aspekte der Lebenssituation von MigrantInnenjugendlicher 2. Generation, unveröffentlicher Forschungsbericht. Wien: Institut für Soziologie, Univ. Wien.
Hämmig, Oliver (2000): Zwischen zwei Kulturen. Spannungen, Konflikte und ihre Bewältigung bei der zweiten Ausländergeneration. Opladen: Leske und Budrich.
Heitmeyer, Wilhelm/Müller, Joachim/Schröder, Helmut (1997): Verlockender Fundamentalismus. Türkische Jugendliche in Deutschland. Frankfurt/Main: Suhrkamp.
Hill, Paul B. (1990): Kulturelle Inkonsistenz und Stress bei der zweiten Generation. In: Esser, Hartmut/Friedrichs, Jürgen (1990): 101-126.
Hülster, Michael (1981): Kindheit im Kulturkonflikt. Thesen und Materialien zur interkulturellen Handlungsorientierung. In: Elschenbroich, Donata/Müller, Hermann (1981): 111-126.
Juhasz, Anne/Mey, Eva (2003): Die zweite Generation: Etablierte oder Außenseiter? Biographien von Jugendlichen ausländischer Herkunft. Wiesbaden: Westdeutscher Verlag.
Lajios, Konstantin (Hrsg.) (1991): Die zweite und dritte Ausländergeneration. Ihre Situation und Zukunft in der Bundesrepublik Deutschland. Opladen: Leske + Budrich.
Nauck, Bernhard (1999): Sozialer und intergenerativer Wandel in Migrantenfamilien in Deutschland. In: Buchegger, Reiner (Hrsg.): 13-69.
Nauck, Bernhard/Diefenbach, Heike/Petri, Kornelia (1998): Intergenerationale Transmission von kulturellem Kapital unter Migrationsedingungen. Zum Bildungserfolg von Kindern und Jugendlichen aus Migrantenfamilien in Deutschland. In: Zeitschrift für Pädagogik 44, Heft 5, 701-722.
Nieke, Wolfgang (1991): Situation ausländischer Kinder und Jugendlicher in der Bundesrepublik Deutschland: Vorschule, Schule, Berufsausbildung, Freizeit und Kriminalität. In: Lajios, Konstantin (1991): 13-42.
Otyakmaz, Berrin Ö. (1995): Auf allen Stühlen: das Selbstverständnis junger türkischer Migrantinnen in Deutschland. Köln: Neuer ISP Verlag.

Park, Robert E. (1964): Race and Culture. The collected Papers of Robert Ezra Park. New York: The Free Press of Glencoe.

Polat, Ülger (1998): Soziale und kulturelle Identität türkischer Migranten der zweiten Generation in Deutschland. Hamburg: Kovac.

Sökefeld, Martin (Hrsg.) (2004): Jenseits des Paradigmas kultureller Differenz. Neue Perspektiven auf Einwanderer aus der Türkei. Bielefeld: transcript.

Sökefeld, Martin (2004a): Das Paradigma kultureller Differenz: Zur Forschung und Diskussion über Migranten aus der Türkei in Deutschland. In: Sökefeld, Martin (2004): 9-34.

Wicker, Hans-Rudolf (Hrsg) (1993): Türkei in der Schweiz? Beiträge zur Lebenssituation von türkischen und kurdischen Migranten und Flüchtlingen in der Fremde. Luzern: Caritas-Verlag: 39-51.

Wilpert, Czarina (1980): Die Zukunft der zweiten Generation. Erwartungen und Verhaltensmöglichkeiten ausländischer Kinder. Königstein: Athenäum.

5.8 Anhang

Tabelle A 5.1: Leistungsdruck und Ausbildungswünsche nach Herkunft; Prozentangaben

	zweite Generation	österr. Kontrollgruppe
subjektiver Leistungsdruck[1)]		
starker Druck	22	8
etwas Druck	40	33
kein Druck	38	58
Ausbildungswünsche der Eltern		
einen Beruf erlernen	26	29
Univ. Studium oder FH	31	12
keine bestimmte Ausbildung	18	32
Matura machen	20	24
nach der Pflichtschule arbeiten	3	2
anderes	2	1

Alle Unterschiede sind signifikant, p<,01.

1) Frage: „Manchmal denken Eltern, dass ihre Kinder etwas Besseres erreichen sollten, als sie selbst erreicht haben. Haben Ihre Eltern Druck auf Sie ausgeübt, damit Sie einmal mehr erreichen?" Antwortmöglichkeiten: 1 = „ja, haben starken Druck ausgeübt", 2 = „haben etwas Druck ausgeübt", 3 = „nein, haben keinen Druck auf mich ausgeübt"

Tabelle A 5.2: Leistungsmotivation nach Herkunft; Prozentangaben

	zweite Generation	österr. Kontrollgruppe
schulische Leistungen (sehr wichtig/eher wichtig)[2]		
für den Vater	60	38
für die Mutter	60	45
für Jugendlichen selbst	50	36

2) Frage: „Wie wichtig ist bzw. war es für Ihren Vater/für Ihre Mutter/für Sie selbst, in der Schule gute Leistungen zu erbringen?" 4-stufige Antwortskala, 1 = „sehr wichtig", 4 = „gar nicht wichtig"

Tabelle A 5.3: Traditionelle Erziehung und Leistungsdruck nach Herkunftsländern; Prozentangaben

	Türkei	Ex-Jugoslawien	andere Länder
wahrgenommene Erziehung[1]			
sehr traditionell/eher traditionell	58	30	31
eher nicht/gar nicht traditionell	16	35	37
teils-teils	26	35	32
	100	100	100
subjektiver Leistungsdruck[2]			
starker Druck	26	18	20
wenig bis kein Druck	74	82	80
	100	100	10

Alle Unterschiede sind signifikant, p<,01.
1) Frage: „Würden Sie sagen, dass Ihre Eltern Sie in Bezug auf ihr Herkunftsland auf traditionelle Art und Weise erzogen haben oder nicht?" 5-stufige Antwortskala, 1 = „sehr traditionell", 5 = „gar nicht traditionell".
2) Frage: „Manchmal denken Eltern, dass ihre Kinder etwas Besseres erreichen sollten, als sie selbst erreicht haben. Haben Ihre Eltern Druck auf Sie ausgeübt, damit Sie einmal mehr erreichen?" Antwortmöglichkeiten: „ja, haben starken Druck ausgeübt", „haben etwas Druck ausgeübt", „nein, haben keinen Druck auf mich ausgeübt".

Familiäre Beziehungen

Tabelle A 5.4: Kontrolle der Eltern über Partnerwahl und Freundschaften nach Geschlecht; Prozentangaben

	österr. Kontrollgruppe		Türkei		Ex-Jugoslawien u. andere Länder	
Eltern wollen nicht...	M	F	M	F	M	F
EhepartnerIn ohne Zustimmung auswählen und heiraten	31	34	61	68	35	40
eine/n österreichische/n (ausländische/n) Freund/in haben	17	30	47	78	13	21
mit österreichischen (ausländischen) FreundInnen ausgehen	5	11	15	21	2	4
österreichische (ausländische) FreundInnen nach Hause einladen	11	10	16	8	2	2
N (~)	192	210	242	215	257	284

# 6 Ethnische Traditionen, religiöse Bindungen und „civic identity"

Hilde Weiss und Moujan Wittmann-Roumi Rassouli

6.1 Tradition und Religion im Integrationsdiskurs

Der Großteil der „ersten" Generation in Österreich stammt aus den ländlichen, schwach industrialisierten Regionen der Türkei und Ex-Jugoslawiens, in denen Traditionen und Lebensweisen teils noch in scharfem Kontrast zu den westlichen, urbanen Lebensstilen stehen. Die vorherrschenden Normen und Werte agrarisch dominierter Gesellschaften werden in der Literatur idealtypisch als „traditionell" beschrieben: Das Familien- und Verwandtschaftssystem steht im Mittelpunkt der Lebensbezüge und unterwirft seine Mitglieder durch Normen, die auf die Autorität des Familienoberhaupts fixiert und mit einem festen Moralkodex verbunden sind, einer strengen Kontrolle. In der Hierarchie stehen Männer über den Frauen, Ältere über den Jüngeren; die streng normierten Geschlechtsrollen verbinden meist religiöse Vorschriften mit ethnischen Traditionen (vgl. Schiffauer 1995). Wie bei jeder typologischen Beschreibung ist die Realität allerdings vielschichtiger, die beschriebenen Gesellschaften befinden sich oft im Übergang oder sogar in raschem Wandel (wie z.b. Jugoslawien in den 70er Jahren, die Türkei heute) und die inneren Differenzierungen – der sozialen Schichten und Familienformen, der Lebensweise in den wachsenden Gemeinden und Städten – werden dabei ausgeblendet.

In der älteren Forschungsliteratur erschien die typische, aus ländlichen Gebieten stammende Migrantenfamilie durchwegs von patriarchalischen, halbfeudalen Machtstrukturen geprägt. Studien zeigen inzwischen nicht nur, dass sich die Migrantenfamilien nach regionalen und sozialen Charakteristika im Herkunftsland differenzieren, sondern auch, dass die Familien in der Migration einem Wandel unterliegen (vgl. Nauck 1999). Die Rollenstrukturen in Migrantenfamilien verändern sich durch die Berufstätigkeit der Frau (vgl. Gümen, Herwartz-Emden und Westphal 2000); die Bedeutung der Tradition und des Familienverbands hängen nicht zuletzt von der Art der Eingliederung in die Aufnahmegesellschaft ab – je geringer die Akzeptanz, desto stärker ist das Festhalten an den hergebrachten Lebensweisen (vgl. Buchkremer, Bukow und Emmerich 2000; Schiffauer 1991; Bukow 1996). Auch in dieser Studie zeigte sich, dass die elterlichen Milieus innerhalb der Herkunftsländer heterogen sind und keineswegs pauschal als „traditionell" anzusehen sind (vgl. Kapitel 4). Jugendliche der zweiten Generation erscheinen in der Literatur aber durchwegs vom Konflikt zwischen den Kulturen, zwischen „traditionaler" und „moderner" Gesellschaft, geprägt: Im Elternhaus leben sie nach den hergebrachten Lebensweisen und Sitten, außerhalb der Familie erleben sie unmittelbar den Kontrast zur Kultur des Landes, in dem sie aufwachsen. In beiden Kulturen werden sie sozialisiert, an beiden haben sie auch teil; welchen Spannungen die Jugendlichen ausgesetzt sind, nach welchen Werten sie ihr Leben gestalten, zu welcher Kultur sie sich hingezogen fühlen, an diesen Themen, und besonders an der Rolle der Religion, entzünden sich Debatten über die Identität der zweiten Generation.

In den aktuellen Forschungen wird das Leben der Jugendlichen – sei es als Leben zwischen den Welten oder „in vielen Welten" (vgl. Boos-Nünning und Karakasoglu 2004) – aus einer anderen Perspektive beschrieben: Statt einer Entscheidung für oder gegen ein Wertsystem, für oder gegen die ethnischen Prinzipien des Herkunftslandes, würden Traditionen umgedeutet, die positiv wahrgenommenen Elemente der jeweiligen Lebenskontexte ausgewählt und zu einer den eigenen Ansprüchen genügenden Lebensform zusammengefügt.

In den qualitativen Studien wird die Vielfalt individueller Lebensverläufe und Identitätsentwürfe beschrieben (z.b. Apitzsch 1996; Karakasoglu-Aydin 2000). Allerdings gerät in den detailreichen Schilderungen leicht aus dem Blick, dass auch doppelte oder gemischte Identitäten innerhalb eines normativen Rahmens abgesteckt werden müssen. Auch wenn die Alltagskultur der Migrantenjugendlichen aus einer Mischung heterogener kultureller Elemente besteht, so sind doch Entscheidungen in relevanten Verhaltensorientierungen zu treffen – z.B. im Hinblick auf Macht und Hierarchie in der Geschlechterbeziehung, das sexuelle Verhalten, Autorität und Kontrolle im Familienverband –, die zu Konflikten in der Familie führen können.

In den folgenden Analysen stehen solche zentralen, das eigene Leben prägende Orientierungen zur Debatte. Im Mittelpunkt stehen Geschlechtsrollen, individualistische und kollektivistische Orientierungen, aber auch die Einstellung zu Demokratie und politischer Partizipation. Eine wichtige Bedeutung kommt in diesem Kontext der Religion zu: Wie stark sind die religiösen Bindungen der Jugendlichen, welchen Einfluss haben sie auf diese grundlegenden Orientierungen? Besonders der Islam wird oft in Gegensatz zu den Werten einer „civic identity" gesehen – ist eine starke Bindung an den Islam ein Integrationshindernis?

6.2 Traditionalismus: Geschlechtsrolle, Moral und Autorität

Im Leben der Jugendlichen stellen Fragen der Sexualmoral, der Geschlechtsrollen, aber auch des Umgangs mit Autorität und Hierarchien unmittelbare Herausforderungen für die eigene Lebensgestaltung dar; es sind Themen, mit denen sie sich auseinandersetzen und an denen sie in Konflikt zu den Eltern geraten können. Besonders für Mädchen und junge Frauen türkischer Herkunft sind die familiären Erwartungen oft mit einer starken Problembelastung verbunden. Auch wenn darauf hingewiesen wird, dass sie nicht als passives „Opfer" des Wertkonflikts gesehen werden sollten, so stehen sie doch vor dem Problem, zwischen verschiedenen Lebensweisen zu vermitteln. Studien zeigen auf, dass sie es gelernt haben, Strategien der Konfliktbewältigung zu entwickeln (vgl. Atabay 1998). Diese Untersuchungen zeigen zwar, dass es verschiedene Bewältigungsmuster gibt, doch ist unklar, wie groß der Spielraum – zwischen dem Festhalten an Traditionen und radikaler Abwendung – für eine befriedigende Konfliktlösung tatsächlich ist. So berichten qualitative Studien von Kompromissen, z.B. in Form des Umdeutens der Traditionen bei türkischstämmigen jungen Frauen oder eines „so tun als ob" (ein Akzeptieren der Tradition kann durch Tragen des Kopftuchs demonstriert werden, um sich auf diese Weise neue Freiräume, vor allem durch Lernen eines Berufs oder Studieren, zu erobern). Auch wenn die zweite Generation nicht als passives Opfer von Normkonflikten zu sehen ist, so prägen die Widersprüche zwischen dem Wunsch nach Zugehörigkeit zur Familie und zur kulturellen Tradition einerseits, dem Verlangen nach veränderten Lebensmöglichkeiten andererseits, doch ihren Lebenshintergrund und die Lebensstile (vgl. Viehböck und Bractic 1994; Boos-Nünning 1999).

In welchem Ausmaß sind nun die Jugendlichen den traditionalen Normen noch verbunden, welche Rolle spielt die Religion im Kontext eines traditionellen Einstellungsmusters? Die hier gestellten Fragen beziehen sich auf Dimensionen, die als zentral für das patriarchalische, traditional organisierte Familiensystem gelten: auf die Trennung der weiblichen und männlichen Sphäre und auf Sitten, die das Hergebrachte bewahren und die Autorität der Älteren stützen. Auch wenn man heute eine Differenzierung der Milieus konstatiert, berichten Forschungen vor allem bei türkischen Familien über strenge verwandtschaftliche Kontrollsysteme, reglementierte Geschlechtsrollen und rigide Moral- und Ehrauffassungen, die vor allem zulasten der Töchter gehen (vgl. Viehböck und Bratic 1994; Gümüs 1995). Aus österreichischen Statistiken geht hervor, dass türkische Mädchen bereits in viel jüngerem Alter als der Durchschnitt verheiratet sind und daher früher aus dem Bildungssystem ausscheiden (vgl. Appelt 2003).

Wie Tabelle 6.1 zeigt, werden die traditionellen Geschlechtsrollenbilder von den Jugendlichen türkischer Herkunft wesentlich häufiger unterstützt als von allen anderen; vor allem die Tradition, dass Mädchen „schon frühzeitig auf die Aufgaben vorbereitet werden sollen, die sie später in der Familie zu erfüllen haben" (41 %), aber auch eine strengere Moral („Männer und Frauen gehen miteinander zu freizügig um") und ein prinzipielles Festhalten an den traditionellen Werten („den Jugendlichen werden zu wenig die traditionellen Werte vermittelt") finden unter ihnen am häufigsten Zuspruch (33 % bzw. 41 %).

Tabelle 6.1: Traditionalismus nach nationaler Herkunft (n ~ 1000); Prozentangaben

Items: Zustimmung[1]	österr. Kontrollgruppe	2. Generation, Eltern aus		
		Türkei	Ex-Jugoslawien	andere Länder
Geschlechtsrolle				
Es ist Aufgabe des Mannes, Geld zu verdienen, die Frau soll sich um Haushalt und Familie kümmern.	8	24	10	7
Mädchen sollten frühzeitig auf die Aufgaben vorbereitet werden, die sie später in der Familie zu erfüllen haben.	17	41	18	16
Sitten				
Frauen und Männer gehen in unserer Gesellschaft miteinander zu freizügig um.	10	33	17	19
Den Jugendlichen werden zu wenig die traditionellen Werte vermittelt.	26	41	24	27
Bei wichtigen Entscheidungen sollten ältere Familienangehörige mehr zu sagen haben als die jüngeren Erwachsenen.	8	25	17	15
Kollektivismus/Individualismus				
Ich würde Dinge, die mir Spaß machen, nicht tun, wenn meine Familie damit nicht einverstanden wäre.	12	35	17	16
Ich sage ungern meine Meinung, wenn die anderen etwas anderes sagen.	10	16	9	4
Bei persönlichen Problemen halte ich mich meistens an die Ratschläge meiner Freunde/innen oder Verwandten.	29	37	26	30

Alle Unterschiede sind signifikant, p<,01.
1) Zustimmung = 1 und 2 auf einer 5-stufigen Antwortskala (1 = „stimme sehr zu", 5 = „stimme gar nicht zu")

Ganz ähnlich verhält es sich mit Einstellungen, die generell als „Kollektivismus" beschrieben werden: Die Zustimmung der Familie ist generell verpflichtend, bei persönlichen Problemen hält man sich an die Ratschläge der Gruppe, Abweichungen würden Unbehagen schaffen (zum Konzept bzw. Gegensatz Kollektivismus vs. Individualismus vgl. Triandis 1995; Kim et al. 1994). Auch hier stimmen türkischstämmige Jugendliche am häufigsten zu; 35 % würden Dinge, die ihnen Spaß machen, nicht tun, wenn die Familie nicht einverstanden wäre, 37 % würden sich bei persönlichen Problemen an den Rat der Verwandten oder FreundInnen halten.

Betrachtet man die Geschlechtsunterschiede, so sind diese markant (s. Tabelle 6.2); besonders stark ausgeprägt sind sie in der türkischen Herkunftsgruppe, aber auch sonst sind die männlichen Jugendlichen konservativer als die weiblichen. Von den türkischstämmigen Burschen betrachten 39 % das Geldverdienen als ihre Aufgabe, während die Frau sich um Haushalt und Kinder kümmern sollte; aber nur 8 % der türkischstämmigen Mädchen und jungen Frauen stimmen dieser Rollenaufteilung zu. Geringer ist jedoch der Meinungsunterschied über die grundsätzliche Rolle der Frau als Mutter und ihre Aufgaben in der Familie: 47 % der männlichen und auch 35 % der weiblichen Jugendlichen akzeptieren es, dass Mädchen schon frühzeitig auf ihre spätere Rolle in der Familie vorbereitet werden sollten. Bei keiner anderen Herkunftsgruppe ist die Rollenorientierung der jungen Frauen von einem derart starken Zwiespalt zwischen Berufsorientierung und Frauenrolle gekennzeichnet; die türkischstämmigen Mädchen und Frauen akzeptieren zwar die traditionelle Beschränkung der Frau auf den Haushalt nicht mehr und unterscheiden sich in dieser Einstellung selbst von den Österreicherinnen kaum, halten aber sehr stark an einem Frauenbild fest, das sich durch Weiblichkeit und Mütterlichkeit bestimmt.

Diese Diskrepanz zwischen Familienorientierung und Selbstständigkeitsstreben bei jungen TürkInnen wurde auch in deutschen Studien festgestellt (z.B. Boos-Nünning und Karakosoglu 2004: 173). Es wird vermutet, dass die angestrebte berufliche Entwicklung den Frauen mehr Autonomie und individuelle Lebensgestaltung ermöglichen wird; offen bleibt aber, ob dieses beginnende Aufbrechen der traditionellen Geschlechtsrolle mit den Macht- und Entscheidungsstrukturen im Familienverband vereinbar sein wird. Angesichts der hier festgestellten starken Auffassungsunterschiede zwischen den Geschlechtern könnte daraus ein ziemlich großes Konfliktpotential entstehen.

Die starken Geschlechtsdifferenzen in den Einstellungen bekräftigen die These von Gümüs (1995), dass es der starre Geschlechtsrollenzwang ist, der die türkischen Mädchen und Frauen dazu bringt, sich von den kulturellen Normen stärker zu distanzieren als die männlichen Jugendlichen. Deutsche und österreichische Studien heben hervor, dass die familiären Kontrollen gegenüber den

Mädchen in der Migration intensiver ausgeübt würden als in der Türkei; sie versuchen daher, die Einschränkungen zu umgehen und ihr Leben an beiden kulturellen Systemen auszurichten (vgl. Riesner 1995; Viehböck und Bratic 1994).

Tabelle 6.2: Traditionalismus und Kollektivismus nach nationaler Herkunft und Geschlecht; Prozentangaben

Items: Zustimmung[1]	österr. Kontrollgruppe		2. Generation, Eltern aus					
			Türkei		Ex-Jugoslawien		andere Länder	
	M	F	M	F	M	F	M	F
Geschlechtsrolle:								
Es ist Aufgabe des Mannes, Geld zu verdienen, die Frau soll sich um Haushalt und Familie kümmern.	12	5	39	8	15	4	11	4
Mädchen sollten frühzeitig auf die Aufgaben vorbereitet werden, die sie später in der Familie zu erfüllen haben.	17	17	47	35	25	11	19	14
Sitten:								
Frauen und Männer gehen in unserer Gesellschaft miteinander zu freizügig um.	9	10	36	28	22	12	20	19
Den Jugendlichen werden zu wenig die traditionellen Werte vermittelt.	28	23	46	35	30	19	34	22
Bei wichtigen Entscheidungen sollten ältere Familienangehörige mehr zu sagen haben als die jüngeren Erwachsenen.	12	5	33	16	22	12	27	4
Kollektivismus/Individualismus								
Ich würde Dinge, die mir Spaß machen, nicht tun, wenn meine Familie damit nicht einverstanden wäre.	13	11	34	36	18	16	15	16
Bei persönlichen Problemen halte ich mich meistens an die Ratschläge meiner Freunde/innen oder Verwandten.	26	32	34	38	29	23	33	28
Ich sage ungern meine Meinung, wenn die anderen etwas anderes sagen.	10	9	18	13	10	8	4	5

1) Zustimmung = 1 und 2 auf einer 5-stufigen Antwortskala (1 = „stimme sehr zu", 5 = „stimme gar nicht zu")

Der Zwiespalt zwischen Traditionsbindung und Opposition zieht sich auch durch die anderen Einstellungen der türkischstämmigen Mädchen und Frauen: sie fühlen sich stark an die Familie gebunden – so würden 36 % nichts tun, was ihnen Spaß macht, wenn die Familie dagegen ist (hier gibt es auch keinen Unterschied zwischen den Geschlechtern) – doch lehnen sie den Gehorsam gegenüber den Älteren in der Familie viel entschiedener ab. Den traditionellen Werten stehen sie zwar skeptischer gegenüber als die Burschen, verteidigen diese aber doch mehr als die jungen Frauen der anderen Herkunftsgruppen.

Der Vergleich mit der österreichischen Kontrollgruppe relativiert aber eine allzu sehr auf Ethnizität fixierte Betrachtungsweise: Dass traditionelle Orientierungen, auch in den Geschlechtsrollen, bei den einheimischen Jugendlichen durchaus Anklang finden und Teil eines Einstellungsmusters sind, das man im Kontext der österreichischen Gesellschaft als „konservativ" bezeichnen würde, ist nicht zu übersehen (s. Tabelle 6.3). Allerdings beeinflusst das großstädtische Leben die Einstellungen der österreichischen Jugendlichen stark; traditionelle Einstellungen sind in den Bundesländern rund doppelt so häufig anzutreffen als in Wien (z.B. sprechen sich 29 % in den westlichen Bundesländern für die traditionelle Frauenrolle aus, jedoch nur 17 % in Wien). Für die Jugendlichen ausländischer Herkunft ist es dagegen weniger bedeutsam, ob sie in der Großstadt Wien oder im ländlichen Raum leben.

Tabelle 6.3: Traditionalismus nach Region; Prozentangaben

Skala[1)	österreich. Kontrollgruppe		2. Generation, Eltern aus					
			Türkei		Ex-Jugoslawien		andere Länder	
	Wien	Bld.	Wien	Bld.	Wien	Bld.	Wien	Bld.
Traditionalismus: Geschlechtsrolle	17	29	50	45	21	30	18	29
Traditionalismus: Sitten	14	23	47	45	29	30	31	24
Kollektivismus	17	35	46	50	24	35	24	31
N ~	199	203	241	214	171	182	85	101

1) hohe Ausprägung der dichotomisierten Skala > Median

6.3 Religiosität im Kontext traditioneller Orientierungen

Traditionalismus und Religion werden allgemein als sich gegenseitig stützend und verstärkend gesehen. Besonders der Islam gilt als Legitimation traditionaler Familienstrukturen und Sitten. Wie sehr wirkt sich eine religiöse Lebensorientierung der Jugendlichen auf ihre Einstellungen aus?

Betrachtet man zuvor die Korrelationen zwischen den einzelnen Dimensionen von Traditionalismus (die Antworten zu den einzelnen Statements wurden zu Skalenscores summiert), so zeigt sich, dass alle drei miteinander sehr hoch korrelieren, d.h. dass sie ein nahezu homogenes Einstellungsmuster bilden (s. Tabelle 6.4). Die Geschlechtsrollenorientierung ist also fest eingebunden in ein Bündel von Normen, die sowohl die Beziehungen in der Familie als auch traditionelle Orientierungen abstützen; umgekehrt bedeutet dies aber auch, dass eine Abkehr von der traditionellen Geschlechtsrolle mit einer Abwendung von traditionellen Moral- und Autoritätsvorstellungen, von Familien- und Gruppenbindungen einher geht. Aus dieser starken Verschränkung der Traditionen wird verständlich, warum der Wandel in Herkunftsmilieus, die am stärksten von Traditionalismus geprägt sind, langsam vonstatten geht.

Tabelle 6.4: Interkorrelationen: Geschlechtsrolle, Sitten, Kollektivismus und Religiosität (Korrelationskoeffizient, Pearson)

	Traditionalismus: Sitten	Kollektivismus	Religiosität
türkische Herkunft			
Traditionalismus: Geschlechtsrolle	,53	,43	,28
Traditionalismus: Sitten		,65	,27
Kollektivismus			,24
nicht-türkische Herkunft			
Traditionalismus: Geschlechtsrolle	,45	,40	,20
Traditionalismus: Sitten		,65	,24
Kollektivismus			,23
österreichische Jugendliche			
Traditionalismus: Geschlechtsrolle	,50	,48	,13
Traditionalismus: Sitten		,65	,06
Kollektivismus			,13

Betrachtet man in diesem Kontext den Stellenwert von Religiosität, die hier an der subjektiven Bedeutung, die sie im Leben der Jugendlichen spielt, definiert ist, so nimmt sie im Einstellungsmuster des Traditionalismus nicht unmittelbar eine Schlüsselrolle ein. Sie steht in einem mittleren Zusammenhang mit den einzelnen Dimensionen, und ist aufgrund der doch niedrigeren Korrelationen nicht mit Traditionalismus per se gleichzusetzen (s. Tabelle 6.4). Während die traditionellen Wertbezüge stark in den Lebensalltag, mit seinen Routinen und Selbstverständlichkeiten, eingelagert sind – in den Alters- und Geschlechtsrollen, in den Stellenwert der Familie als Bezugspunkt des Lebens –, unterliegt Religion offenbar einer stärkeren individuellen Auslegung. Besonders deutlich tritt dies bei den österreichischen Jugendlichen zutage: Obwohl eine traditionelle Geschlechtsrollenorientierung eng mit dem Festhalten an traditionellen Sitten und kollektiven Orientierungen verbunden ist, ist der Zusammenhang mit Religiosität nur schwach. Selbst bei den türkischstämmigen Jugendlichen spielt die subjektive religiöse Bindung keine konstitutive Rolle in der traditionellen Einstellung.

Auswirkung des ethnischen Milieus der Eltern auf Traditionalismus

Welche Auswirkung hat das Milieu der Eltern auf die Traditionsbindung der Jugendlichen? Kaum überraschend steigt mit der Intensität der ethnischen Bindung der Eltern auch die Bereitschaft der zweiten Generation, die Traditionen fortzuführen (s. Tabelle 6.5). Ist dagegen die ethnische Orientierung der Eltern gering, d.h. wenn keines der Merkmale – „leben nach den Regeln der Religion", „Erziehung der Kinder in der Tradition des Herkunftslandes", ‚ausschließliches Verwenden der Herkunftssprache zu Hause' – zutrifft, dann sind auch für die Jugendlichen traditionelle Normen kaum bedeutsam. In diesem Fall halten z.B. nur 14 % der türkischstämmigen, 17 % der ex-jugoslawischen und 11 % der Jugendlichen aus anderen Herkunftsländern an traditionellen Geschlechtsrollen fest. Trifft jedoch nur eines der ethnischen Milieumerkmale bei den Eltern zu, steigen die Prozentsätze bereits kräftig an: auf 41 % bei den türkischstämmigen Jugendlichen, 27 % bei den ex-jugoslawischen und 28 % bei den übrigen. Sind zwei Merkmale für die Eltern charakteristisch, liegt der Prozentsatz türkischstämmiger Jugendlicher mit einer stark traditionellen Geschlechtsrollenorientierung über der Hälfte (53 %). Andererseits fällt gerade bei den türkischstämmigen Jugendlichen, die in einem ethnisch offenen elterlichen Milieu erzogen wurden, auf, dass die Distanzierung zu den traditionellen Geschlechtsrollen viel schärfer ausfällt als zu den anderen traditionellen Einstellungen.

Dennoch treffen pauschalisierte Vorstellungen wenig zu, da ethnisch geschlossene Milieus keineswegs in der Mehrzahl sind (vgl. Kapitel 4). Allerdings zeigen die Resultate, dass die Loslösung von Leitbildern, die im Lebensalltag eine große Rolle spielen, wie Geschlecht und Autorität in der Familie, auch im graduell offeneren Milieu schwierig ist.

Untersucht man noch, wie sich soziodemografische Merkmale (Bildung, Geschlecht, Alter), die Wohnsegregation (Leben in Vierteln mit hohem Ausländeranteil) und das Milieu der Eltern auf die traditionelle Geschlechtsrollenauffassung auswirken, so zeigen sich (anhand multipler Regressionsanalysen) die erwarteten Effekte des elterlichen Milieus, besonders stark treten aber die Effekte der Bildung und des Geschlechts hervor: höher Gebildete und Frauen wenden sich von sämtlichen Traditionen stärker ab. Dies gilt für die türkischstämmigen Jugendlichen ebenso wie für die der anderen Herkunftsländer.

Tabelle 6.5: Traditionalismus nach Intensität der ethnischen Orientierung der Eltern[1] (n ~ 1000); Prozentangaben[2]

	niedrig			hoch
	0	1	2	3
aus der Türkei				
Traditionalismus: Geschlechtsrolle	14	41	53	67
Traditionalismus: Sitten	25	41	50	59
Kollektivismus	30	46	50	60
aus ehem. Jugoslawien				
Traditionalismus: Geschlechtsrolle	17	27	31	47
Traditionalismus: Sitten	18	30	45	40
Kollektivismus	16	34	34	54
aus anderen Ländern				
Traditionalismus: Geschlechtsrolle	11	28	26	0
Traditionalismus: Sitten	21	35	33	0
Kollektivismus	16	24	42	0

1) ethnische Orientierung der Eltern: leben streng nach Regeln einer Religionsgemeinschaft; Kinder nach Tradition des Herkunftslandes erzogen; mit Eltern nur in Herkunftssprache sprechen. 0 = keines dieser Merkmale trifft zu (niedrig), 3 = alle drei Merkmale treffen zu (hoch)
2) dichotomisierte Skalenscores: hohe Ausprägung > Median

Welche Bedeutung kommt nun verschiedenen Formen religiöser Bindungen zu? Ist es gerechtfertigt, dem Islam eine gewichtige Rolle in der Integrationsdebatte zuzuschreiben – ist Religion, als persönliche Lebensorientierung oder als institutionelle Bindung, ein Hemmnis für eine „civic identity"?

6.4 Islam – ein Grund für Zwiespalt der Werte?

Religiöse Orientierung: innere Bindung und institutionelle Praxis

An keinem anderen Themenkreis werden die kulturellen Differenzen zwischen den „orientalischen" und „westlichen" Gesellschaften so intensiv diskutiert wie an der Religion und ihrer Bedeutung im gesellschaftlichen und politischen Leben. In den modernen Gesellschaften manifestiert sich die Säkularisierung nicht nur an der Zurückdrängung der Herrschaftsmacht religiöser Institutionen, sondern auch an der Loslösung des Individuums von den religiösen Dogmen und Traditionen. Die Modernisierung – Verwissenschaftlichung des Weltbilds, kulturelle Pluralisierung, Urbanisierung, Universalisierung des Rechts etc. – hat die vormals religiös geprägten Lebensbereiche umgestaltet und neu reguliert. Religionssoziologische Untersuchungen interpretieren die massiven Glaubensverluste in den modernen Gesellschaften allerdings nicht als Aufhebung der Religion, sondern als „Individualisierung des Religiösen" (vgl. Luckmann 1991): Da sich der Glaube aus den institutionellen Bindungen gelöst hat, differenzieren sich die Glaubensinhalte und religiösen Verhaltensweisen aus.

Berücksichtigt man diese Debatten über die subjektive Bedeutung von Religion in der modernen Gesellschaft – im Sinne einer individuellen Interpretation von Geboten und Glaubensinhalten, unabhängig von der institutionellen Praxis – so ist es sinnvoll, verschiedene Formen des religiösen Verhaltens zu analysieren.

Tabelle 6.6: Religiosität und institutionelle Praxis nach nationaler Herkunft; Prozentangaben

	österr. Kontrollgruppe	zweite Generation	2. Generation, Eltern aus		
			Türkei	Ex–Jugoslawien	andere Länder
Religiosität: „Welche Bedeutung hat Religion in Ihrem Leben?"					
sehr große Bedeutung	5	36	56	19	18
gewisse Bedeutung	23	31	26	38	29
eher geringe Bedeutung	38	19	10	26	30
keine Bedeutung	33	14	8	17	23
Institutionelle Praxis: „Wie häufig gehen Sie zu einem Gottesdienst?"					
mehrmals in der Woche	1	5	9	1	3
einmal in der Woche	2	14	22	7	9
ein paar Mal im Monat	3	9	11	8	5
ein paar Mal im Jahr	21	18	12	24	18
seltener	30	23	19	28	23
nie	43	31	27	32	41
gesamt	100	100	100	100	100
N ~	403	1000	458	356	186

In beiden Dimensionen, Religiosität und religiöse Praxis, zeigen sich bereits enorme Unterschiede zwischen den Migrantenjugendlichen und den einheimischen Jugendlichen. Eine „sehr große" Bedeutung in ihrem Leben hat Religion gerade noch bei 5 % der österreichischen Jugend, dagegen bei 36 % der Migrantenjugendlichen, wobei der größte Anteil mit 56 % auf Jugendliche türkischer Herkunft fällt; am anderen Extrem – „Religion hat gar keine Bedeutung" – finden sich 33 % der österreichischen Jugendlichen im Vergleich zu 14 % der zweiten Generation. Die religiöse Praxis – Besuch des Gottesdienstes in einer Kirche/Moschee – ist zwar auch in der zweiten Generation weniger intensiv, bei den einheimischen Jugendlichen aber immer noch weit geringer (s. Tabelle 6.6). Gemäß einer Typologie aus diesen beiden Dimensionen ist eine intensive religiöse Bindung unter den türkischstämmigen Jugendlichen am häufigsten: 31 % bezeichnen sich als sehr religiös und gehen auch einmal oder öfter in der Woche in die Moschee. Diese intensive religiöse Bindung haben jedoch nur 8 % bzw. 10 % der Jugendlichen aus den ex-jugoslawischen bzw. anderen Ländern. Von den einheimischen Jugendlichen zeigen überhaupt nur 2 % diese starke Bindung. Auch die individualisierte Religiosität – „religiös, aber keine institutionelle Praxis" – findet sich mit 25 % am häufigsten unter den türkischstämmigen Jugendlichen (s. Tabelle 6.7).

Tabelle 6.7: Typen religiöser Bindung nach nationaler Herkunft; Prozentangaben

Typ: religiöse Bindung	österr. Kontrollgruppe	zweite Generation	2. Generation, Eltern aus		
			Türkei	Ex–Jugoslawien	andere Länder
religiös und institutionelle Praxis[1]	2	19	31	8	10
religiös, keine institutionelle Praxis	4	17	25	11	8
nicht religiös, institutionelle Praxis	4	9	10	8	8
nicht religiös, keine institutionelle Praxis	90	55	34	73	74
gesamt	100	100	100	100	100
N	403	1000	458	356	186

Die Unterschiede sind signifikant, $p<,01$.
1) religiös: sehr große Bedeutung; institutionelle Praxis: mehrmals und/oder einmal in der Woche

Weitgehend ohne religiöse Bindung – in der Einstellung wie auch in der Praxis – sind fast drei Viertel der Jugendlichen ex-jugoslawischer oder anderer Herkunft, aber auch rund ein Drittel der türkischstämmigen Jugendlichen. Sie sind damit jene Gruppe, die besonders stark polarisiert ist, d.h. die meisten finden sich an den Extremen einer intensiven religiösen Bindung (31 %) oder religiöser Abkehr (34 %). Keine Unterschiede zeigen sich dagegen bei der „institutionellen Praxis ohne starke Religiosität"; diese vorwiegend soziale Praxis des Kirchen-/Moscheebesuchs – sei es aufgrund der Konvention, des sozialen Drucks (durch Eltern und Verwandtschaft) oder des Motivs, dort mit anderen zusammenzutreffen – teilen 9 % aller Jugendlichen der zweiten Generation. Auch an der Typologie wird die geringe religiöse Orientierung der einheimischen Jugendlichen im Vergleich zur zweiten Generation deutlich: 90 % der österreichischen Jugendlichen geben der Religion weder einen bedeutenden Stellenwert im Leben, noch gehen sie einer institutionellen Praxis nach. Zwar mag sich die Bedeutung von Religion im Lebensverlauf ändern – gerade die Jugendphase ist von einer Vielfalt kultureller Stile und Szenen, vom Einfluss der Medien und von den kommerziellen Angeboten stark geprägt –, doch bestätigen auch andere Untersuchungen die schwache Orientierung der jungen Generation an traditionellen religiösen Verhaltensmustern (vgl. Datler, Kerschbaum und Schulz 2005: 462). International vergleichende Analysen weisen überdies einen starken Rückgang der Religiosität in Europa im Vergleich zu anderen Teilen der Welt nach (vgl. Höllinger 2005). In den hier festgestellten starken Unterschieden zwischen den einheimischen österreichischen Jugendlichen und der zweiten Generation, wie auch zwischen den türkischstämmigen Jugendlichen und den anderen Herkunftsgruppen, spiegeln sich die kulturellen und sozialen Differenzen wider. Inwieweit diese auch als unterschiedliche Grade von Modernität interpretiert werden können, soll anhand der Auswirkungen des religiösen Verhaltens auf Wertorientierungen untersucht werden.

Religion, Traditionen und Geschlecht

Von den Jugendlichen, die der islamischen Glaubensgemeinschaft angehören, stammen 80 % aus der Türkei, 12 % aus Ex-Jugoslawien und 8 % aus anderen Ländern. Die folgenden Analysen orientieren sich, je nach Fragestellung, entweder an der Zugehörigkeit zum Islam oder aber an der nationalen Herkunft. Aufgrund der geringen absoluten Zahlen islamischer Jugendlicher aus einem anderen Land als der Türkei sind weitere Aufsplitterungen der Zugehörigkeit zum Islam nach dem Herkunftsland nur bedingt aussagekräftig.

Wie weiter oben schon gezeigt wurde, halten die Jugendlichen türkischer Herkunft stärker an den Traditionen fest; sie gehören nahezu gänzlich dem Islam an, während es in den anderen Gruppen nur relativ kleine Anteile islamischer GlaubensanhängerInnen gibt. Vergleicht man nur den Einfluss der Religionszugehörigkeit – Islam gegenüber den anderen Religionen – auf die Orientierungen, so tritt nicht unbedingt der „reine" Einfluss des Glaubens hervor, da die religiöse Haltung eine starke nationale Prägung besitzt (vgl. den Überblick im Anhang, Tabelle A 6.2). Wie Tabelle 6.8 zeigt, sind MuslimInnen türkischer Herkunft traditioneller ausgerichtet als die aus Ex-Jugoslawien stammenden (der Vergleich ist jedoch aufgrund der geringen Fallzahlen der ex-jugoslawischen MuslimInnen nur mit Vorsicht interpretierbar).

Tabelle 6.8: Traditionalismus nach Religionszugehörigkeit und nationaler Herkunft; Prozentangaben

Skala[1]	Islam			Islam	nicht Islam	Sig.
	Türkei	Ex-Jugoslawien	Sig.			
Traditionalismus: Geschlechtsrolle	48	31	<,01	45	22	<,01
Traditionalismus: Sitten	47	30	<,05	45	28	<,01
Kollektivismus	50	33	<,01	47	26	<,01
N	429	67		537	456	

1) dichotomisierte Skalenscores: hohe Ausprägung > Median

Da die religiöse Haltung stark in eine gemeinschaftliche Praxis (der Moscheenvereine, Kirchengemeinden etc.) eingebunden sein kann, sollen die Auswirkungen der oben geschilderten Typen von Religiosität auf Traditionalismus untersucht werden; wie wirken sie sich bei den MuslimInnen im Vergleich zu den anderen Glaubensgemeinschaften aus? Die Daten zeigen, dass sich auch unabhängig vom Glaubensbekenntnis eine sehr starke religiöse Bindung (d.h. sowohl innerlich als auch institutionell) auf die Einstellungen auswirkt. Stärker tritt dieser Zusammenhang aber bei den MuslimInnen hervor, erst bei einer weitgehenden Lösung von der Religion – sowohl hinsichtlich der subjektiven Bedeutung als auch hinsichtlich des Moscheebesuchs – nimmt die Orientierung an den traditionellen, die Frau an die Familie bindenden Normen ab (s. Tabelle 6.9). Dasselbe gilt auch für die Verbindlichkeit traditioneller Sitten und Moral sowie für die stärkere Unterordnung des Einzelnen unter die Familie oder die Gruppe (Kollektivismus).

Bei den muslimischen Jugendlichen tritt der institutionelle Aspekt der Religion als traditionsbewahrendes Element besonders stark in der Geschlechtsrollenorientierung hervor: diejenigen, die gar nicht besonders gläubig sind, aber dennoch sehr häufig in die Moschee gehen, unterscheiden sich in ihrer traditionellen Rollenauffassung nicht von den stark religiösen Moscheebesuchern. Eine „individualisierte", nur innerliche Religiosität lässt dagegen bereits eine etwas offenere Haltung zu, aber erst die generelle Distanzierung bewirkt eine moderne Rollenauffassung. Auch bei den anderen Einstellungen (Sitten, Kollektivismus) ist sichtbar, dass der Moscheebesuch die traditionellen Orientierungen verstärkt, so dass sich in dieser religiösen Praxis die Normen des ethnischen sozialen Netzwerks stark widerspiegeln.

Tabelle 6.9: Traditionelle Orientierungen nach Typen religiöser Bindung und Religionszugehörigkeit, n ~ 1000; Prozentangaben

Skala[1]	religiös-institutionell	religiös, nicht institutionell	nicht religiös, institutionell	weder - noch	Sig.
traditionelle Geschlechtsrollen					
Islam	63	41	65	28	<,01
andere Religion	43	32	13	20	<,01
traditionelle Sitten					
Islam	61	48	53	28	<,01
andere Religion	49	34	41	24	<,01
Kollektivismus					
Islam	66	45	59	30	<,01
andere Religion	34	28	38	23	n.s.

1) dichotomisierte Skalenscores: hohe Ausprägung > Median

Aus diesem Blickwinkel erklärt sich bei den türkischstämmigen Jugendlichen die deutliche Differenzierung religiöser Verhaltensmuster bei den Geschlechtern: Männliche Jugendliche gehen doppelt so häufig in die Moschee, und auch in der Typologie spiegelt sich die starke Einbindung der männlichen Jugendlichen in die institutionalisierte Praxis des Moscheebesuchs wider (zu berücksichtigen ist dabei sicherlich, dass Männer stärker zum Moscheebesuch verpflichtet sind als Frauen). Keine Geschlechtsunterschiede zeigen sich jedoch in den prinzipiellen Haltungen gegenüber der Religion, d.h. in der subjektiven Bedeutung wie auch in der Abwendung von der Religion; letzteres ist bei 30 % der männlichen und 37 % der weiblichen Jugendlichen der Fall (s. Tabelle 6.10).

Frauen distanzieren sich zwar viel stärker als Männer von den Traditionen, doch impliziert dies nicht eine Abkehr von innerer Religiosität. Eine solche Individualisierung der Religion sieht auch Karakasoglu-Aydin (2000) in ihrer Untersuchung der zweiten Generation junger Musliminnen. Obwohl die Religiosität im Widerstreit zu den modernen Wertorientierungen der jungen Frauen steht, wird sie aber als Ausdruck des Wunsches nach kultureller Orientierung und Zugehörigkeit interpretiert (vgl. Riesner 1995).

Bei den Burschen und jungen Männern hat dagegen der Moscheebesuch, mit seiner starken Einbindung in das soziale System der Gemeinschaft, eine konservative, die Traditionen sichernde Orientierung zur Folge (und daher vermutlich auch eine stabilisierende psychische Funktion).

Tabelle 6.10: Religiosität nach Geschlecht, n = 429 (Herkunftsland Türkei); Prozentangaben

	männlich	weiblich	Sig.
„Welche Bedeutung hat Religion in Ihrem Leben?"			
sehr große Bedeutung	53	59	n.s.
„Wie häufig gehen Sie zu einem Gottesdienst in die Moschee?"			
mehrmals / mind. 1 mal in der Woche	54	27	<,01
„Sollen muslimische Frauen die Tradition, ein Kopftuch zu tragen, befolgen?"			
ja, jedenfalls	28	24	n.s.
Typen religiöser Bindung			<,01
religiös-institutionell	38	23	
religiös-nicht institutionell	15	36	
nicht religiös-institutionell	16	4	
nicht religiös-nicht institutionell	30	37	

Keine geschlechtsspezifischen Unterschiede zeigen sich bei der Frage, ob Frauen die Tradition befolgen und ein Kopftuch tragen sollten – diese Einstellung erweist sich sehr stark von der religiösen Hinwendung abhängig; rund ein Viertel beider Geschlechter befürworten ein unbedingtes Festhalten an dieser Tradition.

Bildung und Religion

Ist Bildung eine säkularisierende Kraft? Generell zeigen sich keine Zusammenhänge mit den Bildungsniveaus der Jugendlichen. Bei der subjektiven Bedeutung von Religion zeigt sich sogar, dass Jugendliche, die nur die Hauptschule abgeschlossen haben, die geringste Hinwendung zur Religion zeigen. Die häufig vertretene These, dass die Religion bei muslimischen Jugendlichen die Reaktion auf eine marginalisierte soziale Platzierung ist (z.B. Heitmeyer, Müller und Schröder 1997) findet hier keine Unterstützung; selbst die Befürwortung der Tradition des Kopftuchs ist unabhängig vom Bildungsniveau. Anzumerken ist, dass eine innerliche Religiosität auch unter den einheimischen katholischen Jugendlichen eher bei den höheren Bildungsschichten anzutreffen ist. Zu diskutieren bleibt allerdings, ob subjektiv empfundene Ausgrenzung oder Diskriminierung zu einer religiösen Hinwendung und zu Fundamentalismus führt; diese Thematik wird weiter unten genauer erörtert.

Tabelle 6.11: Religiosität nach Bildung, n = 429 (Herkunftsland Türkei); Prozentangaben

	nur Pflichtschule	mittlere und berufsbildende Schule	AHS, Hochschule	Sig.
„Welche Bedeutung hat Religion in Ihrem Leben?"				
sehr große Bedeutung	47	61	60	<,05
„Wie häufig gehen Sie zu einem Gottesdienst in die Moschee?"				
mehrmals / mind. 1 mal in der Woche	40	44	40	n.s.
„Sollen muslimische Frauen die Tradition befolgen, ein Kopftuch zu tragen?"				
ja, jedenfalls	26	27	24	n.s.
Typen religiöser Bindung				
religiös-institutionell	27	36	29	
religiös- nicht institutionell	20	25	30	
nicht religiös- institutionell	13	8	10	
nicht religiös- nicht institutionell	39	31	30	n.s.

6.5 Civic Identity: Fundamentalismus, Antisemitismus und Demokratieorientierung

Wie wirkt sich der Islam auf jene Einstellungen aus, die heute besonders im Mittelpunkt der Diskussion stehen, wie religiös-fundamentalistische Forderungen und antidemokratische Haltungen, aber auch der „neue" Antisemitismus europäischer Muslime? Dieser Themenkomplex kann hier nur in einem engen Rahmen behandelt werden, empirische Studien dazu sind aber auch im internationalen Rahmen selten (mit dem Spektrum religiöser Einstellungen muslimischer Jugendlicher Wiens befasst sich ausführlich Kapitel 8). Ein skeptisches bis negatives Bild türkischer Jugendlicher in Deutschland zeichnet die Studie von Heitmeyer, Müller und Schröder (1997), der zufolge zwischen 30 % bis 50 % der zweiten Generation zu islamistisch-fundamentalistischen Orientierungen, wie Intoleranz und antidemokratische Einstellung, neigen. Andere Studien wiederum sehen nur wenige Unterschiede in der Wertehierarchie deutscher und türkischer Jugendlicher (vgl. Öztoprak 1997); über ein aufgeschlossenes Islamverständnis berichtet die Studie von Aydin, Halm und Sen (2003).

Sicher ist es problematisch, mit dem Instrument des Interviews bzw. der Befragung Extrempositionen, wie politischen Extremismus und Gewaltneigungen, abbilden und verlässlich einschätzen zu wollen. Auf eine mögliche Unterstützung religiös motivierter Gewalt wird zumeist auf indirekte Weise geschlossen; in manchen Studien gilt die positive Einstellung zu religiösen Regeln (Scharia, Koran) als Widerspruch zur demokratisch-liberalen Orientierung, oder es wird der Wunsch nach „mehr Einfluss des Islam" auf Gesellschaft und Politik als Ausdruck von Überlegenheitsansprüchen aufgefasst (vgl. Heitmeyer, Müller und Schröder 1997; Rohe 2006). Bei Statements, die unverhohlene Gewalt, z.B. Sympathie für terroristische Akte, thematisieren, ist unklar, wieweit damit auch eine realitätsnahe Gewaltbereitschaft erfasst wird (oder nicht eher der aggressive Habitus weniger gebildeter Jugendlicher angesprochen wird).

In dieser Untersuchung ging es aber auch nicht um die Diagnose extremistischer Potentiale, sondern um eine Einschätzung grundlegender Orientierungen. Die Thematik wird hier aus drei Blickwinkeln aufgerollt: die Einstellung zu „Fundamentalismus", die Einstellung zu Juden und die Einstellung zu demokratischen Grundregeln. Wie wirkt sich der Islam bzw. das religiöse Verhalten auf diese Einstellungen aus?

Einstellungen zum Islam und zu den Juden

Betrachtet man die Unterschiede zwischen den Jugendlichen türkischer Herkunft und denen anderer Herkunftsländer, überrascht es nicht, dass sie mehrheitlich für den Islam Partei ergreifen. 67 % unterstützen die Forderung nach mehr Rechte der Moslems für das Praktizieren ihrer Religion in Österreich. Es sind aber fast ebenso viele der Ansicht, dass der moslemische Fundamentalismus dem Islam schadet (s. Tabelle 6.12); die Haltung scheint daher zwiespältig zu sein. Deutlicher sind dagegen antijüdische Ressentiments, die bei ihnen im Vergleich zu den anderen Jugendlichen überdurchschnittlich stark sind: der Aussage, dass „die Judenverfolgung zu dem Schlimmsten gehört, was jemals geschehen ist", können gerade zwei Drittel beipflichten, bei den anderen Herkunftsgruppen meinen dies rund 80 %. Und dass Juden „selbst schuld daran sind, wenn man sie ablehnt und hasst", findet fast ein Viertel gegenüber 13 % bzw. 14 %. Auch beim Vergleich der Konfessionen tritt bei den Angehörigen der islamischen Religionsgemeinschaft ein deutlich stärkerer Antisemitismus hervor (s. Anhang, Tabelle A. 6.1).

Auf der anderen Seite nehmen aber auch die einheimischen österreichischen Jugendlichen gegenüber Juden, aber auch gegenüber Moslems, eine ziemlich negative Haltung ein: fast ein Fünftel (19 %) schreibt den Juden die Schuld an ihrer Ablehnung zu; 32 % sind der Ansicht, die Juden wollen aus ihrer Vergangenheit materiellen Nutzen ziehen; und 29 % sehen in den Moslems eine Bedrohung der österreichischen Identität (diese beiden letztgenannten Statements wurden nur den einheimischen Jugendlichen vorgelegt).

Tabelle 6.12: Einstellung zum Islam und zu Juden nach nationaler Herkunft; Prozentangaben

Items: Zustimmung[1]	österr. Kontrollgruppe	zweite Generation	2. Generation, Eltern aus		
			Türkei	Ex-Jugoslawien	andere Länder
Die Moslems, die hier leben, sollten mehr Möglichkeiten für das Praktizieren ihrer Religion bekommen.	16	47	67	27	33
Der moslemische Fundamentalismus schadet dem Islam.	55	60	56	67	60
Die Judenverfolgung gehört zum Schlimmsten, was jemals geschehen ist.	84	73	66	79	82
Durch ihr Verhalten sind Juden mitschuldig, wenn man sie ablehnt und hasst.	19	18	24	13	14
Die Zuwanderung von Moslems ist eine Bedrohung für die kulturelle Identität Österreichs.	29	-	-	-	-
Viele Juden versuchen, aus der Vergangenheit des dritten Reichs ihren Vorteil zu ziehen und Österreicher dafür zahlen zu lassen.	32	-	-	-	-

1) Zustimmung = 1 und 2 auf einer 5-stufigen Antwortskala (1 = „stimme sehr zu", 5 = „stimme gar nicht zu")

Welche Zusammenhänge bestehen zwischen den Einstellungen und der Stärke der Religiosität sowie der Häufigkeit des Moscheebesuchs bei den türkischstämmigen Jugendlichen? Während die Antworten auf die Items durchwegs von der Intensität einer religiösen Lebenshaltung beeinflusst sind, stellt die Auffassung, der moslemische Fundamentalismus schade dem Islam, eine Ausnahme dar; wohl aufgrund der impliziten Kritik solidarisieren sich hier die wenig religiösen Jugendlichen. Bei der Forderung nach mehr religiösen Rechten tritt der Einfluss einer starken religiösen Orientierung deutlich hervor, doch spricht sich immerhin auch die Hälfte der wenig Religiösen dafür aus.

Tabelle 6.13: Einstellung zu Islam und Juden nach religiösem Verhalten und Bildung, n = 429 (Herkunftsland Türkei); Prozentangaben

Items[1]	Religiosität[2]			Moschee-besuch[3]			Bildung		
	sehr religiös	wenig religiös	s.[4]	häufig	wenig	s.[4]	niedrig	hoch	s.[4]
Einstellung zum Islam									
Der moslemische Fundamentalismus schadet dem Islam.	57	54	-	57	54	-	53	63	-
Die Moslems, die hier leben, sollten mehr Möglichkeiten für das Praktizieren ihrer Religion bekommen.	81	50	s.	78	59	s.	68	66	-
Muslimische Frauen sollen die Tradition, ein Kopftuch zu tragen, befolgen.[1]	68	31	s.	72	39	s.	52	55	-
Einstellung zu Juden									
Die Judenverfolgung gehört zum Schlimmsten, was jemals geschehen ist.	62	71	s.	61	70	s.	66	65	-
Durch ihr Verhalten sind Juden mitschuldig, wenn man sie ablehnt und hasst.	32	15	s.	27	23	-	24	26	-

1) Zustimmung: 1 und 2 auf einer 5-stufigen Antwortskala; Zustimmung zur Tradition des Kopftuchs: „ja, jedenfalls" und „eher schon"
2) sehr religiös: sehr große Bedeutung
3) häufig: mindestens ein paar Mal im Monat bzw. öfter
4) s = signifikant, p <,01

Dass sich also auch die „säkularen" Jugendlichen eher nur schwach von religiösen Ansprüchen und Fundamentalismus distanzieren, verweist darauf, dass der

Islam Identifikationen auslöst, die anderen Motivlagen als den religiösen Bedürfnissen entspringen; ob dahinter defensive Reaktionen, auf Isolation oder Diskriminierung, stehen, wird weiter unten diskutiert. Bei der Frage nach der Tradition des Kopftuch Tragens gehen die Zustimmungen der wenig Religiösen bereits deutlich zurück (31 % bzw. 39 %); das ist also ein Thema, das einer viel stärkeren subjektiven Interpretation unterliegt.

In all diesen Fragen wirken sich weder das Geschlecht noch Unterschiede im Bildungsstatus aus. Die Einstellungen zum Islam erweisen sich zum Teil, wenn es um das Praktizieren der Religion und Befolgen der Tradition geht, von der individuellen Religiosität abhängig, doch verbinden viele Jugendliche mit dem Islam offensichtlich ein gemeinsames Symbol, das kollektives Selbstgefühl und Differenzierung zum Ausdruck bringt.

Anders verhält es sich mit der Einstellung zu Juden; je stärker die religiöse Bindung, desto stärker sind auch die antijüdischen Ressentiments, während Bildung wirkungslos ist. Das bedeutet, dass Religion eine starke Deutungskraft besitzt, aber Bildung wenig zur Reflexion des Antisemitismus beiträgt (dass sich eingeschliffene Ideologien und Stereotype durch Bildung generell nur langsam, erst im Zuge des Generationenwechsels, auflösen, das zeigte sich auch an Untersuchungen zum österreichischen Antisemitismus; vgl. Weiss 2004).

Gibt es eine religiös-fundamentalistische Ideologie?

Bilden Religiosität, Identifikation mit dem Islam und antijüdische Einstellungen bei den Jugendlichen auch ein kohärentes ideologisches Muster? An den Korrelationen zeigt sich, dass von einer gefestigten religiös-fundamentalistischen Ideologie wohl nicht gesprochen werden kann – die hier dargestellten Meinungen bilden keine kohärente Einstellung, die Korrelationen zwischen religiösem Verhalten, der Einstellung zum Islam und Antisemitismus sind schwach und inhomogen; nur die Unterstützung der traditionellen Kopfbedeckung der Frauen steht in klarer Verbindung mit religiösem Verhalten. Da die Meinungen der Jugendlichen keiner konsistenten Haltung folgen, lässt sich wohl der Schluss ziehen, dass eine Auseinandersetzung mit den hier gestellten Themen nur oberflächlich stattfindet.

Ist die Hinwendung zu Religion und Islam eine defensive Reaktion?

Soziale Desintegration (niedrige Bildungs- und Berufspositionen) und geringe soziale Anerkennung gelten als Ursachen des „verlockenden Fundamentalismus" (wie Heitmeyer, Müller und Schröder 1997 feststellten) und werden generell für eine starke Zuwendung zur Religion bei den jungen MuslimInnen verantwortlich gemacht (z.b. Wetzels und Brettfeld 2003). Dennoch ist die kausale Bedeutung sozialer Faktoren in den empirischen Forschungen nicht eindeutig; auch hier zeigte sich kein Zusammenhang zwischen niedrigem Bildungsstatus (der Indiz für niedrige Berufsposition und geringes Prestige ist) und Religiosität bzw. den fraglichen Einstellungen. In den folgenden Analysen soll die Auswirkung von Desintegration anhand zweier Formen der sozialen Ausschließung untersucht werden: am Verkehr in ausschließlich eigenethnischen Freundschaftskreisen und an subjektiver Isolation und Diskriminierungserfahrung. Ist die Identifikation mit dem Islam also auch eine „Opfer-Identifikation"?

Tabelle 6.14: Einstellung zu Islam, zu Juden und Bedeutung der Religion nach Freundschaftsstruktur, n = 429 (Herkunftsland Türkei); Prozentangaben

Items	Freundschaften		
	gemischt	homogen	Sig.
Bedeutung der Religion			
starke Religiosität[1]	48	62	<,01
häufiger Moscheebesuch[2]	34	45	<,05
Befürwortung des Kopftuchs[3]	41	59	<,01
Einstellung zum Islam[4]			
Der moslemische Fundamentalismus			
schadet dem Islam.	52	58	n.s.
Die Moslems, die hier leben, sollten mehr			
Möglichkeiten für das Praktizieren ihrer			
Religion bekommen.	64	69	n.s.
Einstellung zu Juden[4]			
Die Judenverfolgung gehört zum			
Schlimmsten, was jemals geschehen ist.	70	63	n.s.
Durch ihr Verhalten sind Juden mitschul-			
dig, wenn man sie ablehnt und hasst.	20	28	<,05

1) sehr religiös: sehr große Bedeutung
2) häufig: mindestens ein paar Mal im Monat bzw. öfter
3) Befürwortung: „ja, jedenfalls" und „eher schon"
4) Zustimmung: 1 und 2 auf einer 5-stufigen Antwortskala

Diese Faktoren wirken sich nun zwar kaum auf die Einstellungen zum Islam und zu den Juden aus, haben aber einen deutlichen Einfluss auf das religiöse Verhalten: Jugendliche, die häufig die Moschee besuchen, verkehren auch häufiger in eigenethnischen Freundschaftskreisen, fühlen sich stärker diskriminiert und isoliert. Eine starke innere Religiosität ist zwar weniger mit Isolation und Diskriminierungsgefühlen verknüpft, korreliert aber ebenfalls stark mit eigenethnischen Freundschaften (s. Tabelle 6.14 und 6.15).

Tabelle 6.15: Einstellung zu Islam und Juden nach subjektiver Diskriminierung und Isolation, n = 429 (Herkunftsland Türkei); Prozentangaben

Items[1]	subjektive Diskriminierung			Isolation		
	niedrig	hoch	Sig.	niedrig	hoch	Sig.
Bedeutung der Religion						
starke Religiosität[1)]	53	60	n.s.	54	61	n.s.
häufiger Moscheebesuch[2)]	35	49	<,01	34	56	<,01
Befürwortung Kopftuch[3)]	47	59	<,01	47	62	<,01
Einstellung zum Islam[4)]						
Der moslemische Fundamentalismus schadet dem Islam.	50	61	<,05	54	58	n.s.
Die Moslems, die hier leben, sollten mehr Möglichkeiten für das Praktizieren ihrer Religion bekommen.	62	73	<,05	64	73	n.s.
Einstellung zu Juden						
Die Judenverfolgung gehört zum Schlimmsten, was jemals geschehen ist.	65	67	n.s.	67	65	n.s.
Durch ihr Verhalten sind Juden mitschuldig, wenn man sie ablehnt und hasst.	24	25	n.s.	23	28	n.s.

1) sehr religiös: sehr große Bedeutung
2) häufig: mindestens ein paar Mal im Monat bzw. öfter
3) Befürwortung: „ja, jedenfalls" und „eher schon"
4) Zustimmung: 1 und 2 auf einer 5-stufigen Antwortskala

Insgesamt betrachtet lassen sich also weniger die Einstellungen zum Islam (Fundamentalismus) und zu Juden mit subjektiver oder objektiver sozialer Ausschließung begründen, als vielmehr die Bedeutung der Religion und das religiöse Verhalten selbst (real erfahrene Diskriminierungserlebnissen zeigten jedoch keinerlei Auswirkungen, sie wurden daher in der Tabelle nicht ausgewiesen).

Anhand dieser Ergebnisse ist die Haltung der türkischstämmigen Jugendlichen gegenüber ihrer Religion mehrdeutig: Einerseits besteht eine starke Polarisierung – Religion und Traditionen besitzen bereits für viele keine starke Verbindlichkeit mehr –, andererseits ist der Islam auch für die säkularisierten Jugendlichen ein emotionaler Bezugspunkt, der gemeinschaftliche Identifikationen auslöst. Die Religiosität ist zwar stark von der religiösen Haltung der Eltern geprägt, doch nimmt sie, wie auch zahlreiche andere Studien belegen, im Vergleich zur Generation der Eltern ab (vgl. Gümüs 1995; Boos-Nünning und Karakasoglu 2004: 462-476). Trotz der sich deutlich abzeichnenden Säkularisierung der zweiten Generation türkischstämmiger MuslimInnen stellen viele ForscherInnen aber auch fest, dass der Islam seine Bedeutung als Bezugsrahmen für die Identität der Jugendlichen nicht verloren hat und interpretieren dies damit, dass die Jugendlichen mit dem Islam nicht nur Religion, sondern Zugehörigkeit zur türkisch-islamischen Kultur verbinden.

Demokratische Orientierung und Integrationsbereitschaft

Den MigrantInnen wird seitens der Mehrheitsgesellschaft generell mangelnde Anpassungsbereitschaft vorgeworfen, besonders die türkische Minderheit wird in Österreich als kulturfremd angesehen (ihr negatives Stereotyp hat sich auch im Lauf von zwei Jahrzehnten nicht verändert, sondern verfestigt; vgl. Weiss 2000). MigrantInnen stehen generell unter Loyalitätsverdacht; es bestehen Zweifel an ihrer demokratischen Gesinnung und es wird bei ihnen mangelnde Loyalität gegenüber dem politischen System des Nationalstaats, in dem sie leben, vermutet. Der folgende Abschnitt befasst sich mit demokratischen Orientierungen und den Auswirkungen religiöser Bindungen, sowie mit der Bereitschaft der Jugendlichen, an den demokratischen Mitbestimmungsmöglichkeiten in Österreich teilzunehmen.

Die Einstellung zur Demokratie wird häufig mit Fragen erhoben, die Vorbehalte und Zweifel an dieser Regierungsform, besonders an ihrer Effizienz und Bürgernähe, in den Mittelpunkt stellen. Die laufenden Untersuchungen in den westlichen Industrieländern zeigen durchwegs ein beträchtliches Potential an Unzufriedenheit, politischer Anomie und Demokratieskepsis auf (z.B. Heitmeyer und Mansel 2003); nicht zuletzt hat der Aufschwung rechtspopulistischer Parteien in Europa Sorgen um die demokratische Entwicklung geweckt (vgl. Betz 2003; Denz 2001). In dieser Untersuchung wurde die demokratische Orientierung bewusst enger gefasst; sie wird hier an der Unterstützung bzw. Ablehnung der wichtigsten Regeln der Demokratie – Opposition, Redefreiheit, Demonstrationsrecht – sowie an der Einstellung zum Regime, d.h. an der Präferenz für Parlament oder Führerschaft durch einen „starken Mann", gemessen. Wie die Ergebnisse zeigen, sind die Werte für die demokratische Orientierung der zweiten Generation generell hoch, besonders Redefreiheit wird von allen Herkunftsgruppen gleichermaßen unterstützt (vgl. Tabelle 6.16). Abweichungen zwischen den einheimischen Jugendlichen und der zweite Generation finden sich bei den Aussagen zur Rolle der Opposition und zum Demonstrationsverbot; die Unterstützung für die Befugnis der Regierung, „Streiks und Demonstrationen zu verbieten, wenn sie es für nötig hält", ist bei den türkischstämmigen Jugendlichen höher. In der Bewertung des demokratischen Regimes – Parlament vs. „starker Mann" – finden sich aber keinerlei signifikante Unterschiede zwischen sämtlichen Gruppen.

Tabelle 6.16: Einstellung zu Demokratie nach nationaler Herkunft. Prozentangaben.

Items: Zustimmung[1]	österr. Kontrollgruppe	zweite Generation	2. Generation, Eltern aus		
			Türkei	Ex-Jugoslawien	andere Länder
Es sollte uneingeschränkte Redefreiheit geben, selbst für jene, die das Land kritisieren.	85	88	86	88	93
Eine lebensfähige Demokratie ist ohne politische Opposition nicht denkbar.	92	84	82	86	84
Die Regierung sollte das Recht haben, Streiks oder Demonstrationen zu verbieten, wenn sie das für nötig hält.	16	25	31	22	18
Eigentlich brauchen wir gar kein Parlament an der Spitze, sondern einen starken Mann, der Entscheidungen rasch durchsetzen kann.	12	15	17	15	12
Skala[2]: Demokratieorientierung (hoch)	70	63	60	64	70

1) Zustimmung: 1 und 2 auf einer 4-stufigen Antwortskala
2) aus den oben genannten Items; dichotomisierter Skalenscore: hohe Ausprägung > Median

Ein Demokratiedefizit ist auf Basis dieser Einstellungen weder bei der zweiten Generation, noch speziell bei den türkischstämmigen Jugendlichen diagnostizierbar. Wirkt sich die Religiosität der MuslimInnen auf die demokratische Orientierung aus? Wie verhält sich Religiosität zu Integrationsbereitschaft und dem Gefühl der Verbundenheit mit Österreich? Tabelle 6.17 zeigt, dass sich weder eine starke Religiosität noch ein häufiger Moscheebesuch auf Demokratieorientierung und auf Integrationsbereitschaft (d.h. die Sprache zu lernen und Kontakte zu Einheimischen aufzunehmen) auswirkt; einen signifikanten Effekt haben die religiösen Verhaltensformen aber auf die Assimilationsbereitschaft, die schließlich auch auf einer Distanzierung zur Herkunftskultur mit ihren stark religiös gefärbten Sitten beruht (zu den Konzepten der Integrations- und Assimilationsbereitschaft vgl. Kapitel 4).

Tabelle 6.17: Einstellungen nach Religiosität und Moscheebesuch, n = 429 (Herkunftsland Türkei); Prozentangaben

Skala[1]	Religiosität[2]			Moscheebesuch[3]		
	sehr religiös	wenig religiös	Sig.	häufig	wenig	Sig.
Demokratieorientierung	58	62	n.s.	60	59	n.s.
Assimilationsbereitschaft	27	51	<,01	31	42	<,01
Integrationsbereitschaft	50	49	n.s.	52	49	n.s.
Verbundenheit mit Österreich	71	73	n.s.	66	76	<,02
Verbundenheit mit Herkunftsland	70	56	<,01	72	58	<,01
Verbundenheit mit Europa	47	52	n.s.	46	52	n.s.

1) dichotomisierte Skalenscores, hohe Ausprägung > Median; Verbundenheit: Zustimmung: 1 und 2 auf einer 5-stufigen Antwortskala.
2) sehr religiös: sehr große Bedeutung
3) häufig: ein paar Mal im Monat bzw. öfter

Unterschiedliche Auswirkungen des religiösen Verhaltens zeigen sich jedoch bei der emotionalen Einstellung zu Österreich und zum Herkunftsland: Das Gefühl der Verbundenheit mit Österreich wird durch eine starke subjektive Religiosität nicht beeinträchtigt, sehr wohl aber, wenn die Jugendlichen sehr häufig die Moschee besuchen. Darin spiegelt sich der soziale Effekt der Eingebundenheit in die ethnische Gemeinschaft wider, die eine stärkere Distanz zur sozialen Umwelt zur Folge hat. Es wird aber auch sichtbar, dass die starke religiöse Orientierung, einerlei in welcher Form, eine starke emotionale Brücke zum Herkunftsland herstellt (mit den religiösen Bindungen nehmen diese Verbundenheitsgefühle zu). Interessanterweise besteht jedoch kein Zusammenhang zur emotionalen Haltung gegenüber Europa, allerdings stehen die Europa-Gefühle insgesamt auf einem deutlich niedrigeren Niveau.

Möchte man dagegen die Auswirkung „des Islam" im Vergleich zu den anderen Konfessionen untersuchen (die sich allerdings mit den jeweiligen nationalen Prägungen überlagern), tritt aus diesem Blickwinkel eine deutliche Distanz der MuslimInnen zur Aufnahmegesellschaft zutage: Zwar sind Integrationsbereitschaft und die Verbundenheit mit Österreich von der Religionszugehörigkeit nicht tangiert, doch ist der Wunsch „unter sich zu bleiben" unter den MuslimInnen bedeutend größer und die Wahrnehmung, einer marginalisierten Gruppe anzugehören, stärker ausgeprägt. Sie fühlen sich häufiger diskriminiert und isoliert, und sind zugleich ihren Traditionen am stärksten verhaftet. Auch der demokratischen Orientierung stehen sie distanzierter gegenüber. In keiner anderen Glaubensgemeinschaft besitzt aber die Religion selbst eine so große Bedeutung für ihre AnhängerInnen. (s. Anhang, Tabelle A 6.1 und A 6.2).

Politisches Interesse und Partizipation

Die Teilhabe der MigrantInnen am politischen Leben gilt in der Migrationsforschung als eines der wesentlichen Kriterien von Integration (so z.B. Esser 2001; Rex 1996), dennoch ist kaum ein anderes Thema der „Ausländerpolitik" so kontrovers wie dieses. ZuwanderInnen müssen ihre Loyalität erst beweisen, der Beitritt zur nationalen Gemeinschaft ist daher an bestimmte Anpassungsleistungen geknüpft (vgl. Imhof 1993). Unter welchen Bedingungen sie und ihre Nachkommen den Zutritt zu den Bürgerrechten erwerben, ist in die jeweiligen, sehr unterschiedlichen Modelle der Einbürgerungs- und Integrationspolitik der Staaten eingebunden[1]. Österreich zählt trotz starker Zuwanderung in den letzten Jahrzehnten hinsichtlich der Einbürgerungsrechte und -praxis zu den restriktivsten Ländern (vgl. Waldrauch 2003). Interesse und Bereitschaft, an Wahlen teilzunehmen, hängen in großem Ausmaß von den legalen Rahmenbedingungen ab, aber auch von vielen anderen Faktoren, z.B. Organisationsgrad der MigrantInnen und ihre Einbindung in die politischen Organisationen, ihren subjektiven Überzeugungen, Bildungsstand etc. Im folgenden Abschnitt soll dargestellt werden, wieviel Interesse an politischer Teilnahme bei der zweiten Generation besteht und wie sehr sie sich darin von den einheimischen Jugendlichen unterscheidet.

---

1 AusländerInnen sind in Österreich auf allen staatlichen Ebenen vom aktiven und passiven Wahlrecht ausgeschlossen; das aktive und passive Wahlrecht gilt bei Arbeiterkammerwahlen, das aktive bei Betriebsratswahlen (sowie bei den hier nicht berücksichtigten Handelskammer- und Hochschülerschaftswahlen).

Das Interesse an Politik ist bei den Jugendlichen, sowohl bei der zweiten Generation wie auch bei den einheimischen Jugendlichen, nicht besonders groß; knapp ein Fünftel bezeichnet sich als „politisch interessiert". 35 % der zweiten Generation und 25 % der einheimischen „kümmern sich gar nicht um Politik", die meisten meinen, sie seien ungefähr „auf dem Laufenden". Eher überraschend ist daher bei beiden Gruppen die ziemlich große Bereitschaft, an Wahlen teilzunehmen (s. Tabelle 6.18).

Tabelle 6.18: Politisches Interesse und Einstellung zur Teilnahme an Wahlen nach nationaler Herkunft; Prozentangaben

	österr. Kontrollgruppe	zweite Generation	2. Generation, Eltern aus		
			Türkei	Ex-Jugoslawien	andere Länder
Einstellung zu Politik					
Kümmere mich gar nicht um Politik.	25	35	42	33	23
Bin ungefähr auf dem Laufenden.	56	48	45	48	52
Bin politisch interessiert.	19	17	13	19	25
Teilnahme an Wahlen[1]:					
Würde „ganz sicher" teilnehmen an....					
Bezirksratswahlen (Bezirksvertreter)	34	37	38	35	38
Gemeinderatswahlen (Bürgermeister)	59	50	52	46	52
Nationalratswahlen (Parlament)	64	62	61	57	72
Bundespräsidentenwahl	62	64	62	62	73
EU-Wahlen	49	56	58	48	64
Arbeiterkammerwahlen	36	45	49	43	41
Betriebsratswahlen	43	42	44	42	40

1) Frage: „Abgesehen davon, ob Sie die österreichische Staatsbürgerschaft haben oder bereits wahlberechtigt sind, bei welchen der folgenden Wahlen würden Sie sich beteiligen?" 1 = „ganz sicher", 2 = „vielleicht", 3 = „sicher nicht"

Die größte Teilnahme würden mit gut 60 % Bundespräsidentschafts- und Nationalratswahlen finden. Aber auch das Interesse an Gemeinderatswahlen ist mit etwa 50 % im Schnitt erstaunlich hoch, an Arbeiterkammer- und Betriebsratswahlen würden sich noch ca. 40 % bis 45 % beteiligen. Wieweit hinter diesen Antworten auch reales Interesse bzw. Verhaltensbereitschaft steckt, lässt sich natürlich nur schwer einschätzen (ein Teil der Jugendlichen ist noch nicht wahlberechtigt und/oder hat nicht die österreichische Staatsbürgerschaft). Interessant ist aber das Faktum, dass sich die Jugendlichen ausländischer Herkunft von den einheimischen Jugendlichen in der (verbalen) Bereitschaft zur politischen Teilnahme nicht weiter unterscheiden.

Hinsichtlich der geäußerten Parteipräferenzen bestehen allerdings beträchtliche Differenzen, da die zweite Generation den Parteien des rechten Spektrums wesentlich weniger Sympathie entgegenbringt.

Betrachtet man also die Bereitschaft, am politischen System teilzunehmen, als einen wichtigen Hinweis auf Integration, dann ist dieser Aspekt erstaunlich gut realisiert.

6.6 Zusammenfassung

Das Leben der zweiten Generation wird häufig in der Konfrontation zwischen den Wertsystemen traditionaler und moderner Gesellschaften gezeichnet. Im Mittelpunkt dieser Analysen standen Einstellungen, die als Elemente einer civic identity gelten, vor allem Geschlechtsrollenorientierungen, Individualismus (vs. Hierarchie und Autorität der Familie), Einstellung zu demokratischen Spielregeln und politischer Partizipation.

Fasst man die Ergebnisse dieses Abschnitts zusammen, so zeigen sich vor allem die in den unmittelbaren sozialen Beziehungen gelebten Traditionen und Normen – Geschlechtsrollen, Sitten, Unterordnung unter die Familie – als „resistent" gegenüber Veränderungen, während allgemeine demokratische Normen in überraschend hohem Ausmaß befürwortet werden. Deutliche Unterschiede zeigen sich allerdings zwischen den Herkunftsgruppen: Jugendliche türkischer Herkunft, die auch nahezu gänzlich der muslimischen Glaubensgemeinschaft angehören, sind in bedeutend höherem Ausmaß an die Traditionen gebunden als die anderen. Einen besonderen Stellenwert nehmen die Geschlechtsrollenorientierungen ein; bei keiner anderen Herkunftsgruppe ist die Rollenorientierung der jungen Frauen von einem derart starken Zwiespalt zwischen Berufsorientierung und Frauenrolle gekennzeichnet. Die türkischstämmigen Mädchen und Frauen akzeptieren die traditionelle Beschränkung der Frau auf den Haushalt nicht mehr und unterscheiden sich in dieser Einstellung selbst von den einheimischen Österreicherinnen kaum, halten aber sehr stark an einem Frauenbild fest, das sich durch Familie, Weiblichkeit und Mütterlichkeit bestimmt.

Der Islam hat für die Jugendlichen eine stark traditionsbewahrende Funktion (je stärker die religiöse Hinwendung, desto verbindlicher sind auch die traditionellen Normen), doch ist die Haltung der türkischstämmigen Jugend zur Religion sehr stark polarisiert. Jeweils ein Drittel findet sich an den Extremen entweder intensiver religiöser Bindung oder religiöser Abkehr; in diesen prinzipiellen Haltungen finden sich auch keine Geschlechtsunterschiede. Frauen distanzieren sich zwar viel stärker als die männlichen Jugendlichen von den Traditionen, doch impliziert dies nicht eine ebenso starke Abkehr von Religiosität. Keine geschlechtsspezifischen Unterschiede zeigen sich dann auch bei der Frage, ob Frauen die Tradition des Kopftuch Tragens befolgen sollten – diese Einstellung erweist sich sehr stark von der religiösen Hinwendung abhängig; rund ein Viertel beider Geschlechter befürworten ein unbedingtes Festhalten an dieser Tradition.

Die Einstellungen zu fundamentalistischen Tendenzen im Islam erweisen sich nur zum Teil von religiösen Bindungen geprägt. Viele Jugendliche verbinden mit dem Islam offensichtlich ein Symbol, das eher die Funktion sozialer Differenzierung erfüllt und Ausdruck eines kollektiven Selbstgefühls ist. Diese Solidarisierung durch die Religion lässt sich hier aber nicht, wie häufig behauptet wird, durch soziale Ausgrenzung erklären. Es ist jedoch anzumerken, dass kaum Zeichen einer gefestigten Ideologie bei den Jugendlichen feststellbar sind und sie sich wahrscheinlich mit der Thematik des politischen Islam nur oberflächlich auseinandersetzen.

Das demokratische Regime und seine Grundregeln werden von allen Jugendlichen der zweiten Generation in gleich hohem Ausmaß anerkannt wie von den einheimischen; ebenso finden sich in der Bereitschaft zur politischen Partizipation keine Differenzen.

6.7 Literatur

Apitzsch, Ursula (1996): Migration und Traditionsbildung. Biografien Jugendlicher ausländischer Herkunft. In: Karpf, Ernst/ Kiesel, Doron (1996): 11-30.
Appelt, Erna (2003): Frauen in der Migration – Lebensform und soziale Situation. In: Fassmann, Heinz/ Stacher, Irene (2003): 144-170.
Atabay, Ilhami (1998): Zwischen Tradition und Assimilation. Die zweite Generation türkischer Migranten in der Bundesrepublik. Freiburg: Lambertus.
Attia, Iman/ Marburger, Helga (Hrsg.) (2000): Alltag und Lebenswelten von Migrantenjugendlichen. Frankfurt/Main: Verlag für Interkulturelle Kommunikation.
Aydin, Hayrettin/ Halm, Dirk/ Sen, Faruk (2003): Euro-Islam. Das neue Islamverständnis der Muslime in der Migration. Stiftung Zentrum für Türkeistudien. Essen: Univ. Duisburg-Essen.
Betz, Hans-Georg (2003): The Growing Threat of the Radical Right. In: Merkl, Peter H./ Weinberg, Leonard (2003): 74-93.
Boos-Nünning, Ursula (1999): Mädchen türkischer Herkunft: Chancen in der multikulturellen Gesellschaft? In: Gieseke, Heide/ Kuhs, Katharin (1999): 17-43.

Boos-Nünning, Ursula/ Karakasoglu, Yasemin (2004): Viele Welten leben. Zur Lebenssituation von Mädchen und jungen Frauen mit Migrationshintergrund. Herausgegeben vom BM für Familien, Senioren, Frauen und Jugendliche; Berlin: www.bmfsfj.de (März 2005).

Buchegger, Reiner (Hrsg.) (1999): Migranten und Flüchtlinge: Eine familienwissenschaftliche Annäherung. Wien: Österreichisches Institut für Familienforschung.

Buchkremer, Hansjosef/ Bukow, Wolf-Dietrich/ Emmerich, Michaela (Hrsg.) (2000): Die Familie im Spannungsfeld globaler Mobilität. Zur Konstruktion ethnischer Minderheiten im Kontext der Familie. Opladen: Leske + Budrich.

Bukow, Wolf-Dietrich (1996): Von imaginärer Rückkehrorientierung zum imaginären Nationalismus. In: Karpf, Ernst/ Kiesel, Doron (1996): 31-47.

Datler, Georg/ Kerschbaum, Johann/ Schulz, Wolfgang (2005): Religion und Kirche in Österreich – Bekenntnis ohne Folgen? In: SWS-Rundschau, 45, 449-471.

Denz, Hermann (Hrsg.) (2001): Die Europäische Seele. Wien: Czernin.

Esser, Hartmut (2001): Integration und ethnische Schichtung. Mannheimer Zentrum für Europäische Sozialforschung. Arbeitspapiere 40. Mannheim.

Fassmann, Heinz/ Stacher, Irene (Hrsg.) (2003): Österreichischer Migrations- und Integrationsbericht. Klagenfurt: Drava.

Gieseke, Heide/ Kuhs, Katharin (Hrsg.) (1999): Frauen und Mädchen in der Migration. Lebenshintergründe und Lebensbewältigung. Frankfurt/Main: Verlag für Interkulturelle Kommunikation.

Gümen, Sedef/ Herwartz-Emden, Leonie/ Westphal, Manuela (2000): Vereinbarkeit von Beruf und Familie als weibliches Lebenskonzept. In: Herwartz-Emden, Leonie (2000): 207-231.

Gümüs, Adnan (1995): Religion und ethnische Identifikation. Eine empirische Untersuchung über türkische Jugendliche in Österreich. Dissertation. Wien: Universität Wien.

Heitmeyer, Wilhelm (2003): Deutsche Zustände. Band 2. Frankfurt/Main: Suhrkamp.

Heitmeyer, Wilhelm/ Mansel, Jürgen (2003): Entleerung der Demokratie. Die unübersichtlichen Folgen sind weitreichend. In: Heitmeyer, Wilhelm (2003): 35-60.

Heitmeyer, Wilhelm/ Müller, Joachim/ Schröder, Helmut (1997): Verlockender Fundamentalismus. Türkische Jugendliche in Deutschland. Frankfurt/Main: Suhrkamp.

Herwartz-Emden, Leonie (Hrsg.) (2000): Einwandererfamilien: Geschlechterverhältnisse, Erziehung und Akkulturation. Osnabrück: Univ. Verlag Rasch.

Höllinger, Franz (2005): Ursachen des Rückgangs der Religiosität in Europa. In: SWS-Rundschau, 45, 424-448.

Imhof, Kurt (1993): Nationalismus, Nationalstaat und Minderheiten. Zu einer Soziologie der Minoritäten. In: Soziale Welt, 44, 327-375.

Karakasoglu-Aydin, Yasemin (2000): Studentinnen türkischer Herkunft an deutschen Universitäten. In: Attia, Iman/ Marburger, Helga (2000): 101-126.

Karpf, Ernst/ Kiesel, Doron (Hrsg.) (1996): Politische Kultur und politische Bildung Jugendlicher ausländischer Herkunft. Frankfurt/Main: Haag + Herchen.

Kim, Uichol/ Triandis, Harry C./ Kagitcibasi, Cigdem/ Choi, Sang-Chin/ Yoon, Gene (1994): Individualism and Collectivism: Theory, Method, and Applications. Thousand Oaks/London/New Delhi: Sage Publications.

Luckmann, Thomas (1991): Die unsichtbare Religion. Frankfurt/Main: Suhrkamp.
Merkl, Peter H./ Weinberg, Leonard (Hrsg.) (2003): Right-Wing Extremism in the Twenty-First Century. London: Cass.
Nauck, Bernhard (1999): Sozialer und intergenerativer Wandel in Migrantenfamilien in Deutschland. In: Buchegger, Reiner (1999): 13-70.
Öztoprak, Ümit (1997): Wertorientierungen türkischer Jugendlicher im Generationen- und Kulturvergleich. In: Reulecke, Jürgen (1997): 418-454.
Reulecke, Jürgen (Hrsg.) (1997): Spagat mit Kopftuch. Hamburg: Edition Körber Stiftung.
Rex, John (1996): Multikulturalismus in Europa und Nordamerika. In: Berliner Journal für Soziologie, 6, 149-161.
Riesner, Silke (1995): Junge türkische Frauen der zweiten Generation in der Bundesrepublik Deutschland. Eine Analyse von Sozialisationsbedingungen und Lebensentwürfen anhand lebensgeschichtlich orientierter Interviews. Frankfurt/Main: Verlag für Interkulturelle Kommunikation.
Rohe, Mathias (2006): Perspektiven und Herausforderungen in der Integration muslimischer Mitbürger/innen in Österreich. Bericht für das BM.I. Österreich, Executive Summary. Erlangen. www.bmi.gv.at (Mai 2006).
Schiffauer, Werner (1991): Die Migranten aus Subay. Türken in Deutschland – eine Ethnographie. Stuttgart: Klett-Cotta.
Schiffauer, Werner (1995): Die Gewalt der Ehre. Frankfurt/Main: Suhrkamp.
Triandis, Harry C. (1995): Individualism and Collectivism. Boulder/ San Francisco/Oxford: Westview Press.
Viehböck, Eveline/ Bratic, Ljubomir (1994): Die zweite Generation. Migrantenjugendliche im deutschsprachigen Raum. Innsbruck: Österreichischer Studienverlag.
Waldrauch, Harald (2003): Die Integration von Einwanderern. Ein Index der rechtlichen Diskriminierung. Frankfurt/New York: Campus.
Weiss, Hilde (2000): Alte und neue Minderheiten. Zum Einstellungswandel in Österreich. In: SWS-Rundschau, 40, 25-42.
Weiss, Hilde (2004): Nation und Toleranz? Empirische Studien zu nationalen Identitäten in Österreich. Wien: Braumüller.
Wetzels, Peter/ Brettfeld, Katrin (2003): Auge um Auge, Zahn um Zahn? Migration, Religion und Gewalt junger Menschen. Münster: LIT.

6.8 Anhang

Tabelle A 6.1: Einstellungen und Kognitionen nach Religionszugehörigkeit[1], zweite Generation, n ~ 1000; Prozentangaben

	Islam	serb.-orthodox	kath./evang.	andere	keine	Sig.
Religiosität						
Religion hat große Bedeutung	53	17	16	24	4	<,01
häufiger Kirchen-/Moscheebesuch	38	9	22	33	0	<,01
Einstellungen (Skalen)[2]						
Demokratieorientierung	61	64	61	77	80	<,01
negative Einstellung zu Juden	36	19	20	26	19	<,01
Assimilationsbereitschaft	38	53	49	44	38	<,01
Integrationsbereitschaft	52	52	57	44	42	n.s.
Segregationswunsch	40	16	11	15	20	<,01
Verbundenheit mit Österreich	74	78	80	73	64	n.s.
Verbundenheit mit Herkunftsland	65	65	53	46	38	<,01
Verbundenheit mit Europa	52	55	53	53	60	n.s.
Diskriminierungsgefühl	45	25	18	24	24	<,01
Diskriminierungserfahrung	39	26	19	35	34	<,01
subjektive Isolation	31	28	10	15	17	<,01
Traditionalismus						
Geschlechtsrolle	45	29	18	27	11	<,01
Sitten	44	32	28	24	23	<,01
Kollektivismus	47	28	25	25	22	<,01

1) Islam: n = 540, serbisch-orthodox: n = 164, katholisch/evangelisch: n = 177 (katholisch: n = 163, evangelisch: 14), andere: n = 63, keine: n = 55.
Es gehören nahezu alle aus der Türkei stammenden Jugendlichen dem Islam an; Jugendliche aus Ex-Jugoslawien sind zu 45 % serbisch-orthodox, 27 % katholisch, 19 % muslimisch. Jugendliche aus „anderen" Herkunftsländern sind zu 43 % katholisch, 21 % muslimisch, 15 % sind konfessionslos.
2) Zustimmungen: dichotomisierte Skalenwerte

Tabelle A 6.2: Überblick: Einstellungen und Kognitionen nach Zugehörigkeit zum Islam (Überblick); Prozentangaben[1]

Skala	Islam					nicht	
	Türkei	Ex-Jugoslawien	andere Länder	Sig.	Islam	Islam	Sig.
Demokratieorientierung	59	71	64	n.s.	60	68	<,01
Antisemitismus	37	31	37	n.s.	36	20	<,01
Assimilationsbereitschaft	37	46	39	n.s.	38	52	<,01
Integrationsbereitschaft	50	67	51	<,05	52	55	n.s.
Segregationswunsch	43	30	28	<,05	40	17	<,01
Verbundenheit mit Österreich	72	87	76	<,01	74	78	n.s.
Verbundenheit m. Herkunftsland	66	63	50	n.s.	65	55	<,01
Verbundenheit mit Europa	49	60	63	n.s.	52	54	n.s.
Diskriminierungsgefühl	48	33	33	<,05	45	22	<,01
Diskriminierungserfahrung	42	19	40	<,01	39	25	<,01
Isolation	36	18	8	<,01	31	18	<,01
Traditionalismus (gesamt)	58	43	46	<,05	55	28	<,01
N	430	67	40		537	456	

7 Die Identifikation mit dem Einwanderungsland – das Ende des Integrationsweges?

Hilde Weiss

7.1 Zugehörigkeit, Identität und Akkulturation

Die Antwort auf die Frage „Wo gehöre ich hin, wo bin ich zu Hause?" ist für Kinder aus Migrantenfamilien nicht selbstverständlich: Zwischen den Kulturen zerrieben oder in beiden gleich zu Hause? Im Einwanderungsland fremd und nirgendwo richtig zugehörig oder der neuen Kultur näher als der alten? Viele Thesen werden in der Literatur hierzu vertreten; eine lange Forschungstradition befasst sich mit der Thematik der Entwurzelung durch Migration und dem langfristigen, Generationen umspannenden Prozess der Akkuturation (vgl. Park 1928; Eisenstadt 1954; Gordon 1964, 1975; Berry 1990, 2001). Die behauptete gesellschaftlich kulturelle Randständigkeit (Marginalität) prägt auch heute noch Theorie und Forschung zur zweiten Generation. Zwar ist man sich inzwischen weitgehend einig, dass zwischen Assimilation (Absorption) und Marginalität auch andere Wege eingeschlagen werden können, doch steht zur Diskussion, worin die positive Alternative zur emotionalen Identifikation mit dem Einwanderungsland und seiner Kultur besteht: Die Frage „Gibt es Integration ohne Assimilation?" steht ebenso zur Debatte wie die Frage, ob Doppelidentität eine realistische Anpassungsform sei, ob sie etwa nur für eine gut ausgebildete, elitäre Minderheit – Kinder von AkademikerInnen, DiplomatInnen etc. – zutrifft, wie Esser (2001) meint.

In diesem Kontext wird häufig der aus der Psychologie stammende Begriff der Identität verwendet, doch wird Identität je nach Disziplin und Wissenschaftsparadigma auf sehr unterschiedliche Weise definiert (auf eine Auseinandersetzung mit den unterschiedlichen Begriffsverwendungen und methodischen Zugängen kann hier nicht näher eingegangen werden). Gerade im Rahmen der Migrationssoziologie wird aber auch deutlich, dass sich Identitätskonzepte latent an Normalbiografien orientieren und die Konsequenzen eines Wechselns zwischen Kulturen, Traditionen und Sprachen („Kultur-Switching") bislang kaum oder nur aus der Perspektive einer dominierenden Kultur berücksichtigt wurden (vgl. Mecheril 2000).

In diesem Kapitel geht es nicht um Identität im psychologischen Sinn, sondern um kollektive Zugehörigkeitsgefühle und Kognitionen, die mit der inneren Erfahrungswelt eng verbunden sind. Welche Sprache, welchen Lebensstil und welche Kontakte jemand pflegt, all dies sind Elemente, an denen sich Aspekte der sozialen Identität (im Sinne eines sozialpsychologischen Selbstkonzepts) und daher auch Formen der Akkulturation beschreiben lassen. Es sollen hier Gefühle von Zugehörigkeit – zwischen Fremdheit und hier zu Hause sein – im Mittelpunkt stehen; sie sollen als Indikator für die emotionale Einstellung gegenüber dem Aufnahmeland gelten. Dabei mag es eindeutige Identifikationen geben, aber auch Ambiguität, Zwiespältigkeit oder doppelte Identifikationen.

Das Gefühl, dass Österreich die Heimat ist, oder das Gefühl, hier fremd zu sein, sind sicherlich zwei Pole eines Gefühlsspektrums, zwischen denen Jugendliche je nach Bezugsgruppen, Erlebniskontexten und Alltagssituationen schwanken. Dennoch sollte sich die Dimensionalität prinzipieller Zugehörigkeit(en) abstecken lassen. Es wurden daher verschiedene Aussagen zur Beurteilung vorgelegt, um die grundlegenden Gefühlslagen zu bestimmen. Diese sollen dann aus verschiedenen Perspektiven beleuchtet werden: Wie verbinden sich Zugehörigkeitsgefühle mit spezifischen Einstellungs- und Wertmustern? Wie sehr sind sie vom elterlichen Milieu, von Freundschaftskreisen, von Diskriminierung und Isolation, oder auch von der selbst erreichten sozialen Position bestimmt? Zuletzt soll es darum gehen, differentielle Muster der Akkulturation zu untersuchen; welche Beziehungen bestehen zwischen den zentralen Indikatoren von Integration, wie sie in den vorigen Kapiteln beschrieben wurden, besonders zwischen sozialstruktureller Platzierung, sozialen Kontakten und Wertorientierungen?

7.2 Ethnische Zugehörigkeit – Österreich als Heimat?

Für den Großteil der zweiten Generation besteht eine lebendige Verbindung zum Herkunftsland durch regelmäßige Ferienaufenthalte und bisweilen auch mehrmalige Urlaube innerhalb eines Jahres; nur bei knapp einem Drittel gibt es diese Verbindung nicht mehr. Doch hat fast keine/r der Befragten in den letzten Jahren, bis auf ganz wenige Fälle, für einen längeren Zeitraum (von mindestens einem halben Jahr) auch dort gelebt. Das zeitweise Wechseln des Aufenthaltsorts oder das Pendeln zwischen den Ländern, wie es in der ersten Generation noch häufig vorkommt und als „Transnationalismus" beschrieben wird, ist in der zweiten Generation die Ausnahme. Die meisten (75 %) planen auch ihre Zukunft in Österreich, nur knapp 7 % stellen sich ihr späteres Leben im Herkunftsland vor, weitere 7 % ein Leben in beiden Ländern; eine Zukunft in einem anderen Land Europas möchten aber doch 9 % (diese Angaben beziehen sich auf jene, die sich darüber schon Gedanken gemacht haben; ca. ein Fünftel konnte dazu keine Aussage treffen). Am häufigsten entscheiden sich Jugendliche exjugoslawischer Herkunft für eine Zukunft in Österreich (82 %), aber auch 73 % der türkischstämmigen Jugendlichen; interessanterweise sind es die aus den heterogenen, teils außereuropäischen Herkunftsländern stammenden Jugendlichen, die am wenigsten in Österreich bleiben wollen (64 %).

Beruht nun diese dominierende Vorstellung von Österreich als dem Ort, an dem man sein Leben künftig verbringen möchte, auch auf einem emotionalen Zugehörigkeitsgefühl? In qualitativen Studien wird häufig darauf hingewiesen, dass die Frage nach der Zugehörigkeit von den Migrantenjugendlichen als Zwang, sich für oder gegen eine Zuordnung entscheiden zu müssen, empfunden wird. Auch der Terminus „doppelte Identität" würde nicht unbedingt die subjektive Dimension ihrer Identitätskonstruktionen adäquat wiedergeben (vgl. Hamburger 1999). Begriffe wie „multiple" oder „hybride" Identität stellen daher den individualisierten Umgang mit verschiedenen kulturellen Elementen und Zugehörigkeitsgefühlen stärker in den Vordergrund. In quantitativen Studien können diese subjektiven, im biografischen Kontext stehenden Selbstkonzeptualisierungen in all ihren Schattierungen natürlich nicht abgebildet werden, doch können die grundlegenden Dimensionen der Gefühlslagen aufgezeigt werden und es kann eingeschätzt werden, wie die zweite Generation die Migration der Eltern emotional bewältigt. Es wurden hier sowohl Statements, in denen es um die Selbsterfahrung des „Wohin gehöre ich?" geht, verwendet sowie Fragen, die sich mit der emotionalen Nähe zum Aufnahme- und Herkunftsland befassen. Untersucht man diese Selbstdefinitionen im Kontext von Mehrsprachigkeit, sozialen Kontakten und Wertorientierungen, so lassen sich daran Formen der Integration – oder Mehrfachintegration – ablesen.

Tabelle 7.1 gibt zunächst einen Überblick über die emotionalen Selbstverortungen. Jedes der Statements konnte auf einer vierstufigen Skala zwischen Zustimmung und Ablehnung beurteilt werden; sie wurden (auf Basis der Faktorenanalyse) den folgenden Dimensionen zugeordnet:

Als „Identifikation mit Österreich" gelten die Aussagen: „Ich empfinde Österreich als meine Heimat"; „Obwohl meine Eltern nicht in Österreich geboren sind, fühle ich mich als Österreicher/in"; und in umgekehrte Richtung formuliert „Wirklich zu Hause fühle ich mich im Geburtsland meiner Eltern".

Unter „Marginalität" fallen Äußerungen, aus denen Entwurzelung, Unentschiedenheit und Fremdheit, sowohl gegenüber Österreich als auch gegenüber dem Herkunftsland, sprechen: „manchmal fühle ich mich heimatlos und weiß nicht, wohin ich wirklich gehöre"; „manchmal fühle ich mich in Österreich fremd"; „manchmal fühle ich mich mehr als Österreicher/in, manchmal mehr als (x)". Zurückgehend auf die klassische Figur des marginal man (nach Stonequist 1935) wird diese Form des Schwankens und nirgendwo richtig Dazugehörens in der Forschungsliteratur als „Identitätslosigkeit" interpretiert und mit starken psychischen Spannungen assoziiert, so dass der Begriff eine negative, problematische Semantik besitzt (vgl. Hämmig 2000).

Tabelle 7.1: Zugehörigkeitsgefühle (kollektive Identitäten) nach nationaler Herkunft, n ~ 1000; Prozentangaben

Items: Zustimmung[1]	Türkei	2. Generation, Eltern aus Ex-Jugoslawien	andere Länder	Sig.
Identifikation mit Österreich				
Obwohl meine Eltern nicht in Österreich geboren sind, fühle ich mich als Österreicher/in.	60	70	66	<,05
Ich empfinde Österreich als meine Heimat.	67	81	73	<,01
Wirklich zu Hause fühle ich mich im Geburtsland meiner Eltern.	36	20	21	<,01
Marginalität				
Manchmal fühle ich mich heimatlos und weiß nicht, wohin ich wirklich gehöre.	41	27	25	<,01
Manchmal fühle ich mich mehr als Österreicher/in, manchmal mehr als (x).	56	48	44	n.s.
Manchmal fühle ich mich in Österreich fremd.	45	24	34	<,01
Doppelidentität				
Ich fühle mich in Österreich und im Herkunftsland meiner Eltern in gleichem Maße wohl und zu Hause.	62	58	49	<,05
Skala[2]:				
„Österreich-Identifikation"	27	45	43	<,01
„Marginalität"	42	27	28	<,01

1) Zustimmung = 1 und 2 auf einer 4-stufigen Antwortskala (1 = „stimme sehr zu", 4 = „stimme nicht zu").
2) Es wurden die Antworten zu den jeweiligen Items zu Summenskalen zusammengefasst; hohe Ausprägung > Median. Die Dimensionen schließen sich im Prinzip nicht aus, doch wurden Zustimmungen, die sowohl zu Statements der Österreich-Identifikation als auch zu Statements der Marginalität gegeben wurden, ausgeschlossen.

Die Aussage „ich fühle mich in Österreich und im Herkunftsland meiner Eltern in gleichem Maße zu Hause" repräsentiert die doppelte Zugehörigkeit („Doppelidentität"). Sie gilt inzwischen nicht nur als die realistischere Identitätsentwicklung der zweiten Generation, sondern auch als durchaus sinnvolle Entwicklung in der fortschreitenden Modernisierung. Sich in zwei Nationen zu Hause zu fühlen und zwei Kulturen nahe zu stehen, bietet in einer globalen Welt Vorteile und psychischen Nutzen. Doppelidentität könnte also nicht nur eine positive Lösung des so genannten Zugehörigkeitsdilemmas sein, sondern auch kosmopolitische Züge tragen.

Insgesamt empfindet die zweite Generation Österreich mehrheitlich als ihr Zuhause: Gut zwei Drittel stimmen den einzelnen Statements „sehr" und „eher" zu. Aber auch rund die Hälfte der Jugendlichen gibt an, sich in Österreich wie im Herkunftsland gleichermaßen zu Hause zu fühlen (die „Doppelidentität" schließt Identifikation mit Österreich ein). Ein nicht geringer Teil fühlt sich jedoch von den Statements zur Marginalität angesprochen; dabei zeigen sich starke Abweichungen zwischen den Herkunftsgruppen: Mehr als die anderen haben die türkischstämmigen Jugendlichen das Gefühl, nirgendwo richtig zu Hause zu sein.

Fasst man die Antworten der Statements zur Marginalität und zur Österreich-Identifikation jeweils zu Skalen zusammen, entsteht ein schärferes Bild: Rund 40 % der aus der Türkei stammenden Jugendlichen haben starke Marginalitätsgefühle (gegenüber ca. einem Viertel der anderen Herkunftsgruppen), und nur 27 % haben ein starkes Zugehörigkeitsgefühl zu Österreich (im Vergleich zu rund 45 % der anderen).

Ging es also bei diesen Statements stark um Gefühle des kulturellen Zwiespalts und um das Dilemma emotionaler Präferenzen, soll das Thema der Zugehörigkeit noch aus einer anderen Perspektive beleuchtet werden. Es wurde zusätzlich die Frage gestellt, wie sehr man sich dem Herkunfts- und dem Einwanderungsland verbunden fühlt (s. Tabelle 7.2). Bei dieser Frage steht stärker die psychische Einbindung, das Gefühl von Teilnahme und Nähe, im Vordergrund. Vor allem aber konnte diese Frage auch den einheimischen Jugendlichen gestellt werden, so dass hier ein Vergleichsanker für die emotionalen Reaktionen der zweiten Generation vorliegt; und die Fragestellung konnte auch auf Europa, das ein wichtigerer Bezugspunkt der Lebensperspektiven Jugendlicher ist, ausgeweitet werden.

Die Verbundenheit der zweiten Generation mit Österreich ist im Durchschnitt höher als die mit dem Herkunftsland, doch bleibt die emotionale Verbindung zum Land der Eltern, besonders bei den Jugendlichen aus der Türkei und aus Ex-Jugoslawien, lebendig. Die emotionale Beziehung der einheimischen Jugendlichen zu Österreich ist nicht sehr viel stärker als die der zweiten Generation (in der Kategorie „sehr verbunden" finden sich gerade 56 % der Einheimischen, aber auch 45 % der zweiten Generation). Ob nun die nationale Identifikation der österreichischen Jugend nicht besonders stark ist oder bereits in eine postnationale Richtung weist, bleibt offen, jedenfalls steht die Identifikation der zweiten Generation mit Österreich den Einheimischen nicht viel nach.

Tabelle 7.2: Verbundenheit mit Österreich, dem Herkunftsland und Europa nach nationaler Herkunft; zweite Generation: n ~ 1000, österreichische Jugendliche n ~ 400; Prozentangaben

	2. Generation, Eltern aus			
	Türkei	Ex-Jugoslawien	andere Länder	Österreich
Wie sehr fühlen Sie sich mit dem Herkunftsland Ihrer Eltern verbunden?[1]				
Note 1 und 2	64	61	49	
Note 3	23	25	31	
Note 4 und 5	13	14	20	
	100	100	100	
Wie sehr fühlen Sie sich mit Österreich verbunden?				
Note 1 und 2	72	80	73	79
Note 3	20	16	19	14
Note 4 und 5	8	4	8	7
	100	100	100	100
Wie sehr fühlen Sie sich mit Europa verbunden?				
Note 1 und 2	50	56	56	53
Note 3	29	29	29	31
Note 4 und 5	21	15	15	16
	100	100	100	100

1) „Bitte geben Sie eine Note: Note 1 = sehr verbunden, Note 5 = gar nicht verbunden"

Gut die Hälfte aller Jugendlichen fühlt sich darüber hinaus auch mit Europa stark verbunden; und es finden sich auch hier wieder keine signifikanten Unterschiede zwischen der zweiten Generation und einheimischen ÖsterreicherInnen.

Anhand der Korrelationen bestätigt sich die Validität der beiden Indikatoren zur Österreich-Identifikation (beide korrelieren negativ mit Marginalität), unklar und widersprüchlich erweist sich dagegen die Doppelidentität; sie korreliert stark mit Marginalität, steht in einer negativen Beziehung zur Europa-Identifikation (was gegen eine kosmopolitische Attitüde spricht) und ist daher schwer interpretierbar (s. Anhang, Tabelle A 7.1). Welche Erfahrungen und Wertorientierungen nun hinter den Gefühlsdimensionen stehen – hinter dem Gefühl, nirgendwo wirklich zu Hause oder aber in Österreich beheimatet zu sein, oder sich in beiden Ländern gleich wohl und zu Hause zu fühlen –, ist Thema des folgenden Abschnitts.

7.3 Zugehörigkeitsgefühle im Kontext von Wertorientierung und Elternhaus

Sprachkompetenzen als Brücke zur Identifikation

Viele der Migrantenjugendlichen wachsen mit zwei Sprachen auf und lernen, diese je nach Situation zu wechseln und in zwei Sprachen zu kommunizieren. Die zweite Generation hat nicht die typischen Sprachprobleme der Jugendlichen, die während der Schulzeit einwandern; sie spricht durchwegs gut deutsch – wie hier auch die Intervieweinstufungen bestätigten –, gute Kenntnisse der Herkunftssprache hat sie jedoch viel seltener. Zwar sind es relativ wenige (11 %), die die Herkunftssprache kaum noch beherrschen, doch stufen die meisten ihre Sprachkompetenz in der Muttersprache wesentlich geringer ein als die der deutschen Sprache (72 % bezeichnen ihre Deutschkenntnisse als „sehr gut", aber nur 39 % die Kenntnisse ihrer Muttersprache). Daher ist eine „sehr gute" Beherrschung der Muttersprache als Zeichen einer subjektiv bedeutsamen Bindung an das Herkunftsland interpretierbar, wie sich hier an der Auswirkung der Sprachkompetenzen auf die Zugehörigkeitsgefühle (wie sie zuvor in Tabelle 7.1 beschrieben wurden) bestätigt.

Tabelle 7.3: Zugehörigkeitsgefühle (kollektive Identitäten) nach Herkunft und Beherrschung der Muttersprache, n ~ 1000; Prozentangaben

Beherrschung der Herkunftssprache	Herkunft					
	Türkei		Ex-Jugoslawien		andere Länder	
	sehr gut / gut	wenig / schlecht	sehr gut / gut	wenig / schlecht	sehr gut / gut	wenig / schlecht
Österreich-Identität[1]	22	45	36	59	29	54
Marginalität[1]	42	41	26	27	27	28
Doppelidentität[2]	65	57	64	30	62	41

1) hohe Ausprägung der dichotomen Skalenscores > Median (Items s. Tabelle 7.1)
2) „Ich fühle mich in Österreich und im Herkunftsland meiner Eltern in gleichem Maß wohl und zu Hause." Zustimmung: 1und 2 auf einer 4-stufigen Antwortskala.

In allen drei Herkunftsgruppen tritt eine gute Kenntnis der Muttersprache am häufigsten bei doppelter Identität auf (s. Tabelle 7.3). Ist die Beherrschung der Muttersprache jedoch schlecht, so wirkt sich dies positiv auf die Identifikation mit dem Einwanderungsland Österreich aus; am deutlichsten ist dies bei Jugendlichen nicht-türkischer Herkunft erkennbar (alle Unterschiede sind signifikant). Sprache und Akkulturation stehen daher in engem Zusammenhang: Beherrscht man die Herkunftssprache sehr gut, so bleibt auch die Bindung an die Herkunftskultur lebendig, beherrscht man sie nicht mehr, so führt der Weg viel stärker in Richtung einer „eindeutigen" kollektiven Identität. Keinen Einfluss besitzt die Sprachkompetenz allerdings auf das Entstehen von Marginalitätsgefühlen.

Da es an den österreichischen Schulen keinen regulären muttersprachlichen Unterricht gibt, werden diese Kenntnisse primär im Elternhaus vermittelt. Der Sprachgebrauch zu Hause (zwei Drittel der Jugendlichen verständigen sich mit den Eltern nur in der Herkunftssprache) ist aber sicherlich nicht die einzige oder hauptsächliche Erklärung für die Identitätsentwicklung, entscheidend ist vielmehr, in welchem Kontext – ob in einem eher offenen oder stark traditionsgebundenen Milieu – der Sprachgebrauch steht. Bevor also die Hintergründe der verschiedenen Zugehörigkeiten bzw. kollektiven Identitäten genauer untersucht werden, soll es zuvor um die Frage gehen, ob sich mit ihnen auch typische Einstellungsmuster verbinden.

Zugehörigkeiten als Repräsentanz von Werten und Erfahrungen?

Stehen hinter den verschiedenen Dimensionen der Zugehörigkeit auch Identifikationen mit bestimmten Werten, repräsentieren sie die Gegensätze zwischen Tradition und Modernität? Lassen sich Beziehungen zu Erfahrungen wie Diskriminierung, Isolation oder aber Zufriedenheit mit der Lebenssituation in Österreich feststellen?

Die Identifikation mit Österreich verbindet sich mit einem ziemlich klaren Einstellungsprofil – sie ist mit modernen, gegen die Traditionen gerichteten Orientierungen verknüpft, während problematische Erfahrungen, wie Diskriminierungswahrnehmungen und das Gefühl, von gleichaltrigen Einheimischen gemieden zu werden, negativ korrelieren (s. Tabelle 7.4). Genau das gegenteilige Muster spiegelt sich in der Marginalität wider (auch wenn die Korrelationen etwas schwächer ausgeprägt sind): mit ihr korrelieren die traditionellen Orientierungen, Religiosität, Ausschließungserfahrungen und eine generelle Unzufriedenheit mit den Möglichkeiten der Lebensgestaltung. Die Doppelzugehörigkeit nimmt eine eigentümliche Zwischenstellung ein; es besteht eine gewisse

Affinität zu den traditionellen Wertorientierungen, aber keine Beziehung zu negativen Erfahrungen (Isolation, Diskriminierungserfahrung, Unzufriedenheit).

Tabelle 7.4: Korrelationen kollektiver Identitäten mit Einstellungen und Erfahrungen (Korrelationskoeffizienten[1])

Skala[2]	österreichische Identität	Marginalität	doppelte Identität
Traditionalismus: Geschlechtsrolle	-,27	,19	,05
Traditionalismus: Sitten	-,28	,17	,13
Kollektivismus	-,24	,18	,17
Religiosität	-,32	,28	,26
Demokratieorientierung	,15	n.s.	-,09
subjektive Isolation	-,28	,25	n.s.
Diskriminierungserfahrung	-,24	,36	n.s.
Ausländer werden in Österreich diskriminiert	-,35	,38	,08
Zufriedenheit mit Lebensgestaltung	,21	-,21	n.s.

1) Alle Werte sind signifikant, p<,05, außer n.s. = nicht signifikant.
2) Eine genaue Darstellung der Skalen und Items findet sich in Kapitel 4.

Die empfundene Zugehörigkeit zu Österreich, die ein relativ deutliches Muster von Wertidentifikationen und positiven Wahrnehmungen der Lebenssituation repräsentiert, kann durchaus, im Sinne Essers (2001), als „identifikative Assimilation" aufgefasst werden. Dagegen erweist sich Marginalität nicht, wie theoretisch zu vermuten wäre, als ein brüchiges Einstellungsmuster, in Form der Distanz sowohl zu traditionellen wie auch modernen Orientierungen. Die Einstellungsstruktur lässt sich eher als Ausdruck von Spannungen interpretieren, die aus den Traditionsbindungen resultieren; diese sind vermutlich eine Ursache dafür, dass man sich mit diskriminierenden, herabsetzenden Reaktionen seitens der sozialen Umwelt konfrontiert sieht. Hinter der Gefühlslage der Marginalität, wie sie in der Forschungstradition des „marginal man" beschrieben wurde, verbirgt sich gemäß diesen Ergebnissen daher weniger eine Unentschiedenheit gegenüber zwei Kulturen, sondern Irritation und Verunsicherung als Folge einer Konfrontation zwischen einer ethnischen Lebensorientierung mit der ethnisch fremden Umwelt.

Eine emotionale Distanz zu den beiden Kulturen spiegelt sich vielmehr im Typus der doppelten Zugehörigkeit wider: Das Muster zeigt nur schwache traditionelle Bindungen und keine spezifischen Erfahrungen mit der Umwelt, zeichnet sich aber auch nicht durch moderne und positive Kognitionen, wie demokratische Orientierung oder höhere Lebenszufriedenheit, aus; die Äquidistanz zu

Tradition und moderner Lebenshaltung ist hier das eigentlich Charakteristische. Während Marginalitätsgefühle auf die realen Spannungen eines Lebens „zwischen" zwei Lebenswelten verweisen, ist hinter der Doppelidentität keine deutliche psychosoziale Struktur erkennbar.

Auswirkungen der Akkulturation der Eltern?

Mit diesen unterschiedlichen kulturellen Orientierungen und Erfahrungen weisen diese Zugehörigkeiten bzw. kollektiven Identitäten auf verschiedene Formen der Akkulturation hin. Welche Rolle spielen bestimmte Sozialisationsfaktoren, wie Sprachgebrauch, Religiosität und andere Merkmale des elterlichen Milieus?

Tabelle 7.5: Der Einfluss von soziodemografischen Faktoren und Milieumerkmalen auf kollektive Identität; multiple Regression; n ~ 720

	österreichische Identität	Marginalität	doppelte Identität
Geschlecht (weiblich)	,094*		
Region (Wien)	,114**		,091*
Alter	,087*		
Bildung			
Berufsstatus des Vaters (hoch)			
Bildung des Vaters	-,083*		
Bildung der Mutter			,120**
Ausländer in Wohnumgebung (viele)			
Ausländeranteil in Schule (hoch)			
Freunde: nur eigenethnische	-,146**	,094*	,083*
Sprachgebrauch zu Hause (deutsch)	,209**	-,210**	
Deutschkenntnisse der Mutter (schlecht)	-,112**		
Deutschkenntnisse des Vaters (schlecht)			
Kenntnis der Herkunftssprache (gering)	,077*		-,149**
Rückkehrwunsch der Eltern (nein)	,239**	-,195**	-,169**
Erziehung nach Tradition (nein)	,090*		-,136**
Religiosität der Eltern (gering)			
Eltern lehnen österreichische(n) Partner/in ab		,156**	
r^2	,277	,169	,120

Es werden nur signifikante Werte ausgewiesen; ** p<,01, * p<,05.

Die Analysen (s. Tabelle 7.5) zeigen deutliche Unterschiede der Einflussstrukturen: Die Jugendlichen identifizieren sich mit Österreich besonders dann, wenn sich auch die Eltern stark an das Einwanderungsland anpassen – wenn sie zu Hause nicht nur die Herkunftssprache, sondern auch Deutsch sprechen, wenn sie ihre Zukunft in Österreich geplant haben und wenn sie die Kinder nicht gemäß den Traditionen der Herkunftskultur erziehen. Die Jugendlichen selbst haben gemischte ethnische Freundschaften, die eigenen muttersprachlichen Kenntnisse sind gering. Es wirken sich daneben auch noch einige soziodemografische Merkmale aus; die Identifikation mit Österreich entwickelt sich mit zunehmendem Alter, eher bei Mädchen als bei den Burschen, und eher im großstädtischen Lebensraum.

Marginalität erweist sich auch in den kausalen Hintergründen als Gegenpol zur Österreich-Identifikation. Sie wird vor allem durch die Abschottung der Eltern und ihren Konformitätsdruck verursacht; die Eltern haben einen starken Rückkehrwunsch, sprechen zu Hause nicht Deutsch und erlauben keine Partnerschaften mit Einheimischen, so dass auch keine sozialen Beziehungen zu Gleichaltrigen aufgebaut werden. Es bestätigt sich die schon zuvor angestellte Vermutung, dass dem Gefühl, nirgendwo wirklich zu Hause zu sein, letztlich eine stark empfundene Diskrepanz zwischen den Erfahrungen in der unmittelbaren Lebenswelt zu Hause und der sozialen Umwelt zugrunde liegt.

Das Gefühl, in zwei Ländern zugleich zu Hause zu sein, ist von ähnlichen, wenn auch schwächeren Einflüssen der Eltern bestimmt, wie traditionelle Erziehung und die starke Rückkehrorientierung der Eltern. Ein entscheidender Unterschied besteht aber in der gehobenen Bildung der Mutter und der eigenen guten muttersprachlichen Kompetenz. Diese Unterschiede weisen darauf hin, dass die Muttersprache einen wichtigen Anker für die psychische Orientierung bietet, indem sie es ermöglicht, Gegensätze zwischen dem normativen Bezugssystem im Elternhaus und dem Leben im Einwanderungsland zu mildern und beide subjektiv zu verbinden. Wie die Österreich-Identifikation entsteht auch die doppelte Zugehörigkeit eher in der Großstadt als im ländlichen Raum.

7.4 Die Wege zur Integration

Muster von Integration und Desintegration – eine quantitative Darstellung

Während Begriffe wie die Parallelgesellschaft oder das ethnische Ghetto die Jugendlichen und ihre Eltern in räumlich und sozial ausgegrenzten Räumen sehen, lebt die Mehrzahl der Jugendlichen der zweiten Generation in Österreich (wie in Kapitel 4 gezeigt wurde) zwischen den beiden Polen: Weder gänzlich

„assimiliert", noch gänzlich dem Milieu der Eltern verhaftet, führen sie ethnische Gepflogenheiten fort und leben doch nicht in abgeschotteten soziokulturellen Räumen. Was ist nun aber eine „erfolgreiche" Integration? In den vorangegangenen Kapiteln wurden zentrale Lebensbereiche und Werthaltungen vorgestellt, die in der Literatur als Indikatoren von Integration gelten, eine Gesamtdiagnose lässt sich daraus dennoch nicht so leicht entwickeln. Jede der Dimensionen, wie die erreichte soziale Position oder die Art der sozialen Beziehungen, repräsentiert einen Mosaikstein in einem komplexen Muster; in jeder Dimension werden auch graduell unterschiedliche Positionen eingenommen und keine dieser Positionen muss eine andere ausschließen.

So hängt es von der Fragestellung selbst ab, welche kausalen Verknüpfungen vorgenommen werden: z.B. ob Einstellungen zur normativen Anpassung, wie Integrations- oder Assimilationsbereitschaft, einen Einfluss auf den beruflichen Erfolg haben, oder umgekehrt, ob erst die strukturelle Integration (Bildungs- und Berufsposition, sozialer Aufstieg) die kulturelle Anpassung bewirkt. De facto sind berufliche Integration und Wertanpassung der MigrantInnen längerfristige und auch zirkuläre Prozesse, so dass sich diese Frage erst im Generationenverlauf bzw. auf Basis longitudinaler Forschungen beantworten lässt. Solche Studien gibt es aber kaum, die wenigen weisen in die Richtung, dass strukturelle Faktoren die stärkere Wirkungskraft haben. So kommt eine Forschung zum Schluss, dass eher die getätigten Bildungsinvestitionen als kulturelle Einstellungen die spätere Position am Arbeitsplatz bestimmen (vgl. Odé und Veenman 2003), eine andere Untersuchung konnte zeigen, dass die unterschiedlichen normativen Orientierungen verschiedener ethnischer Gruppen sich aus ihren sozioökonomischen Positionen erklären ließen (vgl. Uunk 2003).

Bei der folgenden Darstellung soll es nun auch nicht um diese kausalen Fragen gehen, sondern um die Beziehungen zwischen den wichtigsten Integrationsindikatoren. An den positiven bzw. negativen Wechselwirkungen sollen Muster von Integration bzw. Desintegration beschrieben werden: Was bedeutet sozialer Misserfolg – wenn Jugendliche den sozialen Aufstieg im Vergleich zur Lage der Eltern nicht geschafft haben oder abgestiegen sind – für die kollektive Identität, welche Konsequenzen hat es, wenn sozialer Abstieg auch mit ausschließlich eigenethnischen Freundschaftskreisen einhergeht? Viele Jugendliche übernehmen Elemente ihrer Herkunftskultur, sie pflegen z.B. Kontakte zur ethnischen Gemeinschaft, konsumieren die Medien des Herkunftslands und führen religiöse Traditionen fort; diese Bindung an die Herkunftskultur muss weder strukturelle noch soziale Integration hindern, kann sich jedoch im Kontext beruflichen Misserfolgs und ethnischer Abschottung negativ auf die Einstellung zum Leben im Einwanderungsland auswirken. In welcher Wechselwirkung stehen also strukturelle Integration, Sozialintegration und „ethnische Identität"?

An den verschiedenen Kombinationen dieser drei Dimensionen (bzw. deren Ausprägungen) lassen sich grundlegende Muster darstellen und zahlenmäßig erfassen; und es können die Auswirkungen dieser Integrationswege auf wichtige Einstellungen, wie kollektive Zugehörigkeit, demokratische Orientierung und Traditionsbindung, aufgezeigt werden. Im Unterschied zu den meist gebräuchlichen Vier-Felder Typologien gelingt auf diese Weise eine realitätsnähere, daher auch komplexere Beschreibung realer Gruppen und ihrer Wertorientierungen, und es können die kumulativen Effekte aus dem Zusammenwirken der drei ausgewählten Indikatoren sichtbar gemacht werden.

Der Ausgangspunkt der Typologie ist die strukturelle Integration, die (auch ihrer theoretischen Bedeutung nach) sicherlich die wichtigste Integrationsdimension ist und die hier konkret am sozialen Aufstieg in Relation zur Ausgangslage der Eltern erfasst wird. Wie in Kapitel 2 und 3 geschildert wurde, gelingt es einem relativ großen Teil der Jugendlichen nicht, eine berufliche Ausbildung abzuschließen und viele beenden den Bildungsweg nur mit einem Hauptschulabschluss. Die Väter, die fast durchwegs der „Gastarbeiter-Generation" angehören, sind mehrheitlich gering qualifiziert; gut ein Drittel der Jugendlichen dieser Stichprobe, deren Väter keine Berufsausbildung haben, haben auch selbst keine beruflichen Qualifikationen erworben. Da ein Teil der Jugendlichen aber noch in Ausbildung steht, bildet für diese Analyse nicht die Berufsmobilität, sondern die Bildungsmobilität die Grundlage (was aufgrund der engen Beziehung zwischen Bildungs- und Berufsstatus gerechtfertigt ist; bei den Jugendlichen wird der höchste oder aktuelle Bildungsstatus herangezogen; vgl. Kapitel 2.3).

Um die Komplexität der Aufsplitterungen aus drei Dimensionen überschaubar zu halten, wurden die Ausprägungen jeweils dichotomisiert. Bei der Bildungsmobilität wurden daher folgende Zuordnungen getroffen: All jene, die im Vergleich zur Bildungsposition des Vaters selbst eine schlechtere Positionierung aufweisen, sind abgestiegen. Auf der Stufe eines niedrigen Bildungsstatus (kein Abschluss oder nur Hauptschulabschluss) wurde aber auch die „Vererbung" einer solchen niedrigen Position des Vaters auf den Jugendlichen als Abstieg klassifiziert. Das Verbleiben der zweiten Generation in den untersten Rängen, die von den Eltern am Beginn des „Migrationsprojekts" eingenommen wurden, gilt allgemein als problematische Verfestigung und aufgrund der beobachteten negativen psychosozialen Folgen (wie Frustrationsanomie und Re-Ethnisierung) als Symptom des Scheiterns von Integration. Auf dieser Basis haben hier insgesamt 39 % der Jugendlichen Abstiege zu verzeichnen; davon stellen aber mit rund 60 % jene den größten Anteil, die es nicht geschafft haben, von „ganz unten" wegzukommen. Das Beibehalten einer mittleren bzw. höheren Position wurde dagegen als erfolgreiche Positionsbehauptung bewertet und in der dichotomen Zuordnung zusammen mit den realen Bildungsaufstiegen ebenfalls als Aufstieg klassifiziert.

Neben dem sozialen Aufstieg ist die soziale Integration durch Kontakte der zweite Kernbereich, an dem sich eine erfolgreiche Eingliederung manifestiert. Es werden also die Freundschaftskontakte der Jugendlichen, dichotomisiert nach ausschließlich eigenethnischen vs. gemischten Kontakten, als zweiter Parameter herangezogen (rund die Hälfte hat ausschließlich eigenethnische Freundschaften).

Welche Bedeutung kommt aber den Beziehungen der Jugendlichen zu ihrer Herkunftskultur zu? Die Migrationsforschung zeichnet seit jeher das Bild einer Generation im Zwiespalt. Auch wenn ethnische Lebensstile nicht mehr als gänzlich unvereinbar mit dem Leben in der Einwanderungsgesellschaft bewertet werden, bleibt die kulturelle Anpassung der MigrantInnen dennoch das Leitthema auch der neueren Thesen bzw. Typologien. Welche Bedeutung die „ethnische Identität" für den Einzelnen hat, mag eine subjektive Entscheidung sein, welche Relevanz sie für den Anpassungsprozess hat, ist umstritten. Die Frage, ob das Festhalten an ethnisch geprägten Gewohnheiten eine Barriere für Integration ist, hat an Aktualität nicht verloren und nimmt auch in den neueren Typologien einen entscheidenden Platz ein. Erst im Kontext anderer Integrationsindikatoren, besonders der Aufnahme interethnischer Kontakte, könne eingeschätzt werden, ob ethnisch kulturelle Bindungen der Integration hinderlich sind oder nicht (vgl. Berry 1990). Die ethnische Orientierung der Jugendlichen ist daher der dritte hier ausgewählte Indikator, um Integrationswege nachzuzeichnen. Sie wurde anhand von drei Merkmalen erfasst – dem Medienkonsum in der Muttersprache, dem Besuch eigenethnischer Vereine und der Bedeutung der Religion –, die zu einem Summenindex zusammengefasst wurden (der nach „schwacher" und „starker" ethnischer Orientierung unterteilt wurde).

Folgt man nun den verschiedenen Kombinationen dieser drei Indikatoren, so lassen sich acht verschiedene Muster beschreiben (s. Abbildung 7.1). Das Muster „sozialer Aufstieg, geringe ethnische Orientierung und gemischte Kontakte" präsentiert sicherlich jene Gruppe, die sich – aus der Sicht der Mehrheitsgesellschaft – erfolgreich integriert hat; sie umfasst 18 % der gesamten zweiten Generation. Am anderen Pol des Spektrums stehen jene, die auf dem niedrigen Bildungsniveau des Vaters verblieben sind oder eine schlechtere Position einnehmen, die stark an ihre Herkunftskultur gebunden sind und überdies nur mit Freunden ihres Herkunftslands verkehren. Sie gelten als problematische Gruppe, die weder strukturell, noch sozial, noch kulturell integriert ist; diese Gruppe ist hier mit 12 % ausgewiesen.

Während diese beiden Muster die typische erfolgreiche bzw. missglückte Integration darstellen, geraten die vielen Zwischenformen leicht aus dem Blick:

Auch bei sozialem Abstieg gibt es gemischte Freundschaften und geringe ethnische Bindungen, wie dies bei 14 % der Jugendlichen der Fall ist; und umgekehrt kommt es auch bei sozialem Aufstieg zu eigenethnischen Freundeszirkel und starker Hinwendung zur Herkunftskultur – 20 % zeigen dieses Muster.

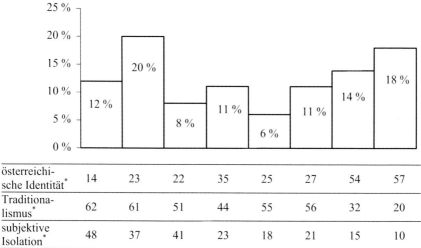

Abbildung 7.1: Gruppen (gebildet aus drei Integrationsindikatoren) und deren Auswirkung auf „österreichische Identität", „Traditionalismus" und „subjektive Isolation", n ~ 1000; Prozentangaben

An den anderen Kombinationen zeigt sich ebenfalls, dass Auf- und Abstieg nicht die anderen beiden Indikatoren, Freundschaftskontakte und ethnische Orientierung, festlegen. Auch im Fall des Abstiegs können gemischte Freundschaften entstehen, und dies auch trotz starker ethnischer Orientierung (allerdings nur bei einer kleinen Gruppe von 6 %); ebenso kann aber der Bildungsaufstieg mit einer starken Bedeutung der Herkunftskultur einhergehen, und dies trotz eines gemischten Freundeskreises (bei 11 %). Und schließlich gibt es auch eigenethnische Freundeskreise, obwohl man den ethnischen Gewohnheiten keine große Bedeutung zumisst, egal ob im aufgestiegenen Milieu (11 %) oder im Fall des „vererbten" niedrigen Status bzw. des Bildungsabstiegs (8 %).

Repräsentieren diese Muster nun auch Integration bzw. Desintegration auf der Ebene der kollektiven Identität, der Werte und der subjektiven sozialen Einbindung? Abbildung 7.1 zeigt auch die Auswirkungen der verschiedenen Strukturen auf die Identifikation mit Österreich, auf Traditionalismus und subjektive Isolation. Nun können hier nicht alle Details geschildert werden, hervorzuheben ist aber, dass die Muster an den beiden Polen auch in ihren Auswirkungen auf diese Kognitionen weitgehend als Gegensätze hervortreten. Die zwischen diesen beiden Polen liegenden Muster bilden aber nicht immer und durchgehend ein Kontinuum. So empfinden die Jugendlichen, für die die Merkmale „Abstieg, aber geringe ethnische Orientierung und gemischte Freunde" zutreffen, eine fast ebenso starke Zugehörigkeit zu Österreich (54 %) wie die aufgestiegenen (57 %); doch haben Jugendliche, die abgestiegen sind, stark ethnisch orientiert sind und nur eigenethnische Freundschaften haben, die geringste Österreich-Identifikation (14 %). Alle anderen Gruppen bewegen sich im Mittelfeld.

Auch die positive Einstellung zu traditionellen Werten (Geschlechtsrollen, Sitten) liegt weitgehend zwischen den beiden Polen: sie ist bei der typisch „erfolgreichen" Integration mit 20 % am niedrigsten, am anderen Pol der „missglückten" Integration mit 62 % am höchsten. Aber auch hier ist z.B. der Bildungsaufstieg nicht relevant, wenn eine starke ethnische Orientierung vorherrscht und nur ein eigenethnischer Freundeskreis existiert; in diesem Fall teilen ebenfalls 61 % die traditionellen Werte.

Sehr deutlich unterscheiden sich die Gruppen in der subjektiv wahrgenommenen sozialen Ausschließung. 10 % Isolierte auf der einen Seite stehen 48 % auf der anderen Seite gegenüber. Keine Unterschiede zwischen den Gruppen zeigen sich aber in der Einstellung zu den demokratischen Prinzipien (diese Zahlen sind daher in der Abbildung nicht mehr ausgewiesen).

Die dargestellten Gruppen vermitteln einen Eindruck von der Vielfalt möglicher Integrationswege (hier wurden nur drei Integrationsfaktoren in ihren Relationen zueinander verfolgt) und zeigen, dass Wertorientierungen und subjektive Integration nicht auf ein einfaches Erklärungsmuster zurückgeführt werden können. Selbst die Identifikation mit dem Einwanderungsland Österreich ist nicht nur an eine einzige Ursachenkonstellation gebunden. Die Differenzen lassen sich zwar zwischen den zwei Polen – „Abstieg, starke ethnische Orientierung und eigenethnische Freundschaften" auf der einen Seite, „Aufstieg, geringe ethnische Orientierung und gemischte Freundschaften" auf der anderen Seite – aufspannen, doch repräsentieren diese Pole – 12 % auf der Seite der typischen missglückten Integration, 18 % auf der Seite der typischen erfolgreichen Integration – quantitativ nur einen kleinen Ausschnitt, während die Mehrheit auf unterschiedliche Weise in die österreichische Gesellschaft eingebunden ist.

Der Integrationspfad nach Esser – ein Kausalmodell

Auch die neueren Ansätze, die sich um die Erfassung kausaler Integrationsverläufe bemühen, nehmen auf die klassische „Assimilationstheorie" der amerikanischen Migrationsforschung Bezug, bemühen sich aber um eine realitätsgerechtere Rekonstruktion, indem einerseits die gesellschaftlich vorgefundenen Chancen, andererseits die subjektiven Anpassungsstrategien der MigrantInnen diskutiert werden. Annahmen über kausale Prozessverläufe sind aber gezwungen, Beginn und Endpunkt zu definieren: ist die Endstation des Pfades die kulturelle Anpassung, die Identifikation mit dem Einwanderungsland, oder die Angleichung an den Lebensstandard und der soziale Aufstieg?

Nach Esser (der sich mit der amerikanischen Tradition auseinandersetzt) ist die strukturelle Integration, besonders in Bildung und Beruf, der Maßstab von Integration: „Die emotionale Hinwendung oder gar eine empathische Identifikation mit der Aufnahmegesellschaft, die emotionale Assimilation also, wäre daher keine Voraussetzung für die Sozialintegration der Migranten und die Systemintegration der (modernen) Gesellschaft. Wohl aber: Die strukturelle Sozialintegration in die Aufnahmegesellschaft, die strukturelle Assimilation also, mitsamt ihren kulturellen und sozialen Korrelaten und Voraussetzungen" (Esser 2001: 39). Esser distanziert sich damit von der Forderung nach „Assimilation" (im kulturellen und emotionalen Sinn), vertritt aber den Standpunkt, dass sich diese im Zeitverlauf (eines Lebens oder zweier Generationen) aus den Logiken eines „normalen" Lebens – das sich an sozialem Aufstieg, Geselligkeit und Interesse an gesellschaftlicher Teilhabe orientiert – von selbst ergibt. Diese Zeitachse lässt eine empirische Überprüfung im strengen Sinne zwar nur schwer zu, doch sind die Annahmen so formuliert, dass sie eine klare Sequenz von Stationen im Integrationsweg nahe legen, die sich an den biografischen Daten ablesen lassen.

Die identifikative Integration ist aus dieser Perspektive weniger eine Frage der bewussten Entscheidung für oder gegen kulturelle Anpassung, sondern das Resultat von einzelnen Anpassungsschritten, die einer logischen Sequenz folgen. Die erste Stufe ergibt sich aus der Notwendigkeit der sozialstrukturellen (beruflichen) Eingliederung; da diese an Kompetenzen – bei der zweiten Generation an Bildungserfolge – gebunden ist, erfordert dieser Schritt bereits ein gewisses Maß an kultureller Anpassung („Kulturation"). Bildung und Beruf wiederum bieten die Gelegenheiten für interethnische Kontakte. Aus dem Zusammenwirken dieser Eingliederungsprozesse entwickeln sich nicht nur kulturelle Anpassungen, sondern stellen sich auch Gefühle des Dazugehörens ein. Der letzte Schritt, die Identifikation mit dem Aufnahmeland, entsteht daher aus dieser Entwicklungslogik von selbst (Esser 2001: 21). Die Frage „Gibt es Integration ohne Assimilation?" stellt sich aus dieser Sichtweise nicht.

Ohne zuvor die kulturelle Assimilation als Bedingung von Integration benannt zu haben, führt in der Theorie Essers der Weg also doch durch seine inhärente Anpassungsdynamik an dieses Ziel. Dieser Prozess könnte zwar, wie Esser betont, auf jeder Stufe auch ein Ende finden und es könnten unterschiedliche Wege eingeschlagen werden. Betrachtet man diese Alternativen zur Assimilation genauer, so sind sie jedoch, wie Esser selbst hervorhebt, weder als Erfolge noch als praktikable Alternativen zu bewerten (vgl. Esser 2004). Gelingt die strukturelle (berufliche) Integration nicht, und kann sich auch die nächste Generation nicht verbessern, dann wird das Verbleiben in den unteren sozialen Rängen zu einer Abschottung im eigenethnischen Milieu führen (besonders wenn Berufe in der eigenen ethnischen Ökonomie, die zumeist nur einfache Dienstleistungen ohne Aufstiegsperspektive bietet, sich als dauerhafte Alternative etablieren; auf diese Weise entsteht Segmentation bzw. das Ghetto). Der Pfad kann aber auch in die doppelte Ausgrenzung führen, wenn weder in der eigenethnischen noch in der Mehrheitsgesellschaft eine akzeptable soziale Position errungen wird, wie im Fall von Armut oder sozialer Isolation.

Somit bleibt als Integrationserfolg in der Esser'schen Typologie nur jener Weg übrig, der von der gelungenen strukturellen Integration zur Etablierung gemischter ethnischer Netzwerke (soziale Integration) führt, beide würden aus einer Eigendynamik heraus dann auch die „identifikative Assimilation" erzeugen. Der doppelten Identifikation, d.h. einer Integration in beide Kulturen, misst Esser keine reale Bedeutung zu, da Kompetenzen in beiden Kulturen, wie Sprachkompetenz und Alltagswissen, in sehr hohem Maße erworben werden müssten; die „Doppelidentität" ist nach Ansicht Essers daher auch nur ein elitäres Phänomen (vgl. Esser 2004: 47).

Mit dieser These der stufenförmigen Akkulturation setzt sich der folgende Versuch, diese in einem Kausalmodell abzubilden, auseinander; es sollen die zentralen Annahmen geprüft und Einwände bzw. Modifikationen diskutiert werden. Typologische Rekonstruktionen sind natürlich, wie deren AutorInnen stets betonen, eine Abstraktion von den realen Rahmenbedingungen. Es können auch in den folgenden empirischen Analysen aus der Vielzahl realer Einflussfaktoren nur einige, theoretisch besonders bedeutsame berücksichtigt werden.

Einen wichtigen Einfluss auf Integrationsverläufe haben die Beziehungen zwischen Mehrheit und Minderheit. Aus dieser Perspektive rücken Fragen empfundener Anerkennung oder Ablehnung, Formen informeller Diskriminierung oder Zurücksetzung in den Blickpunkt. Solche Selbst- und Fremdwahrnehmungen stehen aber auch im Kontext der jeweiligen Lebensstile und Milieus, d.h. der ethnischen Selbstdefinition und der ethnisch-kulturellen Orientierungen. Sie wirken sich, wie die Forschung zeigt, auf subjektive Abgrenzungen wie auch auf Diskriminierungserfahrungen aus, hängen aber auch wiederum von Faktoren wie Sprachkenntnisse, Aufenthaltsdauer, Schulbildung etc. ab (vgl. Schnell 1990; Neto 2002). Wie sich auch hier zeigte, wirken sich bei den Jugendlichen die Erfahrungen der Diskrepanz zwischen dem elterlichen Milieu und der sozialen Umwelt stark auf das soziale Selbstbild aus. In den Kausalanalysen sollen daher die Esser'schen Modellannahmen in einen größeren Rahmen gestellt werden, indem das Milieu des Elternhauses und soziale Selbstwahrnehmungen einbezogen werden (ein ähnlicher Zugang findet sich bei Nauck, Kohlmann und Diefenbach 1997).

Als „Endstation" des Integrationspfades soll die Identifikation mit Österreich gelten, die, wie oben gezeigt wurde, das Wert- und Einstellungsmuster einer „identifikativen Assimilation" weitgehend repräsentiert. Ihr wird das Pfadmodell der „Marginalität" gegenübergestellt, das als negative Spiegelung aufgefasst wird. (Die Modell-Annahmen wurden auch hinsichtlich der „Doppelidentität" geprüft, doch konnte hierbei keine befriedigende Lösung erzielt werden, wodurch sich die schon oben festgestellte Zwischen- bzw. Mischform der Doppelidentität letztlich bestätigt). Da es in dem Modell darum geht, wichtige Stationen der Integration zu untersuchen, sind Einstellungen, die bereits eng mit Akkulturation verbunden sind, wie traditionelle und moderne Orientierungen, Religiosität etc. ausgeklammert.

In dem Kausalmodell, das an beiden Identitätstypen geprüft wird, werden folgende Relationen zwischen den wesentlichen Faktoren angenommen:

- Der Bildungsstatus der Eltern beeinflusst deren ethnische Orientierung – je niedriger der Bildungsstatus, desto stärker ist die ethnische Bindung der Eltern.
- Ein stark ethnisch geprägtes Klima im Elternhaus fördert entweder die bewusste Wahl eigenethnischer Freundschaften oder hat Isolation – durch die Ausgrenzung seitens der einheimischen Jugendlichen – zur Folge, was ebenfalls eine Beschränkung auf intraethnische Freundschaften bewirkt.
- Diese Einflusskette wirkt sich negativ auf die Identifikation mit Österreich aus bzw. bringt Marginalität hervor.

- Ein zweiter Pfad verfolgt die Einflüsse, wenn die Eltern einen höheren Bildungsstatus haben: Die Jugendlichen werden eine höhere Schulbildung haben, durch die sich wiederum offenere Kontaktkreise ergeben (was auch geringere Isolation bedeutet); diese Einflüsse wirken sich positiv auf eine Identifikation mit dem Einwanderungsland aus, jedoch negativ auf Marginalitätsgefühle.
- Eine höhere Bildung repräsentiert eine gehobene soziale Position und wirkt sich aufgrund der damit verbundenen positiven Kognitionen, wie Prestige, Erfolg und Zufriedenheit, auch direkt auf ein positives Zugehörigkeitsgefühl aus; niedrige Bildung dagegen auf Marginalität.

Die latenten Variablen des Modells sind folgendermaßen definiert: das ethnische Milieu des Elternhauses durch die Merkmale „Erziehung nach der Tradition des Herkunftslandes", „Eltern leben streng nach den Regeln einer Glaubensgemeinschaft", „starke Kontrolle der Kontakte" und „Deutschkenntnisse der Eltern gering"; subjektive Isolation durch die Statements „ich werde selten von österreichischen MitschülerInnen (KollegInnen) eingeladen", „ÖsterreicherInnen ignorieren mich" und „ohne FreundInnen aus dem Herkunftsland würde ich mich allein fühlen". Österreichische Identität und Marginalität definieren sich an den in Tabelle 7.1 genannten Statements (alle Konzepte wurden durch konfirmatorische Faktorenanalysen geprüft). Die Variable „ethnische Freunde" ist dichotom (gemischte vs. nur eigenethnische Freundschaften), die Variable „Bildung der Eltern" bezieht sich auf den Bildungsstatus von Vater und Mutter, die „eigene Bildung" auf die höchste abgeschlossene Bildung oder den aktuellen Bildungsstand.

Aufgrund der wiederholt aufgezeigten Unterschiede zwischen der türkischen und den anderen Herkunftsgruppen werden die Modellannahmen für die zwei Gruppen getrennt geprüft. Die Ergebnisse zeigen, dass bei beiden Gruppen die Strukturen übereinstimmen, aber die erklärte Varianz recht unterschiedlich ist. Beide Modelle zeigen, dass die theoretischen Annahmen aber nur zum Teil zutreffen (s. Abbildung 7.2).

Die Identifikation der zweiten Generation mit dem Einwanderungsland Österreich erweist sich stark vom elterlichen Milieu abhängig: Ein niedriger Bildungsstatus der Eltern bedeutet auch ein stärker ethnisch geprägtes Milieu, das wiederum die Isolation von einheimischen Gleichaltrigen verstärkt; die empfundene Ausgrenzung bewirkt dann auch eine geringere Identifikation mit Österreich.

Es trifft auch zu, dass ein traditionsgebundenes Milieu eine starke Einschränkung auf eigenethnische Freundschaftskontakte zur Folge hat und dass diese soziale Abkapselung der identifikativen Assimilation nicht förderlich ist.

Überraschend ist aber, dass eine höhere Schulbildung der Jugendlichen nicht, wie erwartet, einen positiven Beitrag zur Identifikation leistet, sondern sogar umgekehrt wirkt (r = -11 bzw. r = -16). Durch höhere Bildung ist zwar das Gefühl der Isolation geringer, doch stellt sich dadurch auch kein ethnisch offener Freundeskreis ein. Daraus folgt, dass eine erfolgreiche soziale Platzierung alleine nicht ausreicht, um den Weg zur Integration – entlang der Esser'schen Weichenstellungen – zu realisieren. Die Identifikation mit Österreich wird durch diese Kausalstruktur bei der türkischstämmigen Gruppe zu 17 % erklärt, bei der nicht-türkischen Gruppe ist die Varianzerklärung mit 9 % jedoch deutlich niedriger.

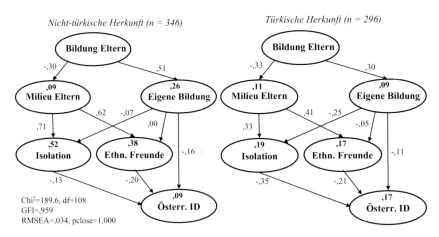

Abbildung 7.2: Strukturgleichungsmodell zur Erklärung der „österreichischen Identität": türkische vs. nicht-türkische Herkunft

Marginalität – als Gegenpol zur Österreich-Identifikation – erklärt sich spiegelbildlich durch dieselbe Struktur, doch zeigen sich nun unterschiedliche Effekte: Auch hier bedingt ein niedrigerer Bildungsstatus der Eltern eine stärkere ethnische Prägung des Elternhauses, woraus sich eine stärkere Ausschließung der Jugendlichen vom Kontakt zu Einheimischen ergibt. Das ethnisch orientierte Elternhaus beeinflusst auch die Wahl der Freundschaften stark, doch wirkt sich der homogene Freundeskreis selbst nicht unmittelbar auf das Marginalitätsgefühl aus. Dagegen tritt der Effekt der wahrgenommenen Isolation besonders stark hervor: Sowohl bei der türkischen, wie auch bei den nicht-türkischen Herkunftsgruppen wirkt sich die durch ein betont traditionsgebundenes Milieu bedingte soziale Ausgrenzung am stärksten auf die Gefühle des „nirgendwo zu Hauses Seins" aus (s. Abbildung 7.3).

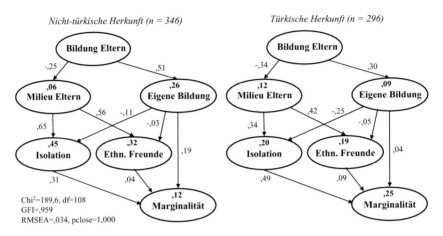

Abbildung 7.3: Strukturgleichungsmodell zur Erklärung von „Marginalität": türkische vs. nicht-türkische Herkunft

Wider Erwarten hat auch hier die eigene Bildung keinen bzw. nur einen schwachen Effekt: Höhere Bildung wirkt sich bei den nicht-türkischen Herkunftsgruppen sogar positiv auf Marginalität aus, ein Faktum, das nicht erwartet wurde. Eine mögliche Interpretation könnte sein, dass bessere Bildung eine stärkere Sensibilität in den sozialen Wahrnehmungen und eine kritischere Auseinandersetzung mit den vorgefundenen Lebensverhältnissen zur Folge hat, so dass die psychische Selbstverortung problematischer wird. Die Kausalstruktur erklärt Marginalität deutlich besser als die Identifikation mit Österreich (25 % der Varianz bei den türkischstämmigen Jugendlichen und 12 % der Varianz bei den nicht-türkischen Herkunftsgruppen).

Fasst man diese Ergebnisse zusammen, so zeigt sich, dass Integration nicht als einfacher Pfad, auf dem nur die zentralen Stationen passiert werden müssten, konzipiert werden kann. Die meisten Migrantenjugendlichen stammen aus Arbeiterfamilien und fühlen sich den Eltern und ihren Traditionen verpflichtet; sie sind einerseits den Widersprüchlichkeiten zwischen dem Elternhaus und der sozialen Umwelt ausgesetzt (und empfinden dies auch), andererseits sind sie auch stärker von sozialer Ausgrenzung durch einheimische Gleichaltrige betroffen. Familie und Verwandtschaft können die Eingliederungsprozesse der Kinder erschweren oder erleichtern (worauf z.b. Nauck, 1999, verweist), woraus folgt, dass sich Integrationsmodelle (und auch Integrationspolitik) viel stärker mit den familiären Lebensverhältnissen auseinandersetzen müssten, statt nur die einzelnen Personen oder Einzelbiografien im Auge zu haben. Aber auch der – einfach anmutende – Integrationspfad durch höhere Bildung verläuft nicht geradlinig. Soziale Interaktionen stoßen auch in den höheren Bildungsinstitutionen auf Barrieren, seien sie nun sozialer oder psychischer Natur. Höhere Bildung bewirkt schließlich auch subjektive Veränderungen, etwa höhere Ansprüche, Enttäuschungen und ähnliche Effekte „relativer Deprivation", die den Anpassungsprozess komplexer machen.

Somit bestätigen sich zwar Teile der Esser'schen Integrationstheorie, wichtige Fragen bleiben aber offen. Der Sozialisationseinfluss des Elternhauses ist nicht alleine durch Mobilität bzw. Bildungsaufstieg überwindbar. Die Lebens- und Integrationsbedingungen der ersten Generation prägen den Akkulturationsprozess der Familien stark; die Beziehungen zwischen Eltern und Kindern sind in den neueren Integrationstheorien dann auch stärker ins Blickfeld gerückt und bieten im Vergleich zu den individualisierenden Ansätzen realistischere Einblicke in die Dynamik von Integrationsverläufen. Ein interessanter Aspekt, dem im Rahmen dieser Studie nicht weiter nachgegangen werden konnte, sind sicher die parallel verlaufenden Formen der Akkulturation von Eltern und Kindern, also die Anpassungsprozesse beider Generationen und ihre wechselseitigen Auswirkungen zwischen den Generationen (wie sie Portes und Rumbaut, 2001, in den USA untersuchten). Obwohl der „Kulturkonflikt" nicht dramatisiert werden soll, zeigen die hier gewonnen Ergebnisse doch deutlich, dass die von den Jugendlichen wahrgenommenen Diskrepanzen zwischen einer traditionsgebundenen Familienkultur und der Lebensumwelt in der Einwanderungsgesellschaft Gefühle der Marginalität auslösen und Akkulturation erschweren.

7.5 Zusammenfassung

Die Zugehörigkeitsgefühle von MigrantInnen gelten in der Literatur seit jeher als entscheidendes Kriterium für den gelungenen (oder nicht gelungenen) Übertritt in eine andere Nation und ihre Kultur. Auch wenn inzwischen Zweifel an der These aufgekommen sind, dass die von der Migration verursachte Entwurzelung mit ihren angenommenen dramatischen psychosozialen Folgen nur durch die Assimilation, als eine zweite Verwurzelung, geheilt werden könne, so bleibt doch die soziale Identität – besonders das „Zugehörigkeitsdilemma" – ein zentrales Thema. Gerade die zweite Generation erscheint in der Literatur durch Ambivalenz und gespaltene Zugehörigkeiten charakterisiert. Die Ergebnisse hier zeigen aber, dass die Migrantenjugendlichen mehrheitlich keine Probleme in ihrer kollektiven Selbstdefinition haben und das Einwanderungsland Österreich als ihr Zuhause empfinden. Allerdings fühlt sich auch ca. ein Drittel nirgendwo wirklich zugehörig.

Hinter der Gefühlslage der Marginalität verbirgt sich aus der Sicht der vorliegenden Ergebnisse weniger eine Unentschiedenheit gegenüber zwei Kulturen (wie es das klassische Konzept des „marginal man" beschreibt), sondern Irritation und Verunsicherung als Folge einer Konfrontation zwischen starken ethnischen Orientierungen im Elternhaus, die auch internalisiert wurden, und der ethnisch „fremden", außerfamiliären Umwelt. Die Beherrschung der Muttersprache erleichtert das Zustandekommen einer doppelten Orientierung, die auch hilft, die Diskrepanz zwischen den ethnischen Traditionen der Eltern und der Umwelt zu mildern. Beide Identitätstypen, Marginalität wie auch Doppelidentität, weisen eine gewisse Distanz zu modernen Werthaltungen auf. Im Gegensatz dazu identifizieren sich diejenigen, die sich hier zu Hause fühlen, weitgehend mit den modernen Werten, wie Individualismus und Gleichheit der Geschlechter, und sind mit ihrer Lebensgestaltung zufrieden.

Was ist nun aber eine „erfolgreiche" Integration? Integration spielt sich in vielen Lebensbereichen ab und ist daher auch in der Forschung ein multidimensionales Konzept. Setzt man diese Erkenntnis in die Forschung um, so entsteht aus den verschiedenen Dimensionen und ihren komplexen Wechselbeziehungen ein breites Spektrum von Mustern, die sich eindeutigen Zuordnungen teils widersetzen. Die Vielfalt der Integrationswege wurde hier anhand von drei grundlegenden Parametern beschrieben, die zueinander in Beziehung gesetzt wurden: strukturelle Integration (Bildungsmobilität), soziale Integration (ethnische Struktur von Freundschaften) und die subjektive Bedeutung der Herkunftskultur (ethnische Orientierung). Auf dem einen Pol der „missglückten" Integration finden sich 12 % der zweiten Generation: Sie sind auf dem niedrigen Ausbildungsniveau ihrer Väter verblieben oder abgestiegen (und haben daher wenig Chancen auf Verbesserung ihrer Lebensverhältnisse), haben nur eigenethnische Freundschaften und sind den ethnischen Bindungen stark verhaftet. Auf dem anderen Pol der „erfolgreichen" Integration (Bildungsaufstieg, gemischte Kontakte, nur noch schwache ethnische Orientierung) finden sich 18 %. Die Mehrheit liegt jedoch zwischen diesen Polen und ist auf unterschiedliche Weise in die österreichische Gesellschaft eingebunden.

Theorien der erfolgreichen Integration werden zumeist als Sequenz von Voraussetzungen, die erfüllt sein müssen, konzipiert; sie gehen von einer Anfangsstufe aus und bestimmen, worin das Ende des Integrationspfades besteht. Eine solche sequentielle Integrationstheorie entwickelte Esser (2001), der zufolge die Identifikation mit dem Einwanderungsland am Ende des Weges steht. Die

hier vorgestellten Kausalmodelle sind dieser Theorie gefolgt. Doch stellen sich aus verschiedenen Gründen Zweifel am Prozessmodell ein:
Auch wenn Jugendliche einen höheren Bildungsweg eingeschlagen haben, hat dies doch nicht die erwartete Wirkung auf soziale Integration (interethnische Freundschaften) und auf eine gesteigerte Identifikation mit Österreich. Das bedeutet, dass mit dem Bildungserfolg auch andere als nur positive Erfahrungen verbunden sein können. Schließlich kann Bildung die Identifikation mit der ethnischen Herkunft auch verstärken. Durch die bessere Bildungssituation können die ethnischen Symbole in Form einer selbstbewussten Differenzierungsstrategie eingesetzt werden, etwa um Selbstbewusstsein auszudrücken oder um stellvertretend für die Herkunftsgruppe mangelnde Anerkennung wettzumachen.

Auch die Offenheit oder Geschlossenheit der sozialen Kontakte erwies sich nicht unbedingt als ein Indikator der Integration. Dagegen konnte gezeigt werden, dass das Milieu der Eltern eine Schlüsselrolle für die Selbstverortung der zweiten Generation spielt. Erfahrungen der Isolation und Ausgrenzung, die besonders auf dem Hintergrund eines stark traditionsgebundenen Elternhauses auftreten, bewirken bei den Jugendlichen das Gefühl, in keinem Land zu Hause zu sein. Diese Gefühle des nirgendwo Hingehörens stehen auch einer Identifikation mit den Werten einer „civic identity" entgegen.

Der neuere, aus den USA stammende Ansatz der „Transnationalität", in dem ein intensiver Austausch mit dem Herkunftsland postuliert wird, fand in dieser Untersuchung keine Unterstützung. Weder haben die Jugendlichen Zukunftspläne, die sie mit dem Herkunftsland verbinden, noch haben sie Kontakte zum Herkunftsland, die über Ferienaufenthalte hinausgehen. Die Vorteile für das Leben werden überwiegend in Österreich gesehen, auch wenn Österreich nicht von allen als ihr Zuhause empfunden wird.

7.6 Literatur

Attia, Iman/ Marburger, Helga (Hrsg.) (2000): Alltag und Lebenswelten von Migrantenjugendlichen. Frankfurt/Main: Verlag für Interkulturelle Kommunikation.
Berry, John W. (1990): Psychology of Acculturation. Understanding Individuals Moving Between Cultures. In: Brislin, Richard W. (1990): 232-253.
Berry, John W. (2001): A Psychology of Immigration. In: Journal of Social Issues, 57, 615-631.
Brislin, Richard W. (Hrsg.) (1990): Applied Crosscultural Psychology. London: Sage.
Buchegger, Reiner (Hrsg.) (1999): Migranten und Flüchtlinge: Eine familienwissenschaftliche Annäherung. Wien: Österreichisches Institut für Familienforschung.
Eisenstadt, Samuel N. (1954): The Absorption of Immigrants. London: Routledge and Kegan.
Esser, Hartmut (1980): Aspekte der Wanderungssoziologie. Assimilation und Integration von Wanderern, ethnischen Gruppen und Minderheiten. Darmstadt: Luchterhand.

Esser, Hartmut (2001): Integration und ethnische Schichtung. Mannheimer Zentrum für Europäische Sozialforschung, Arbeitspapiere 40. Mannheim.
Esser, Hartmut (2004): Welche Alternativen zur ‚Assimilation' gibt es eigentlich? In: IMIS-Beiträge, herausgegeben vom Vorstand des Instituts für Migrationsforschung und Interkulturelle Studien (IMIS) der Universität Osnabrück, Heft 23, 41-59.
Esser, Hartmut/ Friedrichs, Jürgen (Hrsg.) (1990): Generation und Identität. Opladen: Westdeutscher Verlag.
Gemende, Marion/ Schröer, Wolfgang/ Sting, Stephan (Hrsg.) (1999): Zwischen den Kulturen. Pädagogische und sozialpädagogische Zugänge zur Interkulturalität. Weinheim/München: Juventa.
Glazer, Nathan/ Moynihan, Daniel (Hrsg.) (1975): Ethnicity. Theory and Experience. Cambridge, Mass.: Harvard University Press.
Gordon, Milton (1964): Assimilation in American Life. The Role of Race, Religion, and National Origin. New York: Oxford University Press.
Gordon, Milton (1975): Toward a General Theory of Racial and Ethnic Group Relations. In: Glazer, Nathan/ Moynihan , Daniel (1975): 84-110.
Hagendoorn, Louk/ Veenman, Justus/ Vollenbergh, Wilma (Hrsg.) (2003): Integrating Immigrants in the Netherlands. Cultural versus Socio-Economic Integration. Aldershot u.a.: Ashgate.
Hamburger, Franz (1999): Modernisierung, Migration, Ethnisierung. In: Gemende, Marion/ Schröer, Wolfgang/ Sting Stephan (1999): 27-53.
Hämmig, Oliver (2000): Zwischen zwei Kulturen. Spannungen, Konflikte und ihre Bewältigung bei der Zweiten Ausländergeneration. Opladen: Leske + Budrich.
Mecheril, Paul (2000): Zugehörigkeitsmanagement. Aspekte der Lebensführung von anderen Deutschen. In: Attia, Iman/ Marburger, Helga (2000): 27-48.
Nauck, Bernhard (1999): Sozialer und intergenerativer Wandel in Migrantenfamilien in Deutschland. In: Buchegger, Reiner (1999): 13-70.
Nauck, Bernhard/ Kohlmann, Annette/ Diefenbach, Heike (1997): Familiäre Netzwerke, intergenerative Transmission und Assimilationsprozesse bei türkischen Migrantenfamilien. In: Kölner Zeitschrift für Soziologie und Sozialpsychologie, 49, 477-499.
Neto, Felix (2002): Acculturation strategies among adolescents from immigrant families in Portugal. In: International Journal of Intercultural Relations, 26, 17-38.
Odé, Arend/ Veenman, Justus (2003): The Ethno-Cultural and Socio-Economic Position of Ethnic Minority Groups in the Netherlands. In: Hagendoorn, Louk/ Veenman, Justus/ Vollenbergh, Wilma (2003): 173-198.
Park, Robert E. (1928): Human Migration and the Marginal Man. In: American Journal of Sociology, 33, 881-893.
Portes, Alexjandro/ Rumbaut, Ruben G. (2001): Legacies. The Story of the Immigrant Second Generation. Berkeley, Calif. u.a.: University of California Press.
Schnell, Rainer (1990): Dimensionen ethnischer Identität. In: Esser, Hartmut/ Friedrichs, Jürgen (1990): 43-72.
Stonequist, Everett V. (1935): The Problem of the Marginal Man. In: American Journal of Sociology, 41, 1-12.
Uunk, Wilfred (2003): The Cultural Integration of Immigrants in the Netherlands. A Description and Explanation of Modern Attitudes of Turks, Moroccans, Surinamese, Antilleans and the Indigenous Population. In: Hagendoorn, Louk/ Veenman, Justus/ Vollenbergh, Wilma (2003): 199-234.

7.7 Anhang

Tabelle A 7.1: Zugehörigkeit (kollektive Identitäten) und nationale Verbundenheit; Korrelationskoeffizienten

	2. Generation				
	1	2	3	4	5
1 Österreich-Identität	–				
2 Marginalität	-,54				
3 doppelte Zugehörigkeit	-,22	,66			
4 Verbundenheit mit Österreich	,61	-,32	-,05		
5 Verbundenheit mit Herkunftsland	-,32	,24	,22	,01	
6 Verbundenheit mit Europa	,22	-,11	,02	,33	,11

8 Die Bedeutung des Islam für Muslime der zweiten Generation

Mouhanad Khorchide

8.1 Einleitung

Religion hat für Menschen unterschiedliche Bedeutungen, selbst innerhalb gleicher Kulturen und gleicher religiöser Traditionen gibt es unterschiedliche Motive und Arten der Bindung an die Religion. Da der Islam keine Institution wie die der christlichen Kirchen kennt, die als Zwischeninstanz zur Auslegung der Schriften agiert, kommt es zu unterschiedlichen Auslegungen und Interpretationen. Der Einzelne selbst kann die Botschaft des Islam auslegen und auf seine Weise verstehen, oder er kann der einen oder anderen Gelehrtenmeinung folgen. In einer empirischen Untersuchung über Muslime[1] der zweiten Generation soll daher versucht werden, die individuellen Bedeutungen des Islam anhand einer differenzierten Typologie zu erfassen.

Aus soziologischer Sicht ist es notwendig, zwischen Religion als Gesamtheit von Glaubensaussagen, Ritualen, kultischen Handlungen, Vorschriften bis hin zu den normativen Geboten, und Religiosität als die subjektive und individuell ausgeübte Religion, die das persönliche Verständnis und die eigene Interpretation zum Ausdruck bringt, zu unterscheiden. Mit dem Islam kann demnach der in den heiligen Texten (Koran und Sunna) manifestierte Islam (Religion) oder der von den Muslimen unterschiedlich gedeutete und gelebte Islam (Religiosität) gemeint sein. Es gibt sehr unterschiedliche, teilweise sogar widersprüchliche Interpretationen der Schriften, aber auch verschiedene Motive und Zugänge zum Islam und somit unterschiedliche Formen der Religiosität.

Viele AutorInnen, die sich mit der Religiosität der Muslime in Europa befassen, meinen, dass sich die Religiosität der europäischen Muslime zwischen Traditionalismus und Moderne bewegt und einem Wandel unterliegt (z.B. Sen und Aydin 2002). Im öffentlichen Diskurs herrschen aber oft Stereotype vor, eine differenzierte Auseinandersetzung mit den verschiedenen Formen und Folgen religiösen Verhaltens findet kaum statt. Muslime, die sich mehr oder

---

[1] Der Begriff Muslim wird in dem Sinne verwendet, dass damit jede Person gemeint ist, die sich zum Islam bekennt. Der Begriff Muslim bezeichnet in diesem Kapitel somit Männer und Frauen gleichermaßen.

weniger an die Gebote und Verbote des Islam halten, gelten für viele als „traditionell", und nur diejenigen, die sich von der religiösen Praxis distanzieren, als „modern". Diese Sichtweise, die nur vom Grad des Praktizierens der Religion ausgeht, vernachlässigt nicht nur die subjektive Bedeutung der Religion, sondern auch ihre gesellschaftlichen Auswirkungen im Alltag der Muslime. Daher kommt es nicht selten zu Fehl- bzw. Vorurteilen und Pauschalisierungen: Muslime, die sich genau an religiöse Regeln und Vorschriften halten, werden als „Traditionalisten" oder als „Fundamentalisten" abgestempelt; Mädchen, die Kopftuch tragen, werden als sehr traditionell, bisweilen als schwer integrierbar eingestuft. Auf der anderen Seite werden Jugendliche, die sich weniger oder gar nicht an die Gebote der Religion halten, pauschal als modern, liberal und leicht integrierbar angesehen.

Eine empirische Untersuchung muss daher die verschiedenen Dimensionen der Religiosität berücksichtigen. So sagt z.B. der Grad des Praktizierens des Islam, ermittelt durch die Zahl der täglichen Gebete, die Häufigkeit der Moscheebesuche, das Tragen eines Kopftuchs, das Fasten im Ramadan, das Einhalten vom Alkoholverbot usw. noch nichts über die subjektive Bedeutung oder über die Beziehung des Einzelnen zur Gesellschaft aus. Muslime, die sich an alle Vorschriften und Gebote der Religion halten, können trotzdem völlig unterschiedliche Auffassungen von der gesellschaftlichen Bedeutung des Islam haben; ein Muslim, der die fünf täglichen Pflichtgebete streng einhält, kann sich beispielsweise trotzdem mit der europäischen Kultur identifizieren, die demokratischen Grundwerte anerkennen und den Islam als Teil dieser Kultur sehen. Ein anderer wiederum, der sich genauso streng an die islamischen Gebote hält, distanziert sich möglicherweise strikt von der europäischen Kultur und fühlt sich keineswegs als Teil der hiesigen Gesellschaft.

In der vorliegenden Studie geht es darum, zu untersuchen, wie die subjektive Bedeutung des Islam im Alltag der Muslime der zweiten Generation ihre Einstellung zur Interaktion mit Nichtmuslimen beeinflusst. Weiters wird die Bindung der zweiten Generation an die Praktiken und Vorschriften der Religion untersucht, um anschließend eine Typologie zu erstellen, die die unterschiedlichen Bedeutungen des Islam für die Muslime der zweiten Generation idealtypisch darlegt.

Zuvor soll ein kurzer Überblick über rechtliche und demografische Daten auf die Besonderheiten der Stellung der Muslime in Österreich aufmerksam machen.

8.2 Islam in Österreich

Österreich nimmt mit der frühzeitigen Anerkennung und der Institutionalisierung des Islam innerhalb Europas eine Sonderrolle ein. Die gesetzliche Anerkennung des Islam als Religionsgemeinschaft ist in Österreich nicht auf die Gastarbeiterzuwanderung der 1960er und 70er Jahre zurückzuführen (vgl. Kroissenbrunner 2003: 376), sondern hat eine lange Geschichte, die bis in das 19. Jahrhundert zurückreicht. Als Folge der Eingliederung von Bosnien und der Herzegowina in die österreichisch-ungarische Doppelmonarchie im Jahre 1908 gerieten etwas mehr als eine halbe Million muslimischer Bosniaken unter österreichische Herrschaft (vgl. Schmied 2005: 189). Diese Annexion führte 1912 zu einer Erweiterung des eher auf christliche Organisationsstrukturen zugeschnittenen Anerkennungsgesetzes von 1874. Mit dem Islamgesetz von 1912 wurden die Anhänger des Islam nach hanafitischem Ritus als Religionsgemeinschaft anerkannt. Folgende Konsequenzen waren damit verbunden (ebd.: 190):

- das Recht auf gemeinsame öffentliche Religionsausübung,
- das Recht, die inneren Angelegenheiten selbständig zu ordnen und zu verwalten,
- das Recht auf Besitz und Nutzung der für Kultus-, Unterrichts- und Wohltätigkeitszwecken bestimmten Anstalten, Fonds und Stiftungen,
- die rechtliche Gleichstellung mit den anderen anerkannten Religionsgesellschaften und somit die Anwendbarkeit des Gesetzes über die interkonfessionellen Verhältnisse.

Mit einem 1979 erlassenen Bescheid des Bundesministeriums für Unterricht und Kultur erfolgte die vollständige Anerkennung des Islam als öffentlich-rechtliche Körperschaft. Neben der bereits 1912 anerkannten hanafitischen Rechtsschule umfasste die Zuerkennung dieses Status die übrigen drei sunnitischen Rechtsschulen (Schafiiten, Malikiten und Hanbaliten) sowie die Schiiten (Zwölferschiiten, Zaiditen und Ibaditen). Seit diesem Zeitpunkt führen die Anhänger des Islam als anerkannte Religionsgemeinschaft die Bezeichnung „Islamische Glaubensgemeinschaft in Österreich" (IGGiÖ). Diese Anerkennung gestattet der islamischen Glaubensgemeinschaft, an öffentlichen Schulen islamischen Religionsunterricht zu erteilen (vgl. Strobl 2005: 524). Die islamische Glaubensgemeinschaft hält seit dem Schuljahr 1982/83 islamischen Religionsunterricht in deutscher Sprache ab. Sie ist für den Inhalt und die Bestellung der Lehrkräfte verantwortlich; bezahlt werden die Lehrkräfte aus Mitteln der öffentlichen Hand (vgl. Schmied 2006: 204). Laut Angaben der IGGiÖ wurden 2001 rund 40.000

Kinder und Jugendliche an 2.500 Standorten im Bundesgebiet von 290 LehrerInnen unterrichtet.
In Österreich gibt es mehrere private islamische Kindergärten und Schulen. An diesen Schulen werden neben dem österreichischen Lehrplan auch islamische Fächer unterrichtet. Private islamische Schulen stehen grundsätzlich auch Nichtmuslimen offen. Seit 1999 gibt es in Wien das erste „Islamische Gymnasium", seit 2002 die „Berufsorientierte Islamische Fachschule für Soziale Bildung", die eine Ausbildung in Sozial- und Pflegeberufen anbietet (ebd.: 204). An der „Islamischen Religionspädagogischen Akademie" (IRPA) werden seit 1999 islamische ReligionslehrerInnen ausgebildet; diese ist eine Einrichtungsstätte der islamischen Glaubengemeinschaft.

Seit dem Vorliegen der Ergebnisse der Volkszählung des Jahres 2001 gibt es über die Anzahl der Muslime in Österreich neues gesichertes Datenmaterial. Demnach bekennen sich hierzulande 338.998 Personen zum Islam, dies entspricht 4,2 %. Der Islam ist somit die drittgrößte anerkannte Religionsgemeinschaft in Österreich.

Die Gruppe der Muslime ist die einzige Glaubensgemeinschaft, die in den letzten Jahrzehnten einen gravierenden Zuwachs ihrer Mitglieder verzeichnen konnte (s. Tabelle 8.1). Seit der Volkszählung im Jahre 1971 stieg die Zahl der Muslime von 0,3 % auf 4,2 % im Jahr 2001 an.

Tabelle 8.1: Religionszugehörigkeiten der Wohnbevölkerung Österreichs; Prozentangaben

Religionszugehörigkeit	1971	1981	1991	2001
römisch-katholisch	87,4	84,3	77,9	73,6
evangelisch	6,0	5,6	5,0	4,7
islamisch	0,3	1,0	2,0	4,2
andere Religionen	1,5	2,0	2,9	3,5
ohne Religionsbekenntnis	4,3	6,0	8,6	12,0
unbekannt	0,6	1,0	3,6	2,0
gesamt (absolut)	7.491.526	7.555.338	7.795.786	8.032.026

Goujon et al. 2006: 3; auf Basis der Volkszählungen 1971, 1981, 1991, 2001 (Statistik Austria)

Laut den Ergebnissen der Volkszählung von 2001 leben rund ein Drittel aller Muslime in Wien (121.149 Personen). Die zweitgrößte Gruppe befindet sich in Oberösterreich mit 55.581 Muslimen, gefolgt von Niederösterreich mit 48.730 (s. Anhang, Tabelle A 8.1).

Den größten Anteil der Muslime in Österreich machen türkische StaatsbürgerInnen mit 36,3 % aus. An zweiter Stelle stehen Muslime mit österreichischer Staatszugehörigkeit (28,3 %), gefolgt von Muslimen mit bosnischer Staatsbürgerschaft (19,1 %). Muslime aus anderen Staaten wie etwa dem Iran, aus Ägypten, Tunesien und Pakistan sind in Österreich nur mit einem geringen Prozentsatz vertreten (s. Tabelle 8.2).

Tabelle 8.2: Muslimische Bevölkerung Österreichs nach Staatsangehörigkeit

Staatsangehörigkeit	absolut	in %
Türkei	123.028	36,3
Österreich	96.052	28,3
Bosnien-Herzegowina	64.628	19,1
Serbien und Montenegro	21.594	6,4
Mazedonien	10.969	3,2
andere Staaten	22.217	6,7
gesamt	338.988	100,0

Quelle: Statistik Austria 2002

8.3 Exkurs: Fundamentalismus, Islamismus, Extremismus

Der Begriff Fundamentalismus wird heute oft auf eine inflationäre Weise verwendet, gleichgültig ob es sich um orthodoxe oder konservative Muslime, islamische Bewegungen oder um Terroristen „im Namen Allahs" handelt. In populistischen Veröffentlichungen, aber auch in den Medien und bisweilen sogar in wissenschaftlichen Werken wird der Fundamentalismusbegriff polarisierend verwendet, weshalb er mittlerweile von einigen AutorInnen als ungeeignet abgelehnt wird.

Ursprünglich bezeichnete der Begriff Fundamentalismus eine spezifische Variante des nordamerikanischen Protestantismus, die sich Anfang des 20. Jahrhunderts gegen modernistische Tendenzen in den protestantischen Kirchen, wie etwa gegen die Bibelkritik, richtete und den allgemeinen Sittenverfall sowie die säkulare Kultur moderner Großstädte bekämpfte (Riesebrodt et al. 2004: 16). Der Begriff erfuhr aber im Laufe der Zeit eine Bedeutungsausweitung und wird mittlerweile undifferenziert für alle Strömungen verwendet, denen ein gewisser Dogmatismus im Denken, Intoleranz oder Radikalismus zugeschrieben wird, gleichgültig ob es sich dabei um religiöse oder säkulare Anschauungen handelt (vgl. ebd.: 13).[2] Seit den 1980er Jahren wird verstärkt den Formen des religiösen, besonders des islamischen Fundamentalismus Aufmerksamkeit geschenkt. Folgende Unterscheidungen sollten getroffen werden: Islamischer Fundamentalismus als kompromisslose Auslegung des Islam; Islamismus als ein für politische Zwecke instrumentalisierter Islam; und Extremismus als das undifferenzierte Ausüben von Gewalt, um politische bzw. ideologische Ziele zu erreichen. Fundamentalisten sehen sich als die „wahren" Gläubigen; ihre Islam-Interpretation lässt keinen Raum für Toleranz, Dialog oder Akzeptanz des Anderen zu; dieser Andere ist nicht nur der Andersgläubige, sondern jeder, der anders gesinnt ist, auch wenn dieser ein Muslim ist. Obwohl sich Fundamentalisten auf die Urquellen des Islam berufen, liegt doch weniger eine Re-Traditionalisierung als vielmehr eine „Neuerfindung der Tradition" vor. Der Fundamentalismus ist eine moderne Strömung im Islam, die sich erst gegen Ende des 19. Jahrhunderts verbreitet hat.

Islamisten wiederum sehen im Islam einen politischen Auftrag und machen dementsprechend aus den religiösen Doktrinen ein politisches Programm. Im Extremismus – der weder mit Fundamentalismus noch mit Islamismus gleichzusetzen ist – wird Gewalt im Namen der Religion ausgeübt. Dabei geht es nicht immer um politische Ziele, manchmal stehen ideologische Intentionen im Vordergrund (wie z.B. bei dem Mord an dem islamkritischen Filmemacher Theo Van Gogh 2004 in Amsterdam).

8.4 Muslimische Jugendliche der zweiten Generation: Stichprobe und Methode

Es wurden in dieser Studie sowohl qualitative als auch quantitative Verfahren angewandt, um ein möglichst komplexes Bild über die Bedeutung der Religion für junge Muslime erstellen zu können. Erfahrungen mit und Vorstellungen von Religiosität stellen einen emotional besetzten und biographisch bedingten Lebensbereich dar, der als Deutungsmuster der Jugendlichen vor allem in einem qualitativ angelegten Interview transparent werden kann. Es wurden hier ausführliche Gespräche geführt, die eine wichtige Grundlage des vollstandardisierten Fragebogens waren, und die auch für die Deutung der statistischen Ergebnisse relevant sind. Das qualitativ erhobene Datenmaterial bietet auch die Möglichkeit, anhand der Analysen von Einzelfällen Zusammenhänge und Merkmale herauszuarbeiten (vgl. Heinze 1987: 8).

---

2 Als Beispiel für eine säkulare Richtung nennen Riesebrodt et al. (2004: 13) die als „Fundis" bezeichnete Fraktion der deutschen Grünen.

Der quantitative Teil der Studie soll es ermöglichen, die im qualitativen Teil gesammelten und strukturierten Informationen zur Religiosität der zweiten Generation zu quantifizieren und daraus eine Typologie auf quantitativer Basis zu entwickeln.

Da es kein verfügbares statistisches Adressenmaterial über Muslime der zweiten Generation gibt (zur Stichprobenproblematik vgl. Kapitel 1.4), wurde sowohl für den qualitativen als auch für den quantitativen Teil dieser Studie ein Quotenplan erstellt; folgende Bedingungen wurden erfüllt:

- Muslime der zweiten Generation: Es wurden jugendliche Muslime interviewt, die entweder in Österreich geboren wurden oder vor dem 6. Lebensjahr nach Österreich eingewandert sind.
- Alter: jugendliche Muslime im Alter zwischen 16 und 26 Jahren
- Geschlecht: Es wurde auf eine ausgewogene Relation von weiblichen und männlichen Interviewpartnern geachtet.
- Herkunft: Es wurde darauf geachtet, dass neben Jugendlichen aus der Türkei auch solche aus Ex-Jugoslawien, dem arabischen Raum und dem Iran interviewt wurden.

Um unterschiedliche Milieus zu erfassen, wurden InterviewpartnerInnen in unterschiedlichen Alltagskontexten – Jugendvereine, Moscheen, Clubs, Lokale, Diskotheken etc. – befragt. 25 Muslime der zweiten Generation wurden qualitativ interviewt. Die quantitative Stichprobe umfasst 282 Jugendliche Wiens, die an der schriftlichen Befragung teilnahmen; von den insgesamt 850 an Jugendliche ausgeteilten Fragebögen wurden also knapp 300 ausgefüllte Fragebögen zurückgebracht (genaue Angaben zur Struktur der Stichprobe finden sich in Kapitel 1, Tabelle 1.2).

8.5 Typen religiöser Bindungen

Um zu einer differenzierten Darstellung der Religiosität zu gelangen, orientiert sich die empirische Analyse an den Glock'schen Dimensionen der Religiosität. Glock entwickelte Ende der 60er Jahre ein Verfahren, das bis heute von ReligionssoziologInnen, -pädagogInnen und -psychologInnen in qualitativen und quantitativen Studien angewendet wird (vgl. Barz 1992; Beile 1998). Auch in Studien über Religiosität im islamischen Kontext wurde auf dieses Instrument – zum Teil in modifizierter Form (vgl. Karakasoglu-Aydin 1999) – zurückgegriffen. Seinen Ansatz sieht Glock selbst als geeignetes Mittel, „die verschiedenen

Manifestationen der Religiosität, wie sie von den verschiedenen Weltreligionen vorgeschrieben werden" (Glock 1969: 150) zu messen.

Glock unterscheidet insgesamt fünf Kerndimensionen der Religiosität, die jedoch nicht scharf voneinander getrennt sind: die subjektive Dimension bzw. die Dimension der religiösen Erfahrung – dazu gehören subjektive Erlebnisse wie seelischer Frieden, Vertrauen, Verehrung, Ehrfurcht, Demut, Glücksgefühl und Gemeinschaftserlebnis; die ideologische Dimension untersucht das Bekenntnis zu bestimmten Glaubensaussagen[3]; das Einhalten von rituellen Praktiken und religiösen Vorschriften kennzeichnet die rituelle Dimension (im Islam z.b. das Einhalten der rituellen Pflichtgebete, das Fasten im Monat Ramadan, das Alkoholverbot und das Kopftuchgebot für Frauen). Weiters unterscheidet Glock eine intellektuelle Dimension (inwieweit Wissen über die grundlegenden Lehrsätze der Religion vorhanden ist) und die Dimension der gesellschaftlichen Konsequenzen. Letztere stellt die wichtige Frage nach den Auswirkungen der religiösen Überzeugung auf zwischenmenschliche Beziehungen und somit auf die Interaktion mit der Gesellschaft.

Berücksichtigt man die Tatsache, dass Religiosität im Islam, im Vergleich zu stark institutionalisierten Religionen wie dem Christentum, ein dynamisches Element beinhaltet, das stark von der Interpretation und der jeweiligen subjektiven Haltung abhängt, so ist es sinnvoll, die unterschiedlichen Bedeutungen des Islam für die Muslime der zweiten Generation im Rahmen einer mehrdimensionalen Typologie zu erfassen.

Im Folgenden vollzieht sich der Aufbau dieser Typologie in drei Schritten: die Ausgangsbasis stellt die subjektive Dimension dar, im zweiten Schritt wird die gesellschaftliche und im dritten Schritt die rituelle Dimension herangezogen.[4]

Die subjektive Dimension

Die subjektive Religiosität wurde mit dem Statement: „Der Islam spielt eine große Rolle in meinem Alltagsleben" erfasst: Für 48 % der Befragten trifft diese Behauptung „sehr", für 38 % „eher", für 14 % „eher nicht" und für 1 % „gar nicht" zu.

---

3 Für den Islam bedeutet dies das Bekenntnis zu den sechs Glaubensgrundsätzen: der Glaube an den einzigen Gott (arab.: Allah), an seine Engel, seine Offenbarung (heilige Bücher: Thora, die Evangelien, der Koran etc.), seine Gesandten (wie Adam, Abraham, Moses, Jesus und zuletzt Mohammed), an den Tag des Jüngsten Gerichts und an das Leben nach dem Tod sowie an die göttliche Vorsehung.
4 Die ideologische Dimension im Glock'schen Sinn sowie die intellektuelle Dimension (Wissen über theologische Inhalte) wurden für die Typologiebildung nicht herangezogen.

Um die mehrdimensionale Typologie nachvollziehbar zu gestalten, wird die Religiosität in zwei Kategorien unterteilt: es sollen nur die Jugendlichen, die mit „trifft sehr zu" geantwortet haben, als jene gelten, die eine starke subjektive Beziehung zur Religion haben; alle anderen werden in der Kategorie „schwache subjektive Beziehung zum Islam" zusammengefasst. Demnach haben 48 % der Befragten eine starke und 52 % eine eher schwache Beziehung zum Islam.

Die gesellschaftliche Dimension

Im zweiten Schritt wird die gesellschaftliche Dimension herangezogen. In dieser geht es um die Einstellung der Muslime der zweiten Generation zur österreichischen Gesellschaft. Sie thematisiert, inwieweit die Religiosität eine Integration in die österreichische Gesellschaft fördert bzw. hemmt (Öffnung/Schließung) und bildet daher den Kern der Typologie. Es wurden den Jugendlichen mehrere Statements vorgelegt; in Tabelle 8.3 sind nur jene Statements aufgelistet, die auf Basis einer Faktorenanalyse für die Messung einer religiös motivierten sozialen Abgrenzung von der österreichischen Gesellschaft geeignet sind.

Tabelle 8.3: Einstellung zur religiös motivierten sozialen Abgrenzung[1]; Prozentangaben (n = 282)

	trifft sehr zu	trifft eher zu	trifft eher nicht zu	trifft gar nicht zu
Es fällt mir schwer, Menschen, die nicht Muslime sind zu respektieren.	2	4	25	69
Mit Nichtmuslimen will ich nichts zu tun haben.	0	4	31	66
Ein Muslim sollte nur Muslime als Freunde haben.	1	4	30	64
Wenn jemand kein Muslim ist, dann möchte ich mit ihm keine Freundschaft eingehen.	0	1	19	79
Der Islam verbietet mir, an der österreichischen Kultur teilzunehmen.	2	6	21	71

1) Die Items wurden zur Skala „soziale Abgrenzung" zusammengefasst: Cronbach-Alpha = ,783

Die einzelnen Aussagen finden durchwegs hohe Ablehnung; nur 6 % der Befragten fällt es schwer, Menschen, die nicht Muslime sind, zu respektieren und nur 4 % distanzieren sich von Nichtmuslimen. 5 % sind der Meinung, dass ein

Muslim nur Muslime als Freunde haben sollte. Lediglich 1 % gibt an, keine Freundschaft mit jemandem eingehen zu wollen, wenn dieser kein Muslim ist. Der Aussage, dass der Islam eine Teilnahme an der österreichischen Kultur verbiete, stimmen nur 8 % der Befragten zu.

Aus dem Summenscore der Antworten zu den fünf Statements wurde die Skala „soziale Abgrenzung" mit drei Kategorien gebildet: demnach sind 44 % der Befragten der österreichischen Gesellschaft gegenüber vorbehaltlos offen, 41 % eingeschränkt offen und 15 % verschlossen.

In Kombination mit der subjektiven Bedeutung der Religion ergeben sich sechs mögliche Typen:

Personen, die einen starken subjektiven Bezug zum Islam und eine ...

- „verschlossene" Haltung gegenüber der österreichischen Gesellschaft haben; Typ 1: 8 %
- „eingeschränkt offene" Haltung gegenüber der österreichischen Gesellschaft haben; Typ 2: 27 %
- „offene" Haltung gegenüber der österreichischen Gesellschaft haben; Typ 3: 13 %

Personen, die einen schwachen subjektiven Bezug zum Islam und eine ...

- „verschlossene" Haltung gegenüber der österreichischen Gesellschaft haben; Typ 4: 7 %
- „eingeschränkt offene" Haltung gegenüber der österreichischen Gesellschaft haben; Typ 5: 14 %
- „offene" Haltung gegenüber der österreichischen Gesellschaft haben; Typ 6: 31 %

Die rituelle Dimension

In diesem Schritt wird nun die oben dargestellte Typologie um die rituelle Dimension, in der das Einhalten der islamischen Riten und Vorschriften untersucht wird, erweitert.

Für jeden Muslim gelten ab dem Erreichen der Geschlechtsreife fünf Pflichten, die so genannten „fünf Säulen des Islam": das Glaubensbekenntnis, das rituelle Pflichtgebet fünfmal am Tag, die Sozialabgabe (jährlich 2,5 % des Gesamtvermögens) an Arme und für karitative Zwecke, das Fasten im Monat Ramadan und die Wallfahrt nach Mekka (einmal im Leben).

Die Jugendlichen wurden nach dem Einhalten der folgenden Regeln gefragt: das Einhalten des rituellen Gebets, das Fasten im Monat Ramadan, das Einhalten der islamischen Feiertage und das Einhalten des Alkoholverbots (s. Tabelle 8.4).

Tabelle 8.4: Rituelle Dimension; Prozentangaben (n = 282)

	regelmäßig	manchmal	nie
Ich bete die rituellen Pflichtgebete.	21	14	66
Ich faste den Monat Ramadan.	77	20	4
Ich feiere die islamischen Feiertage.	68	28	4
Ich trinke manchmal Alkohol.	15	18	67

Den Antworten zufolge halten sich über zwei Drittel der Muslime der zweiten Generation streng an das Alkoholverbot (67 %), ebenso viele feiern die islamischen Feiertage (68 %), drei Viertel (77 %) fasten sogar regelmäßig im Monat Ramadan, nur ein Fünftel (21 %) der Befragten hält jedoch das tägliche Pflichtgebet streng ein.

Um dieses scheinbar widersprüchliche Verhältnis vieler Muslime zu den islamischen Geboten besser verstehen zu können, ist es aus soziologischer Sicht sinnvoll, die vorgeschriebenen Praktiken (Gebet, Fasten, Pilgerfahrt, Einhalten von Feiertagen, Alkoholverbot, Kopftuchgebot usw.) unter dem Aspekt der „individuellen" und „kollektiven" Praktiken zu betrachten.

Als individuell können jene Praktiken interpretiert werden, die ihren Ausdruck überwiegend in der persönlichen Handlung finden und auch ohne Bezug zur Gruppe verrichtet werden; sie unterliegen keiner sozialen Kontrolle. Im Islam gilt das rituelle Gebet, das fünf Mal am Tag zu verrichten ist, als das wichtigste Individualgebot (besonders wenn das Gebet nicht in der Moschee bzw. in einer Gruppe, wie z.B. beim Freitagsgebet, sondern im privaten Rahmen verrichtet wird).

Anders als individuelle Praktiken finden kollektive Praktiken ihren Ausdruck in der Gesellschaft. Sie werden im Bezug zur Gruppe verrichtet und werden von ihr mehr oder weniger kontrolliert. Dazu gehört zum Beispiel das Fasten im Monat Ramadan. In diesem Monat kommt es zu einer generellen Umstellung von Lebensgewohnheiten. Erst am Abend, nach Sonnenuntergang, wird gemeinsam gegessen; zudem werden oft bestimmte Speisen zubereitet, die nur in diesem Monat am Speiseplan stehen. Im Fastenmonat kommen Muslime auch jede Nacht in den Moscheen zusammen, um Nachtgebete zu beten und um miteinander zu plaudern. Auch Familien- und Bekanntenbesuche werden in diesem Monat häufiger gemacht als sonst. Am Ende des Ramadans findet ein dreitägiges islamisches Fest mit einem gemeinschaftlichen Festessen statt; an diesen Tagen werden abermals gegenseitige Besuche abgestattet. Im Gegensatz zu den individuellen Praktiken unterliegen kollektive Praktiken der sozialen Kontrolle und nicht selten auch sozialem Druck. Kollektive Praktiken sind daher auch ein Bestandteil der islamischen kollektiven Identität.

Wie sich hier zeigt, halten sich viele Jugendliche zwar an die kollektiven, jedoch nicht an die individuellen Praktiken. Es liegt daher die Interpretation nahe, dass vor allem dieser kollektive Aspekt der Religion ein konstitutives Element für die Herausbildung einer gemeinsamen Identität darstellt.

Die vier in Tabelle 8.4 angeführten Items wurden zu einer Summenskala „Praktizieren des Islam" zusammengefasst. Die dichotomen Kategorien wurden so definiert, dass nur diejenigen als „streng praktizierend" gelten, die alle Regeln befolgen (also sowohl „regelmäßig" beten als auch „regelmäßig" fasten, denen die islamischen Feiertage zu feiern „sehr wichtig" ist und die „gar keinen" Alkohol trinken). Alle anderen Personen sollen aber hier als „kaum praktizierend" gelten.

Diese dichotome Unterteilung lässt sich dadurch begründen, dass vor allem die „individuellen" Praktiken (rituelle Gebete) für eine strenggläubige religiöse Ausrichtung entscheidend sind; die „kollektiven" Praktiken alleine sind dagegen bei den meisten Jugendlichen üblich und als Teil ihrer Alltagskultur eher selbstverständlich.

Demnach sind 19 % der Muslime der zweiten Generation „streng" praktizierend; 81 % praktizieren den Islam kaum bzw. gar nicht.

Eine Erweiterung der bisherigen Typologie mit der Skala „Praktizieren des Islam" führt nun zu einem weiter differenzierten Bild: Jeder Typ wird in „streng praktizierend" und „nicht streng praktizierend" unterteilt (s. Tabelle 8.5). Von den insgesamt 12 Typen lassen sich aber letztlich nur 6 relevante bzw. auch zahlenmäßig unterscheidbare Typen herausarbeiten. Sie werden daher im Folgenden dargestellt und sollen auch anhand der Ergebnisse der qualitativen Gespräche mit den Jugendlichen näher erläutert werden.

Tabelle 8.5: Typologie nach der Erweiterung um die Dimension „Praktizieren des Islam"

Typ	Religiosität	Praktizieren	Typ	%
1:	gesellschaftlich verschlossen / starke subjektive Bindung	streng	1a	4
		nicht streng	1b	4
2:	gesellschaftlich eingeschränkt offen / starke subjektive Bindung	streng	2a	7
		nicht streng	2b	20
3:	gesellschaftlich offen / starke subjektive Bindung	streng	3a	7
		nicht streng	3b	6
4:	gesellschaftlich verschlossen / schwache subjektive Bindung	streng	4a	0
		nicht streng	4b	6
5:	gesellschaftlich eingeschränkt offen / schwache subjektive Bindung	streng	5a	0
		nicht streng	5b	14
6:	gesellschaftlich offen / schwache subjektive Bindung	streng	6a	0
		nicht streng	6b	31

Die relevanten Typen

Fundamentalisten

Fundamentalisten haben eine starke subjektive Beziehung zum Islam und halten sich streng an Rituale und Vorschriften. Sie legen die Religion auf eine Weise aus, die es ihnen nicht erlaubt, vorbehaltlos an der österreichischen Gesellschaft zu partizipieren; gegenüber Andersgläubigen sind sie negativ eingestellt. Ihr Anteil an der Gesamtstichprobe beträgt 4 %.

Eine etwas schwächer fundamentalistische Position nehmen jene ein, die eine starke subjektive Bindung haben, die Regeln sehr streng befolgen, aber der österreichischen Gesellschaft nicht gänzlich offen gegenüberstehen („eingeschränkt offen" bezüglich der Skala „soziale Abgrenzung"); diese Gruppe beträgt 7 %.

Für die weiteren Analysen werden aber beide Gruppen unter die Kategorie Fundamentalismus subsumiert.

Schalenmuslime

In die Gruppe der Schalenmuslime fallen jene Personen, die sich „reaktiv" dem Islam annähern. Sie lehnen Interaktionen mit der Mehrheitsgesellschaft ab, praktizieren aber kaum die Regeln des Islam. Die Interpretation liegt nahe, dass sich diese Jugendlichen mit dem Islam identifizieren, um eine kollektive Identität – „Wir Muslime" – zu erlangen, die ein Gefühl der Sicherheit und nicht selten auch der Überlegenheit vermittelt. Auch hier gibt es die entschieden verschlossenen (zu diesen zählen aber nur 4 %) und jene, die sich mit Vorbehalten sozial offen verhalten, also eine Tendenz zur sozialen Abgrenzung zeigen – sie sind aber immerhin 20 % (ihre Gesamtanteil beträgt somit 24 %).

Reflektierte Muslime

Reflektierte Muslime haben einen starken Bezug zum Islam und halten sich auch streng an Rituale und Vorschriften. Im Gegensatz zu den Fundamentalisten stehen sie aber dennoch der österreichischen Gesellschaft offen gegenüber. Da also der Glaube samt seinen Ritualen für sie kein Motiv zur Abschottung von der Einwanderungsgesellschaft ist, ist anzunehmen, dass der Islam für sie sowohl einen starken ethischen als auch spirituellen Bezugsrahmen darstellt. Sie werden daher als „Reflektierte" bezeichnet, ihr Anteil beträgt 7 %.

Spirituelle Muslime

Als spirituelle Muslime sollen jene bezeichnet werden, die sich trotz starker subjektiver Beziehung zum Islam kaum an die islamischen Vorschriften und Praktiken halten. Ihre „individualisierte" Religiosität hindert sie auch nicht daran, an der österreichischen Gesellschaft zu partizipieren und Andersgläubigen offen gegenüberzutreten. Ihr Anteil an der Gesamtstichprobe beträgt 6 %.

Marginalisierte Distanzierte

Diese Gruppe steht der Religion distanziert gegenüber (weder ist die Religion subjektiv für sie bedeutsam, noch halten sie sich an die Praktiken), sie stehen aber der österreichischen Gesellschaft verschlossen (6 %) oder nicht uneingeschränkt offen gegenüber (14 %). Daher soll dieser Typ „marginalisierte Distanzierte" benannt werden (ihr Anteil an der Gesamtstichprobe beträgt somit insgesamt 20 %).

Assimilierte Distanzierte

Sie geben an, dass der Islam keine Rolle in ihrem Alltagsleben spielt und halten sich dementsprechend nicht an die islamischen Vorschriften bzw. Praktiken. Der österreichischen Gesellschaft gegenüber sind sie offen. Diese Muslime werden daher als „assimilierte Distanzierte" bezeichnet; 31 % der jungen Muslime gehören dieser Gruppe an, die damit auch den größten Anteil innerhalb dieser Typologie repräsentiert.

Eine Beschreibung der Religiositätstypen anhand qualitativer Interviews

Charakteristisch für *reflektierte Muslime* ist ihre bewusste und reflektierte Zuwendung zum Islam. Sie setzen sich – wie in den folgenden Ausschnitten eines Interviews aus dem qualitativen Teil der Studie deutlich wird – bewusst mit der Religion und den elterlichen Traditionen auseinander und vertreten einen modernen und offenen Islam. Ihr Glaube basiert zwar stark auf einem Bedürfnis nach Sinnsuche, aber auch auf dem Bedürfnis nach Ordnung, nach einem Interpretationsmuster, welches dem Einzelnen ermöglicht, sich die soziale Welt anzueignen und mit ihr im Einklang zu sein.

Ammar (21 Jahre alt; aus Ägypten): „Am Anfang habe ich das gemacht, was meine Eltern von mir wollten, ich habe gebetet, gefastet und habe mich an die Vorschriften gehalten, später aber, da war ich so 17, da habe ich gedacht, das läuft alles irgendwie, ohne dass ein Sinn dahinter steht, ich habe einfach das gemacht was auch meine Eltern gemacht haben, ohne viel nachzudenken. Aber ich wollte auch wissen, was dahinter ist, Islam ist nicht nur Beten und Fasten und kein Alkohol trinken. Ich hab viel gelesen über den Islam und viel mit Freunden darüber gesprochen (…) wir treffen uns fast jede Woche und diskutieren über viele Dinge (…) Islam ist auch, wie du zu anderen Menschen bist, so wie man sich in der Gesellschaft verhält …".

Muslime wie Ammar reflektieren über den Islam, den sie leben, und sie stehen vor allem der Religiosität ihrer Eltern und den Traditionen ihrer Herkunftsländer sehr kritisch gegenüber. Dazu sagte Ammar: „Viele Ägypter gehen in die Moschee, sie beten zwar, aber viele betrügen auch, viele lügen einfach und halten ihre Versprechen nicht (…) aber es genügt nicht, dass man nur betet und fastet und dann behauptet: ‚ich bin ein guter Muslim'. Ich habe das selbst in

Ägypten erlebt. Da geht einer gerade aus der Moschee und fängt dann an laut zu schimpfen, weil ein Auto die Straße versperrt hat."

Auf die Frage nach der Bedeutung des Islam für sein Alltagsleben sagte Ammar: „Ich glaube an Gott, ich weiß, dass er immer bei mir ist, und das gibt mir Kraft. Und wenn es mir schlecht geht, gibt mir das viel Trost, ich fühle mich nie allein oder auf andere angewiesen, ich verlasse mich immer auf Gott und er bringt mir immer das Beste (…). Gott verlangt von uns, Verantwortung für unser Leben und für unsere Mitmenschen zu haben, und das gefällt mir am Islam. Das ist nicht so, dass man sagt, ich bete und ich habe eine gute Beziehung zu Gott und alles andere ist mir dann egal. Ich muss auch zu anderen Menschen ein guter Mensch sein und mit Verantwortung handeln. Dann bin ich ein guter Muslim."

Muslimen wie Ammar geht es also nicht vordergründig um die Konstituierung einer religiösen kollektiven Identität, sondern sie suchen nach persönlichen Erfahrungen und identifizieren sich mit dem Glauben an Gott; aus diesem Glauben heraus halten sie sich an die religiösen Vorschriften und Praktiken.

Für *Fundamentalisten* ist ihre intolerante Auslegung des Islam charakteristisch. Sie erlegen sich und anderen strengere Regeln auf (z.B. Forderung der Gesichtsbedeckung zusätzlich zum Kopftuch; Forderung der Todesstrafe für Muslime, die aus ihrer Religion austreten). Mit ihrer Art der Zuwendung zum Islam verleihen sie ihrer Religiosität mehr Wichtigkeit und fühlen sich Anderen – Muslimen wie Nichtmuslimen – gegenüber oft überlegen und mächtig.

Über die Mehrheit der hier in Europa lebenden Muslime äußerten sich Tamer (24 Jahre; aus Ägypten) und Sarah (21 Jahre; aus Bosnien) in den Interviews abfällig. Tamer: „Diese Euromoslems sind längst vom Islam abgefallen, schau sie dir an, die Mädchen gehen halb nackt auf der Straße und die, die Kopftuch tragen, ziehen enge Hosen an und die Haare schauen vom Kopftuch raus, und die Männer findest du überall in Kaffeehäuser und Discos (...) und die Moscheen sind leer, niemand geht hin." Sarah, die selbst ihr ganzes Gesicht bedeckt, bedauerte, dass „heute fast keine Frau ihr Gesicht draußen bedeckt".

In beiden Interviews war deutlich herauszuhören, dass sowohl Tamer als auch Sarah die Mehrheit der Muslime abwerteten und sogar deren Zugehörigkeit zum Islam infrage stellten. Sie selbst geben an, den Islam bis ins letzte Detail zu praktizieren. Auf diese Weise legitimieren sie ihre Überlegenheitsgefühle anderen Muslimen gegenüber.

So etwa erzählte Sarah von einem Zwischenfall: „Vorige Woche habe ich mich mit meiner Freundin gestritten. Sie ist mit ihrer Freundin zu mir nach Haus' gekommen, und die Freundin trägt kein Kopftuch. Als ich die eine ohne Kopftuch vor meiner Tür gesehen hab, hab ich ihr gleich gesagt, sie braucht gar nicht reinkommen. (…) Ja, sie sagt, sie ist Muslimin, aber ich halte nichts von diesen, die sich an nix halten. Sie sagen ‚Wir sind Muslime.', aber sie leben nicht islamisch."

Auf die Frage nach der Bedeutung des Islam für ihr Alltagsleben sagte Sarah: „Der Islam sagt mir genau, was richtig und was falsch ist, es steht alles im Koran. Ich folge was im Koran ist, so mache ich alles in meinem Leben richtig (...). Der Islam gibt mir Kraft. Wir Muslime sind besser als die anderen, weil wir gläubig sind...". In dieser Aussage spricht Sarah zwei Dimensionen an: Die erste ist nach innen gerichtet und betrifft ihr persönliches Leben, wobei der Islam dieses streng strukturieren soll, die zweite Dimension ist nach außen gerichtet und betrifft ihre Beziehung zu den „Anderen", also zu den Nichtmuslimen; in diesem Fall wird der Islam dazu verwendet, um sich allen „Anderen" gegenüber überlegen zu fühlen.

Auffällig ist, dass weder beim Interview mit Tamer noch beim Interview mit Sarah die spirituelle Dimension zur Sprache kam. Das tägliche Gebet wird eher als mechanische Pflichterfüllung ausgeübt. Als Tamer über das Gebet sprach, beschrieb er genauestens die einzelnen Gebetsschritte und kritisierte den Großteil der Muslime, diese „...reden von Toleranz, damit sie hier den Österreichern gefallen, aber sie wissen nicht einmal, wie sie richtig beten, sie wissen nicht, wie sie richtig im Beten stehen, jedes Mal wenn neben mir jemand betet, dann sehe ich, wie er so viele Fehler macht, die Hände stimmen nicht [dabei zeigte er mir, wie man die Hände im Gebet richtig aufeinander legt]". Die spirituelle Ebene des Gebets rückt bei Fundamentalisten offensichtlich in den Hintergrund.

Zu seiner Beziehung zu ÖsterreicherInnen meinte Tamer: „Mit ihnen will ich nichts zu tun haben, sie sind anders als wir. Wir sind Muslime, wir folgen die richtige Religion, aber schau die Österreicher, sie trinken Alkohol, überall Prostituierte und Drogen...". Fundamentalisten sehen im Islam einen Ausschließungsmechanismus, der sie von allen Nichtmuslimen scharf trennt. Die Welt wird in „Wir" und die „Anderen" geteilt, diese „Anderen" werden gewissermaßen als Übel gesehen.

Ihre islamische Identität basiert auf zwei Komponenten: einer individuellen und einer kollektiven. Während die individuelle Komponente die persönliche Überlegenheit betont, betont die kollektive Komponente die Zugehörigkeit zu einem überlegenen imaginären Kollektiv; ihre Identität stellt im Kern eine Überlegenheits-Identität dar.

Trotz eines schwächeren Bezugs zum Islam und des fehlenden Praktizierens, sehen sich die Jugendlichen, die als *Schalenmuslime* bezeichnet werden, als stolze Muslime und meinen, ohne den Islam gar nicht leben zu können. In den qualitativen Gesprächen zeigte sich, dass sie wenig Wissen und Informationen über den Islam haben; ihre Kenntnisse beschränken sich auf das, was sie zu

Hause beiläufig erfahren. Dadurch kommt es bei ihnen zur verstärkten Vermischung von Heimattraditionen und religiösen Normen.

Für die Konstruktion einer kollektiven Identität bedienen sich Jugendliche dieses Typs eines Islam „ohne Inhalt"; der Islam, den sie leben, ist mit einer leeren Schale zu vergleichen. Die Religion dient der Konstruktion einer kollektiven Identität, die auch Schutz vor dem „Anderen" bietet. Diese Jugendliche fühlen sich als Ausländer und Außenseiter; durch den Islam, der vor allem als Bindeglied zu anderen Migrantenjugendlichen gleicher Herkunft bzw. Religion gesehen wird, können sie ein gewisses Gefühl der Sicherheit, der Stärke oder sogar der Überlegenheit aufbauen.

Mehmet (19 Jahre) kommt aus der Türkei und arbeitet in einer Baufirma als Maler. Zu Beginn des Interviews erzählte er, wie wichtig der Islam für ihn sei und dass er einen großen Stellenwert in seinem Leben habe. Es entstand der Eindruck, dass Mehmet ein streng gläubiger Muslim sei, allerdings stellte sich nach der Frage über den praktischen Bezug zur Religion heraus, dass sich Mehmet zwar bemüht, im Ramadan zu fasten, allerdings nie betet, regelmäßig Alkohol trinkt und gelegentlich sogar Drogen zu sich nimmt.

Die Bedeutung des Islam liegt für Mehmet weniger im spirituellen und ethischen Bereich. Folgende Antwort von Mehmet auf die Frage nach der Bedeutung des Islam in seinem Alltag hilft, die Beziehung von Mehmet zum Islam zu verdeutlichen: „Islam ist alles! Wir sind zusammen, Islam ist Zusammenhalten!" Dabei zeigte er auf seine zwei türkischen Freunde, die wenige Meter entfernt von uns standen. Die Bedeutung des Islam liegt für Mehmet in den Wörtern „wir", „zusammen" und „Zusammenhalten". Seine Aussage „Islam ist alles!" bedeutet, ohne Islam gibt es kein „Wir". Der Islam ist für ihn also ein konstitutives Instrument für eine „Wir-Identität". Mehmet gab an, fast nie im Koran zu lesen und konnte auch auf inhaltliche Fragen über den Islam keine Antworten geben; er sieht sich trotzdem als stolzen Muslim und meint, ohne Islam nicht leben zu können.

Obwohl sich Mehmet überhaupt nicht an das tägliche Pflichtgebet hält, gab er an, öfters am gemeinschaftlichen Freitagsgebet, das in der Moschee verrichtet wird, teilzunehmen. Auf die Frage warum gerade das Freitagsgebet einen höheren Stellenwert für ihn hat, antwortete Mehmet: „Es ist bei uns so, wenn du in die Moschee gehst, dann wirst du von allen als gut gesehen." Mehmet ist es wichtig, seine Position innerhalb seiner Gemeinde zu bewahren, er geht am Freitag in die Moschee, um seinen Bund mit dieser Gemeinde zu „erneuern".

Bildungsstatus und Religiosität

Mit höherem Bildungsstatus steigt die subjektive Bedeutung der Religion, aber auch die Bindung an Praktiken und Riten: 71 % der befragten Personen mit hohem Bildungsstatus, jedoch nur 33 % der Personen mit niedrigem Bildungsstatus haben eine starke subjektive Beziehung zum Islam; 61 % der Personen mit hohem Bildungsstatus, aber nur 9 % der Personen mit niedrigem Bildungsstatus sind streng praktizierend. Im niedrigen und mittleren Bildungsstatus sind vor allem „Schalenmuslime" und die beiden Typen der „Distanzierten", im höheren Bildungsstatus vor allem „Reflektierte" und „Fundamentalisten" zu finden. Eine intensivere Auseinandersetzung mit der Religion findet offensichtlich eher bei einem höheren Bildungsstatus statt, der Ausgang dieser Auseinandersetzung bleibt jedoch offen: unter den StudentInnen sind nämlich fast genauso viele „Reflektierte" (28 %) wie „Fundamentalisten" (29 %) zu finden (s. Tabelle 8.6).

Tabelle 8.6: Bildungsstatus und Religiosität

Religiosität	Bildungsstatus		
	niedrig	mittel	hoch
subjektive Beziehung zum Islam			
stark	33	50	71
schwach	67	50	29
Einhalten der Praktiken			
streng	9	9	61
kaum	91	91	39
Religiositätstyp			
Reflektierte	1	4	28
Spirituelle	0	12	2
Fundamentalisten	7	5	29
Schalenmuslime	26	29	12
assimilierte Distanzierte	42	32	8
marginalisierte Distanzierte	24	19	18

8.6 Muslime der zweiten Generation und Geschlechtsrollen

Der Großteil der Eltern der Muslime der zweiten Generation stammt aus ländlichen Bereichen, in denen Traditionen Bestandteil der Alltagskultur sind. Drei Viertel der befragten Jugendlichen gaben an (trifft „sehr" und „eher" zu), dass

Traditionen und Bräuche für die Elterngeneration eine wichtige Rolle spielen (s. Tabelle 8.7). So sehen sich viele muslimische Jugendliche mit traditionellen Geschlechtsrollen und der zum Teil daraus resultierenden Diskriminierung der Frau konfrontiert. 37 % der befragten Mädchen gaben an, dass in ihren Familien Buben gegenüber Mädchen bevorzugt behandelt werden. Die männlichen Befragten nehmen diese Diskriminierung der weiblichen Familienmitglieder kaum wahr; nur 7 % gaben an, dass männliche Familienmitglieder bevorzugt würden. Und obwohl 71 % der Jugendlichen der Meinung sind, dass sich ihre Eltern in allen Angelegenheiten beraten, gaben auch 53 % an, dass fast alle wichtigen Entscheidungen zu Hause vom Vater alleine getroffen werden (s. Tabelle 8.7).

Tabelle 8.7: Traditionelle Geschlechtsrollen der Eltern; Prozentangaben

	trifft sehr zu	trifft eher zu	trifft eher nicht zu	trifft gar nicht zu
Bräuche und Traditionen spielen eine wichtige Rolle für meine Eltern.	32	45	21	3
In meiner Familie werden männliche Mitglieder bevorzugter behandelt als weibliche Mitglieder. (männliche Befragte)	2	5	27	67
In meiner Familie werden männliche Mitglieder bevorzugter behandelt als weibliche Mitglieder. (weibliche Befragte)	5	32	20	42
Meine Eltern beraten sich in allen Angelegenheiten.	27	44	26	3
Bei mir zu Hause werden fast alle wichtigen Entscheidungen von meinem Vater allein getroffen.	8	45	36	10

Diese patriarchalischen Einstellungen werden von den Jugendlichen selbst aber bereits nur zu einem geringen Teil akzeptiert (s. Tabelle 8.8).

13 % aller Befragten sind der Meinung, dass der Haushalt alleinige Aufgabe der Frau sei, und 11 % sind für eine traditionelle Rollenverteilung, in der Frauen für den Haushalt zuständig sind und Männer arbeiten gehen sollten. 13 % finden es wichtiger, dass Buben eine gute Ausbildung erhalten als Mädchen; für 9 % der Befragten ist Kindererziehung alleinige Aufgabe der Frau (s. Tabelle 8.8).

Tabelle 8.8: Einstellung zu traditionellen Geschlechtsrollen; Prozentangaben (trifft „sehr" und „eher" zu)

	männlich	weiblich	gesamt
Ich finde, der Haushalt ist die alleinige Aufgabe der Frau.	14	12	13
Ich finde, Frauen sollten lieber zu Hause bleiben statt arbeiten zu gehen.	21	2	11
Es ist wichtiger, dass Buben eine gute Ausbildung erhalten als Mädchen.	18	8	13
Ich finde, Kindererziehung ist die alleinige Aufgabe der Frau.	13	5	9

Dabei fällt auf, dass männliche Jugendliche im Vergleich zu Mädchen häufiger eine traditionelle Einstellung zu Geschlechtsrollen haben. Insbesondere die Berufsorientierung betreffend haben sich Mädchen durchaus vom traditionellen Rollenbild gelöst; trotzdem haften noch 12 % der Mädchen an einem traditionellen Frauenbild, in dem die Frau alleine für den Haushalt zuständig ist.

Fasst man die vier Statements zu einer Summenskala zusammen, so haben 15 % der Jugendlichen eine patriarchalische, 34 % eine eher moderne und 52 % eine moderne Geschlechtsrolleneinstellung. Der große Unterschied in der Einstellung zwischen den jungen Männern und Mädchen war zu erwarten: 71 % der VertreterInnen einer modernen Einstellung sind weiblich und 76 % der VertreterInnen einer patriarchalischen Einstellung sind junge Männer (s. Tabelle 8.9).

Tabelle 8.9: Einstellung zu Geschlechtsrollen nach Geschlecht; Prozentangaben

Einstellung zu Geschlechtsrollen	männlich	weiblich
modern	29	71
eher modern	64	36
patriarchalisch	76	24

Meist wird davon ausgegangen, dass eine starke subjektive Beziehung zum Islam bzw. ein strenges Praktizieren mit einer traditionellen Geschlechtsrollenorientierung einhergeht. Aus der Korrelationsmatrix geht hervor, dass weder mit der subjektiven Beziehung zum Islam ($r = ,004$) noch mit dem Grad des Praktizierens ($r = -,009$) ein signifikanter Zusammenhang besteht. Die subjektive Beziehung zum Islam und das Einhalten der Riten alleine haben demnach keinen Einfluss auf die Einstellung zu den Geschlechtsrollen; doch zeigt sich eine

Korrelation mit den Religiositätstypen: Der reflektierte und der spirituelle Typ korrelieren im mittleren Ausmaß positiv mit einer modernen Einstellung (r = ,220; r = ,199), der Typ der Fundamentalisten und der Schalenmuslime korrelieren hingegen im mittleren Ausmaß negativ mit einer modernen Geschlechtsrollenorientierung (r = -,146; r = -,133). Assimilierte Distanzierte (r = ,017) und marginalisierte Distanzierte (r = ,014) weisen keine signifikante Korrelationen auf, d.h. unter ihnen sind Personen mit moderner aber auch mit patriarchalischer Einstellung zu finden.

Tabelle 8.10 zeigt die Verteilungen der Geschlechtsrollenorientierung nach den verschiedenen Religiositätstypen: Eine patriarchalische Einstellung ist mit 23 % bei den Fundamentalisten und mit 25 % bei den Schalenmuslimen am stärksten vertreten. Etwa die Hälfte der distanzierten und der assimilierten Muslime haben eine moderne und nur ca. 10 % eine patriarchalische Einstellung; die Tatsache, dass Reflektierte und Spirituelle aber am häufigsten eine moderne Einstellung zu den Geschlechtsrollen haben, zeigt, dass eine reflektiert vollzogene Zuwendung zum Islam mit einer Distanzierung zu traditionellen Werten einhergehen kann. Wird der Islam dagegen auf fundamentalistische Weise ausgelegt oder für die Konstruktion einer „Wir-Identität" instrumentalisiert, die eine Mischung von Heimattraditionen und unreflektiert übernommenen religiösen Traditionen ist (wie bei den Schalenmuslimen), dann geht diese Form der Religiosität mit einer traditionellen Einstellung einher.

Tabelle 8.10: Einstellung zu Geschlechtsrollen nach Religiositätstypen; Zeilenprozente (n = 282)

	modern	eher modern	patriarchalisch
Reflektierte	95	5	0
Spirituelle	94	6	0
Fundamentalisten	30	47	23
Schalenmuslime	45	30	25
assimilierte Distanzierte	49	40	10
marginalisierte Distanzierte	50	39	11
Gesamtstichprobe	52	34	15

Der Bruch mit den Heimattraditionen ist auch bei der Frage nach der Wichtigkeit der Weitergabe dieser Traditionen an die eigenen Kinder festzustellen; nur 35 % der Reflektierten und 29 % der Spirituellen geben an, dass dies für sie sehr wichtig sei. Bei den Schalenmuslimen sieht das Bild hingegen anders aus, hier wollen 62 % die Heimattraditionen an die Kinder weitergeben. Aber auch für etwa die Hälfte der Distanzierten ist dies sehr wichtig. Fundamentalisten betrachten die Heimattraditionen zwar kritisch (nur für ein Viertel ist die Weitergabe der Heimattraditionen an die Kinder sehr wichtig), haben allerdings – wie oben schon gezeigt wurde – eine traditionelle Einstellung zu den Geschlechtsrollen und sehen diese, anders als die Schalenmuslime, nicht in den Heimattraditionen sondern in der Religion selbst begründet.

8.7 Muslimische Jugendliche und Gewalt

Das Gewaltpotenzial von Jugendlichen zu untersuchen und einzuschätzen ist in der Umfrageforschung sicherlich nur eingeschränkt möglich; zwischen der Einstellung zur Gewalt einerseits und der eigentlichen Gewaltbereitschaft andererseits muss dabei unterschieden werden. Nicht jeder, der sich für Gewalt ausspricht, ist auch selbst bereit, Gewalt auszuüben. Um die Einstellung der Jugendlichen zur Gewalt zu messen, wurden ihnen vier Statements zur Beurteilung vorgelegt (s. Tabelle 8.11).

Tabelle 8.11: Einstellung zur Gewalt; Prozentangaben (n = 282)

	trifft sehr zu	trifft eher zu	trifft eher nicht zu	trifft gar nicht zu
Für mich ist es verständlich, wenn Gewalt zur Verbreitung des Islam angewendet wird.	1	3	13	84
Mit Gewalt können Muslime sehr viel hier in Europa erreichen.	1	1	18	80
Ich distanziere mich von Muslimen, die Anschläge in Europa verüben.	77	22	0	1
Ich habe Verständnis für die Anschläge, die Muslime in Europa verüben.	2	3	29	66

Insgesamt werden alle Statements von den Jugendlichen sehr stark abgelehnt: fasst man die Kategorien „trifft eher nicht zu" und „trifft gar nicht zu" zusammen, so lehnen fast alle die Aussage „Für mich ist es verständlich, wenn Gewalt zur Verbreitung des Islam angewendet wird" ab (97 %), ebenso stark ist die Ablehnung der Aussage „Mit Gewalt können Muslime sehr viel hier in Europa erreichen." (98 %); es ist auch die unbedingte Ablehnung mit etwa 80 % sehr hoch. Der Aussage „ich distanziere mich von Muslimen, die Anschläge in Europa verüben" stimmen insgesamt auch 99 % der Jugendlichen zu, doch finden sich hierbei mehr Vorbehalte (22 % „trifft eher zu"). Ganz ähnlich verhält es sich bei der Aussage „ich habe Verständnis für die Anschläge, die Muslime in Europa verüben"; 66 % lehnen dies strikt, 29 % „eher" ab. Nur eine verschwindende Minderheit unter den Muslimen der zweiten Generation äußert jedoch eine unverhohlene Befürwortung von Gewalt.

In vielen publizistischen Schriften, die sich mit dem islamischen Fundamentalismus auseinandersetzen, wird vermittelt, dass eine fundamentalistische Einstellung stets mit einer Befürwortung von Gewalt oder mit eigener Gewaltbereitschaft einhergeht. Es soll nun die Gewalteinstellung der Fundamentalisten und anderer Religiositätstypen untersucht werden. Aus den Summenscores der vier in Tabelle 8.11 angeführten Items wurde der Index „Gewalteinstellung" erstellt. Entgegen verbreiteter Annahmen hat nur ein Teil der Befragten mit fundamentalistischer Einstellung (24 %) tatsächlich auch eine positive Einstellung zur Gewalt, 31 % von ihnen sprechen sich sogar strikt gegen Gewalt aus (s. Tabelle 8.12).

Tabelle 8.12: Einstellung zur Gewalt[1] nach Religiositätstypen; Zeilenprozente

Gewalteinstellung	bejahend	ablehnend	strikt ablehnend
Reflektierte	5	15	80
Spirituelle	0	18	82
Schalenmuslime	16	39	45
assimilierte Distanzierte	2	52	46
marginalisierte Distanzierte	9	48	43
Fundamentalisten	24	45	31
Gesamtstichprobe	9	43	48

1) Das Item „ich distanziere mich von Muslimen, die Anschläge in Europa verüben, wurde umgepolt. Werte 4-12 bedeuten „gewaltbejahrend", 13-15 „gewaltablehnend" und 16 „strikt gewaltablehnend.

Eine besonders strikte Gewaltablehnung ist unter den reflektierten (80 %) und spirituellen (82 %) Muslimen anzutreffen; unter den Schalenmuslimen (45 %), den assimilierten Distanzierten mit 46 % und marginalisierten Distanzierten mit 43 % fällt sie eher gering aus. Diese Tatsache widerspricht der These, dass „der Islam" als solcher, eine gewaltfördernde Religion sei. Eine religiös begründete Befürwortung von Gewalt hängt unter anderem von der Art und Weise, wie Religion verstanden und gelebt wird, ab. So praktizieren reflektierte Muslime durchaus streng die Riten der Religion, Gewalt lehnen sie aber strikt ab; Fundamentalisten sind ebenfalls streng praktizierend, lehnen jedoch nur zu knapp einem Drittel Gewalt strikt ab. Die Ursachen einer bejahenden Gewalteinstellung sind daher sicherlich in erster Linie in den realen Lebensverhältnissen der muslimischen Jugendlichen zu suchen.

Eine potenzielle Gewaltbereitschaft der Jugendlichen wurde mit folgendem Statement zu erfassen gesucht: „Ich habe Verständnis für die jüngsten Gewaltaktionen der muslimischen Jugendlichen in Frankreich und an ihrer Stelle würde ich genau so handeln." Dieser Aussage stimmten 6 % der Befragten zu.

Im Zusammenhang mit der Typologie zeigt sich nun, dass gewaltbereite Muslime nicht wie erwartet unter den Fundamentalisten zu finden sind, sondern unter den Schalenmuslimen (12 %), und mit 9 % unter den marginalisierten Distanzierten; doch sollten diese Zahlen aufgrund der extrem schiefen Verteilung der Antworten zur Gewaltbereitschaft nur mit Vorsicht interpretiert werden.

Die Einstellung zur Trennung von Staat und Religion

Das Hauptmerkmal der Islamisten ist die Ablehnung der nationalen Verfassung und die Forderung der Einführung der Scharia an ihrer Stelle. Die Erfassung islamistischer Tendenzen unter den muslimischen Jugendlichen wurde mit folgendem Statement operationalisiert: „Ich würde es begrüßen, wenn in Österreich Gottesgesetze anstelle der nationalen Verfassung herrschen würden." Dieser Aussage stimmte nur 1 % der Gesamtstichprobe zu. 48 % zieht die österreichische Verfassung vor, 31 % meinen, dass beides ganz gut nebeneinander existieren kann. Ein Fünftel (21 %) erklärt aber auch, sich darunter nichts vorstellen zu können.

Um die Einstellung der muslimischen Jugendlichen zu weiteren demokratischen Grundwerten zu erheben, wurden ihnen mehrere Aussagen vorgelegt (s. Tabelle 8.13). Gegen eine Trennung von Staat und Religion sprachen sich 13 % aus, etwa 60 % hielten sie aber für eine gute Sache, der Rest hatte keine Meinung dazu. Für 64 % ist Religion Privatsache, für immerhin 20 % % trifft dies „eher", für 16 % „gar nicht" zu. Dass sich Islam und Demokratie vereinbaren lassen, glauben über 60 % der Muslime, 3 % sind davon gar nicht überzeugt und 36 % hatten keine Meinung dazu. An den Antworten zeigt sich allerdings, dass viele Jugendliche sich mit diesen Themen kaum auseinandersetzen. Obwohl Fragen zur Rolle der Religion im Staat, zum Verhältnis von Islam und Demokratie, im Mittelpunkt öffentlicher Debatten stehen, sieht sich gut ein Drittel der Muslime der zweiten Generation darüber nicht ausreichend informiert – ein Sachverhalt, der für Schulen und pädagogische Institutionen relevant ist.

Tabelle 8.13: Einstellung zu Staat und Religion; Prozentangaben

	trifft sehr zu	trifft eher zu	trifft eher nicht zu	trifft gar nicht zu	weiß über das Thema zu wenig Bescheid
Ich bin dafür, dass man zwischen Religion und Staat trennt.	34	26	5	8	27
Ich bin der Meinung, dass sich Islam und Demokratie nicht miteinander vereinbaren lassen.	1	2	31	31	36
Ich finde, Religion ist reine Privatsache.[1]	37	27	20	16	-

1) die Kategorie „weiß über das Thema zu wenig Bescheid" wurde bei diesem Item weggelassen

8.8 Resümee

In dieser Studie ging es darum, zu untersuchen, welche Typen religiöser Bindung es unter den Muslimen der zweiten Generation gibt. Die Jugendlichen unterscheiden sich nicht nur in ihrer subjektiven Beziehung zum Islam und im Grad des Einhaltens der religiösen Gebote und Verbote, sondern auch in ihrer Auslegung der Religion: Gebietet die Religion eine Zurückweisung der Mehrheitskultur und der Kontakte mit Andersgläubigen? Aus diesen drei Parametern wurde eine Typologie gebildet und gezeigt, in welcher Weise sich religiöse Gefühle, Praxis und Interpretation auf relevante gesellschaftliche Einstellungen auswirken.

Die Interaktion der jungen Muslime mit der österreichischen Gesellschaft ist nicht alleine durch die Stärke der Bindung an die Religion bestimmt; nur 17 % der Muslime mit starker religiöser Bindung sind der österreichischen Gesellschaft gegenüber verschlossen. Auch bezüglich der Einstellung zu Geschlechtsrollen gilt, dass diese nicht allein von der Art der Religiosität bestimmt wird. Unter den insgesamt 15 % Muslimen mit patriarchalischer Einstellung sind nicht nur Fundamentalisten, die den Islam streng praktizieren, sondern auch solche, die kaum einen Bezug zum Islam haben, wie die Schalenmuslime und die Distanzierten.

Eine Befürwortung religiös motivierter Gewalt findet sich nur bei einer Minderheit. Gegen eine Trennung von Staat und Religion sprachen sich 13 % aus; doch geht aus den Ergebnissen auch hervor, dass sich die Jugendlich mit den ideologisch umstrittenen Themen nur wenig auseinander setzen, d.h. selbst angeben, über diese Themen zu wenig Bescheid zu wissen.

Es ist sicherlich ein Verkennen der Realität, wenn Muslime der zweiten Generation lediglich aufgrund des Grads der Bindung an die Religion in die Kategorien „traditionell" und „modern", oder gar „integriert" und „nicht integriert" unterteilt werden. Um die Frage der Integration der Muslime in die europäischen Gesellschaften objektiv beantworten zu können, müssen einerseits auch andere Indikatoren der Religiosität herangezogen bzw. individuelle Interpretationen berücksichtigt werden; andererseits müssen auch die realen Lebensverhältnisse der Jugendlichen untersucht werden, da Religiosität nur einer von vielen Einflussfaktoren ist.

8.9 Literatur

Barz, Heiner (1992): Postmoderne Religion: am Beispiel der jungen Generation in den Alten Bundesländern. Opladen: Leske und Budrich.

Beile, Hartmut (1998): Religiöse Emotionen und religiöses Urteil: eine empirische Studie über Religiosität bei Jugendlichen. Ostfildern: Schwabenverlag.

Fassmann, Heinz/ Stacher, Irene (Hrsg.) (2003): Österreichischer Migrations- und Integrationsbericht. Demographische Entwicklungen – sozioökonomische Strukturen – rechtliche Rahmenbedingungen. Klagenfurt/Celovac: Drava Verlag.

Feichtinger, Walter/ Wentker, Sibylle (Hrsg.) (2005): Islam, Islamismus und islamischer Extremismus. Eine Einführung. Wien: Schriftenreihe der Landesverteidigungsakademie. www.bundesheer.at/wissen-forschung/publikationen (August 2006).

Glock, Charles Y. (1969): Über die Dimensionen von Religiosität, in: Matthes, Joachim M. (1969): 150-168.

Goujon, Anne/ Skribekk, Vegard/ Fliegenschnee, Katrin/ Strzelecki, Pawel (2006): New Times, Old Beliefs: Projecting the Future Size of Religions in Austria. Vienna Institute of Demographie, Working Papers 01/2006. www.oeaw.ac.at/vid/download/WP2006_01.pdf (August 2006)

Heinze, Thomas (1987): Qualitative Sozialforschung: Erfahrungen, Probleme und Perspektiven. Opladen: Westdeutscher Verlag.

Karakasoglu-Aydin, Yasemin (1999): Muslimische Religiosität und Erziehungsvorstellungen: eine empirische Untersuchung zu Orientierungen bei türkischen Lehramts- und Pädagogikstudentinnen in Deutschland. Frankfurt/Main: IKO Verlag.

Kroisenbrunner, Sabine (2003): Islam, Migration und Integration: soziopolitische Netzwerke und „Muslim Leadership". In: Fassmann, Heinz/ Stacher, Irene (2003): 375-394.

Matthes, Joachim M. (Hrsg.) (1969): Kirche und Gesellschaft. Einführung in die Religionssoziologie, Bd. 2. Reinbek: Rowohlt.
Riesebrodt Martin/ Haas, Siegfried/ Six, Clemens (Hrsg.) (2004): Religiöser Fundamentalismus. Vom Kolonialismus zur Globalisierung. Innsbruck/Wien: Studien Verlag.
Sen, Faruk/ Aydin, Hayrettin (2002): Islam in Deutschland. München: Beck.
Schmied, Martina (2005): Islam in Österreich. In: Feichtinger, Walter/ Wentker, Sibylle (2005): 189-206.
Strobl, Anna (2005): Der österreichische Islam. In: SWS Rundschau, 45/4, 520-544.

8.10 Anhang

Tabelle A 8.1: Verteilung der Muslime auf die Bundesländer

Bundesland	Anzahl der Muslime	Prozentanteil an der muslimischen Bevölkerung Österreichs
Burgenland	3.993	1,2
Kärnten	10.940	3,2
Niederösterreich	48.730	14,4
Oberösterreich	55.581	16,4
Salzburg	23.137	6,8
Steiermark	19.007	5,6
Tirol	27.117	8,0
Vorarlberg	29.334	8,7
Wien	121.149	35,7
gesamt	338.988	100,00

Quelle: Statistik Austria 2002

Kurzbiographien der AutorInnen

Patrizia Gapp, geboren 1976 in Bozen, absolvierte ihr Soziologiestudium in Wien. Derzeit ist sie als externe Lektorin am Institut für Soziologie der Universität Wien tätig. Bisherige Forschungstätigkeit: Wissenschaftliche Mitarbeiterin im Rahmen des FWF geförderten Forschungsprojekts „Integration der zweiten Ausländergeneration" und im EU-Projekt INVOLVE „Ehrenamtliches Engagement von Migranten und Migrantinnen".

Mouhanad Khorchide, geboren 1971 im Libanon, Studium der Islamwissenschaften an der Ouzaii-Fakultät in Libanon und Studium der Soziologie an der Universität Wien. Derzeit Assistent am Institut für Bildungswissenschaft an der Universität Wien – Forschungseinheit Islamische Religionspädagogik. Lehrbeauftragter an der Islamischen Religionspädagogischen Akademie in Wien. Forschungsschwerpunkte: Islam und Aufklärung, Jugendliche und Religiosität, Religionsunterricht im europäischen Vergleich.

Robert Strodl, geboren 1947 in Salzburg, Mathematiker und Informatiker; mehrere Jahre berufliche Tätigkeit in der Wirtschaft. Derzeit Mitarbeiter am Institut für Soziologie der Universität Wien, Lektor für Methodenanwendungen in der Soziologie. Arbeitsschwerpunkte: komplexe Datenanalysen, Modellierung und ihre Anwendung in der Einstellungsforschung. Publikationen auf den Gebieten Familiensozioloige, politische Soziologie und Stadtforschung.

Anne Unterwurzacher, geboren 1973 in Salzburg, absolvierte ihr Soziologiestudium in Wien und ist derzeit als freiberufliche Soziologin im Bereich Migrationsforschung und als externe Lektorin am Institut für Soziologie der Universität Wien tätig. Neben dem Studium arbeitete sie in diversen Mädchen- und Frauenprojekten in unterschiedlicher Funktion mit; Spezialisierung in den Bereichen Migrationssoziologie, politische Soziologie und quantitative Methoden. Von 2003 bis 2005 war sie als wissenschaftliche Mitarbeiterin des Instituts für Soziologie im Rahmen der Forschung zur „Integration der zweiten Ausländergeneration" tätig.

Moujan Wittmann Roumi-Rassouli, geboren 1974 in Teheran, studierte Soziologie an der Universität Wien. Seit 2006 ist sie als Mitarbeiterin in der Abteilung für Integrations- und Diversitätsangelegenheiten der Stadt Wien (MA 17) tätig. Forschungstätigkeit: Empirische Untersuchung über „Sozialkapital im Basar von Teharan"; Mitwirkung an empirischen Studien, unter anderem zum Thema „Frauen bei der Bundespolizei" und „Integration der zweiten Ausländergeneration".

Hilde Weiss, geboren 1948 in Wien. Universitätsprofessorin am Institut für Soziologie der Universität Wien. Arbeitsschwerpunkte: Soziologische Theorien, empirische Sozialforschung, Migration und ethnische Minderheiten, politische Soziologie. Ausgewählte Publikationen: Antisemitische Vorurteile in Österreich (Wien, 1987); Soziologische Theorien der Gegenwart (Wien/New York 1993); Demokratischer Patriotismus oder ethnischer Nationalismus in Ost-Mitteleuropa? Empirische Analysen zur nationalen Identität in Ungarn, Tschechien, Slowakei und Polen (gem. mit Ch. Reinprecht, Wien 1998); A Cross-National Comparison of Nationalism in Austria, the Czech and Slovac Republics, Hungary, and Poland. In: Political Psychology, 24/2003); Nation und Toleranz? Empirische Studien zu nationalen Identitäten in Österreich (Wien 2004).

Lehrbücher

Heinz Abels
Einführung in die Soziologie
Band 1: Der Blick auf die Gesellschaft
3. Aufl. 2006. ca. 448 S. Br. ca. EUR 19,90
ISBN 3-531-43610-4

Band 2: Die Individuen in ihrer
Gesellschaft
3. Aufl. 2006. ca. 464 S. Br. ca. EUR 19,90
ISBN 3-531-43611-2

Andrea Belliger / David J. Krieger (Hrsg.)
Ritualtheorien
Ein einführendes Handbuch
3. Aufl. 2006. 483 S. Br. EUR 34,90
ISBN 3-531-43238-9

Nicole Burzan
Soziale Ungleichheit
Eine Einführung in die zentralen
Theorien
2. Aufl. 2005. 210 S. Br. EUR 17,90
ISBN 3-531-34145-6

Paul B. Hill / Johannes Kopp
Familiensoziologie
Grundlagen und theoretische
Perspektiven
4., überarb. Aufl. 2006. ca. 360 S.
Br. ca. EUR 27,90
ISBN 3-531-53734-2

Michael Jäckel (Hrsg.)
Mediensoziologie
Grundfragen und Forschungsfelder
2005. 388 S. Br. EUR 22,90
ISBN 3-531-14483-9

Wieland Jäger / Uwe Schimank (Hrsg.)
Organisationsgesellschaft
Facetten und Perspektiven
2005. 591 S. Br. EUR 26,90
ISBN 3-531-14336-0

Stephan Moebius / Dirk Quadflieg (Hrsg.)
Kultur. Theorien der Gegenwart
2006. 590 S. Br. EUR 26,90
ISBN 3-531-14519-3

Rüdiger Peuckert
**Familienformen
im sozialen Wandel**
6. Aufl. 2005. 496 S. Br. EUR 19,90
ISBN 3-531-14681-5

Erhältlich im Buchhandel oder beim Verlag.
Änderungen vorbehalten. Stand: Juli 2006.

www.vs-verlag.de

VS VERLAG FÜR SOZIALWISSENSCHAFTEN

Abraham-Lincoln-Straße 46
65189 Wiesbaden
Tel. 0611.7878-722
Fax 0611.7878-400

Neu im Programm Soziologie

Hans-Paul Bahrdt
Die moderne Großstadt
Soziologische Überlegungen
zum Städtebau
Hrsg. von Ulfert Herlyn
2. Aufl. 2006. 248 S. Br. EUR 34,90
ISBN 3-531-14985-7

Marek Fuchs / Siegfried Lamnek /
Jens Luedtke / Nina Baur
Gewalt an Schulen
1994 – 1999 – 2004
2005. 352 S. Br. EUR 34,90
ISBN 3-531-14628-9

Jürgen Gerhards
**Kulturelle Unterschiede in der
Europäischen Union**
Ein Vergleich zwischen Mitgliedsländern,
Beitrittskandidaten und der Türkei
2., durchges. Aufl. 2006. 316 S.
Br. EUR 27,90
ISBN 3-531-34321-1

Ronald Hitzler /
Michaela Pfadenhauer (Hrsg.)
Gegenwärtige Zukünfte
Interpretative Beiträge zur sozialwissen-
schaftlichen Diagnose und Prognose
2005. 274 S. Br. EUR 19,90
ISBN 3-531-14582-7

Aldo Legnaro / Almut Birenheide
Stätten der späten Moderne
Reiseführer durch Bahnhöfe,
shopping malls, Disneyland Paris
2005. 304 S. Br. EUR 36,90
ISBN 3-8100-3725-7

Gunter Schmidt / Silja Matthiesen /
Arne Dekker / Kurt Starke
**Spätmoderne
Beziehungswelten**
Report über Partnerschaft
und Sexualität in drei Generationen
2006. 159 S. Br. EUR 21,90
ISBN 3-531-14285-2

Georg Vobruba
**Entkoppelung von Arbeit
und Einkommen**
Das Grundeinkommen in der
Arbeitsgesellschaft
2006. 211 S. Br. EUR 24,90
ISBN 3-531-14934-2

Andreas Wimmer
Kultur als Prozess
Zur Dynamik des Aushandelns
von Bedeutungen
2005. 225 S. Geb. EUR 24,90
ISBN 3-531-14460-X

Erhältlich im Buchhandel oder beim Verlag.
Änderungen vorbehalten. Stand: Juli 2006.

www.vs-verlag.de

VS VERLAG FÜR SOZIALWISSENSCHAFTEN

Abraham-Lincoln-Straße 46
65189 Wiesbaden
Tel. 0611.7878-722
Fax 0611.7878-400

Printed by Books on Demand, Germany